会津・近世思想史と農民

前田 新

歴史春秋社

会津・近世思想史と農民

はじめに

生まれ育った風土やその歴史に関心を持つのは、誰であろうとごく普通のことであります。しかし、農業を生業として生きた私は、そうしたことを専門的に研究したり、アカデミックに学んだということは一度もありません。ただ、好奇心のおもむくままに、一般的な民衆の視座から、興味本位に見てきたに過ぎません。したがって、正史とは異なる歴史観に立った野の歴史論とでもいうべきものであり、いうならば稗史《はいし》のカテゴリーに包摂されるものであります。

今から三〇年ほど前に、私は生まれ住む町の史誌編纂に関わりました。その時、過去の事象をどの視点から視るかによって、その事象の扱いが変わることを体験しました。その体験のなかで、少なからぬ「地方文書《じかたもんじょ》」や歴史に関する書物などを読みましたが、その大方は支配権力の立場からのものでありました。そしてそれを軸にして歴史は語られ、事象（出来事）は取捨選択をされます。それは膨大な歴史的事象のなかの僅かな点のようなものであります。それ以外のものは、歴史の闇のなかに棄てられます。棄てられた多くの被支配者の歴史は、やがてなかったこととして消去されます。それは詮ないことではありますが、歴史書と呼ばれるものは、古今東西そうしたもので、そこに編纂者の意図が加わり、その時代の象徴的な物語として、典型的な偶像が作り上げられるのであります。

それは必ずしも歴史の真実とは限らないことで、会津の地域史も、その例外ではないように思います。もちろん、私は、そうして書かれた歴史を否定する心算もありません。歴史書とは、所詮、そのようものだと思うからであります。

会津の場合、とくに近世末期から近代にいたるところ、戊辰戦争物語として、多くの作家やその道の泰斗と呼ばれる方々が知見を傾けて描いておられます。それは時代のパラダイムを反映し、そのカテゴリーのなかで、それに添うように論じられたものであります。もちろん、私はパラダイム論にも立ちませんが、それもまた、会津の歴史だと思っております。そのうえで被支配者、主として農民の視座から会津の近世を見てみたい。とりわけ、思想史的な視点に重点を置いて、と、思ったのであります。

さて、私がマルクスとエンゲルスの共著『ドイツ・イデオロギー』を初めて読んだのはもう半世紀も前ですが、それから三〇年ほど過ぎて、『ドイツ・イデオロギー』の「新訳」が出て、改めて、それを読み直しました。あの有名なフレーズは、「自分の物質的生産と自分の物質的交通を発展させる人間たちが、この彼らの現実とともに彼らの思考の諸産物をも変えるのである。意識が生活を規定するのではなく、生活が意識を決定するのである」また「すべての人間的存在の、したがってまたすべての歴史の第一の前提、すなわち人間たちは、〈歴史をつくる〉ことが出来るためには生きることが出来なければならないという前提を確認することから始めなければならない。しかし、生きるために必要なのは、とりわけ、飲食、住居、衣服、そしてさらにはその他のいくつかのものである。したがって、第一の歴史的行為は、これらの欲求を充足するための諸手段の産出、物質的生活そのものの生産であり、しかも、これは人間を生かしておくだけのためにも、数千年前と同様に今日にもなお日々刻々はたさなければならない歴史的行為、すべての歴史の根本条件である。－中略－、すべての歴史的把握にさいしての第一のものは、この根本的事実をその意義全体とその広がり全体において考察し、そしてそれにふさわしい扱いをすることである」と、訳されていました。唯物史観の基本的な命題であります。

また「支配階級の諸思想は、どの時代でも、支配的諸思想である。すなわち、社会の支配的な物質的力である階級は、同時にその社会の支配的精神力である。物質的生産のための諸手段を自由に出来る階級は、それとともに、精神的生産のための諸手段を意のままにするのであるから、それとともに、精神的生産のための諸手段を欠いている人々の諸思想は、概してこの階級の支配下にある。支配的な諸思想は、支配的な物質的諸関係の観念的表現、すなわち、諸思想として把握された、支配的な物質関係以外のなにものでもない」。このフレーズのややもって回った言い回しもなつかしく、その意も体験的に得心がいきました。

初めて『ドイツ・イデオロギー』を読んだ若いころ、私は、獄中で書いたといわれる詩人槇村浩氏の『アジア・シッチェ・イデオロギー』や戸坂潤氏の『日本イデオロギー論』、そのなかで批判の対象となった和辻哲郎氏の『風土』や『倫理学』を関連として読みました。そして、その延長線上で、考古学者森浩一氏や歴史学者高橋富雄氏、さらには民俗学者赤坂憲雄氏といった一連の方々の「地域学」論や安丸良夫氏の『民衆思想史論』、また、その安丸氏を批判した布川清司氏の『日本民衆思想史研究』などを読み、民衆史に関心を持ち、佐々木潤之介氏の『民衆史を学ぶということ』（吉川弘文館）や二〇〇〇年に青木書店が刊行した『民衆運動史』（全五巻）などによって合成された、混雑した歴史観が、現在の私の歴史観であります。混雑したといいますのは、史的唯物史観がぶれるということでは勿論ありませんが、階級社会において支配と被支配の関係性が維持されるために、支配階級がその体制秩序のために必要とする中間層を、その関係性のなかに配置し、優遇して味方に就けるからであります。この中間層は本質的には被支配階級であるのですが、時として支配階級の走狗となり、時として被支配階級と行動をともにすることもあります。

近年になって、家永三郎氏の『日本思想史学の方法』を読み、『ドイツ・イデオロギー』に対して家永氏はそれに付加するもとして、「基礎と上部構造との関係はどこまでも基礎と上部構造の関係にとどまるものであって、下部にあるものが常に上部を全面的に決定するわけではない」とし、その例として親鸞の思想について論述し、わが国のみならず思想史学の広義性に言及しています。

そのことを考慮に入れて歴史の事象を視る。つまり歴史の持つ単純ではない複雑さを、複眼的に視なければならないということであります。安丸氏も『民衆史の立場』のなかで、

「敵対する諸階級が経済史的分析によって確実に析出されたとしても、彼らが明確に弁別しうる

敵対的イデオロギーをもち、それがまた日常生活意識の場でも、はっきり形象化されているはずだという気楽な考え方をもつことは出来ない。生活意識（思想）の場では、複雑な葛藤をへながら人びとは単純に進歩的でも単純に反動的でもない、ある生き方を設定して生きてゆくのであり、イデオロギーというのは、こうした広範な人びとの生き方―生活意識（思想）をふまえながら、さらにいくつかの層の媒介をへて編成された、より体系的ななにかなのであろう。そして、イデオロギーの方は、状況に応じて編成し直されてゆき、生活意識（思想）の方はこれもいくたの変遷をへながら、国民的エートスや社会通念や文化類型や性格構造等々にまで沈潜してゆくのであろう」

と、論述しています。

歴史が単なる支配者の治政の物語や偶像化された物語でない、「民衆」を対象とした歴史には、そうした複眼的な史観が不可欠だという認識に立ちたいと思うのであります。したがって、民衆の視座にかたくなにこだわったとでもいいましょうか、その視座からの会津の近世史であり、そのなかの農民の不服従の思想の背景を探りたいという意図を、この一文はその目的に持つものであります。

会津の地は、四方が山に囲まれ、年の三分の一は積雪に閉ざされます。比較的に見るなら、ほかの地域よりは交通の利便性の悪いところであります。地理学的には孤立的で、自己完結型の自立が生活の基本になります。文物の交通こそ文化発展の主要な要因なのですが、閉鎖に近い交通量のなかで発展を可能にしたのは、その地域のなかでの豊かな生産力であります。会津の豊富な水と盆地特有の気象条件が弥生文化をいち早く受容し、争いなき縄文文化と弥生文化の融合を果たしました。歴史の根本条件である生産と生活が会津においてはその自然環境によって規定され、当然、その反映としての共通意識は作られています。いわゆる、Ａ・アドラーのいう「共同体感覚」であります。それは自立した一つの文化圏として、また、小国家的共同体としての社会形態でもあります。

また、会津は地理学的には列島の北の文化と南の文化の接点であり、境界点でもあったのでありま す。侵略者である支配者にとって、その地は北への橋頭堡として征服するに値するところであったと思います。

したがって、会津は古墳時代から近代まで、常にその歴史の転換点で、敗者としてその存在を歴史に刻印しています。たとえば、盆地内の四つの古墳群と高寺の存在、徳一と仏都会津の出現、中世における源頼朝による奥州平定と三浦一族の会津への入領、葦名氏の台頭と滅亡、豊臣秀吉による蒲生氏郷への会津配領と暗殺、徳川家康による上杉景勝の米沢移封と保科正之への配領、そして戊辰の役、と、時代が歴史のダイナミズムによって変わる時に、会津の支配した他者たちの多くは、敗者となって会津の地に土着していきました。それが幾層にもわたって集積し混交し、渾然一体となったのが会津の民衆の思想であり、とりわけ多数を占める農民の思想の原郷なのであります。

会津の農民の不服従の思想は、そのなかで生成され、敗北の度にその悲惨と辛酸の体験を遺伝子に付加して、今に継承されているのであります。

それは、言いかえるなら敗者としての、非戦と再生と平和を希求する思想であります。それこそが会津の民衆の精神性であり、アイデンティティーであります。

封建時代、とりわけ近世において会津の藩政は、幕学であります朱子学を以って律した典型といわれています。しかし、民衆はその初期において中江藤樹《なかえとうじゅ》のいわゆる会津藤樹学や中期における徂徠学《そらいがく》(古学)派による田中玄宰の改革など、近世時代の会津における支配と被支配における矛盾は、果断なく顕在化し、その関係性の次なるステージへの止揚のために争われています。それを駆動するエネルギーはいうまでもなく、その両者の関係性における「物質的諸関係の観念的表現」としての思想にほかなりません。

近世の時代の概論的概括の一つに徳冨蘇峰《とくとみそほう》の『近世日本史』がありますが、蘇峰は近代における林羅山といわれるように三国干渉後は、それまでの思想から転向し、膨張主義を主張し、明治政府の侵略戦争を賞賛しました。それによって内務省の参事官にまでなった典型的な御用言論人であります。「大逆事件」を批判し『謀反論』を著わした弟、徳冨蘆花《ろか》とは対象的な存在であります。が、わが国の近世は兵農分離、石高制、鎖国制の三つを基本的特徴として成り立つことを論じています。秀吉の刀狩りによって兵農分離が行われ、武力による支配と被支配という明確な社会構造が確立されます。検地によって地代と租税が規定され、石高制が実施されます。その石高によって兵(武力)による支配秩序を統制します。鎖国制は対外貿易の独占化と、対外文化の遮断によって、政治経済、思想文化の独裁化を確保したのであります。

特に秀吉が大名の移封にあたって、一人の農民をも同行することを禁じたために、支配と被支配との関係性におけるそれまでの地域的一体感が希薄になり、加えて石高制による租税の村請制により、習俗的にも思想的にも、その二層性がより鮮明になっていったのであります。

私はその典型を会津史に見るのであります。とりわけ、思想史的な視座から、支配者と被支配者の関係性がどのような局面を経て展開され、そのなかで被支配者農民の思想がどのように形成されて、発展的に継承されてきたのかに私の関心はあります。

板垣退助が『自由党史』の冒頭で、「会津は天下屈指の雄藩なり、若し上下心を一にし、戮力以て潘国に尽さば、僅か五千未満の我が官兵豈容易く之を降すを得んや。而かも斯の如く庶民難を避けて遁散し、毫も累世の君恩に酬ゆる概もなく、君国の滅亡を見て風馬牛の感を為す所以のものは、果たして何の故ぞ、蓋し上下隔離、互いに其楽を倶にせざるが為なり」と言ったが、それを大山柏（一八八九―一九六九　大山巌・捨松の次男　歴史学者）は「極端に言えば庶民の文化教養が低かった」と断じた。そのわが国の近代史観の見当違いに、反論することもこの一文はその動機に持っています。

戦後、およそ半世紀を一介の農民として、微力ながら会津の地で農民運動に関わってきた私自身の総括的な考察の一環でもあり、私を突き動かした内的な衝動、その不服従の思想の正体を探るものでもあります。

目次

第一章　会津近世史の前史

一、会津の古墳文化について

会津という地名は、和銅五年（七一二）に編纂された『古事記』の、崇神《すじん》天皇十年（紀元前八八）の時代に、高志《こうし》の国から来た大毘古命《おおひこのみこと》と東国から来た建沼河別命《たけぬなかわわけのみこと》の親子が出会ったところを、相津と命名した、という地名伝説に由来しています。養老四年（七二〇）の『日本書紀』は大彦命《おおひこのみこと》、武《たけ》淳川別命《ぬなかわわけのみこと》が出会ったことが、より詳細に書かれています。しかし、それは当時の大和朝廷の支配の北限を示す寓話で史実ではありません。『記紀』史観は、時間軸を南から北へと列島を進んでゆく古代王権の征服史観で書かれた物語なのであります。

会津盆地東北部の大塚山古墳《こふん》を中心とした、堂ヶ作山《どうがさくやま》古墳、飯盛山《いいもりやま》古墳の三基の巨大前方後円古墳群は、大和型とは異なる新潟県の西蒲原《にしかんばら》郡の山谷《やまや》古墳と類似していることから、北陸、越後系の王者の墓と推定されています。古墳の構造は前方二段、後方二段乃至三段という大和形式と同じですが、全長一一四メートルという巨大古墳であります。堂ヶ作山古墳の築造年代は大塚山古墳よりも古く、これは大塚山古墳の親の墓所ではないかといわれています。（この古墳の棺は、二〇一六年時点では発掘されていません）

大塚山古墳からの出土品は、三角縁神獣鏡や三葉環頭大太刀や装身具（靫）などで、鏡は岡山県（吉備）鶴山丸山古墳出土と同范の国産の鏡であり、その副葬品の配置は大和王権の埋葬形式と同じものでありました。したがって築造は、いずれも古墳時代の初期で三世紀後半から四世紀の前期とされるのであります。

会津盆地の西北部で標高のもっとも低い会津坂下町の宇内青津《うないあおつ》古墳群は、同地域のほかの三つの古墳群とともに、一一基の前方後円墳、四基の前方後方墳、六基の周溝墓からなる東北最大の古墳群であります。最大規模の亀ヶ森古墳は全長一二七メートルで東北で二位の大きさであります。その築造は古墳時代前期から中期とされ、三世紀から五世紀後半にかけての造営と推定されています。

さらに会津盆地の北東部の雄国《おぐに》山麓の前方後方古墳群と喜多方市塩川町中屋敷の舟森山古墳があります。これらも古墳時代前期とされます。

近年、阿賀川流域の北会津地域の田村山古墳から出土した銅鏡が、その銅の成分が卑弥呼に贈られたとされるものと同じだという研究結果が報告されています。

そこから推定されるのは、会津盆地には古墳時代前期に、畿内政権と同じ古墳文化（部族長を宗廟的陵墓で埋葬する）を持つ、三乃至は四の有力な豪族が存在した。そのルーツは、出土品が北陸、能登半島の土器に類似することから、北陸東北部の、古墳文化を持つ人々と同族と考えられ、弥生文化とともに、会津への集団的な移動が、日本海から阿賀川流域を遡って行われ、会津に侵入して来たと推定されます。そして古墳時代と区分される三世紀から五世紀にかけて、水稲を栽培する高い生産力を持った弥生文化による小国家的な社会体制が確立されていったと推定されます。

そのことを『記紀』史観から、どのように見るかについては、鈴木啓氏の『新しい会津古代史』（歴史春秋社刊）に詳しく論述されていますので、それを参照いただきたいと思います。

また地名は弥生時代に発生し、その後に固定化されたもののなかには、先住者の呼び名が原型として存在するものがあります。会津においては、バクル・カムイ、ヤチ（谷地）、ウナイ（宇内）、ニッパシ（日橋）、ミヤアフクロ（宮袋）、アカエタ（赤枝）、アガ（阿賀）、イチノ（市野）、バッケ（坂下）など、アイヌ語に語源を持つものが多いのが特徴であります。

しかし、アイヌに古墳文化はありません。祖先の霊を巨大な前方後方や前方後円の墳丘に埋葬して、死後の世界に生活する一族の祖霊を崇拝する宗廟的陵墓制は、いくつかの説がありますが、中国大陸にその源流を持つものであります。馬王堆《まおうたい》が新羅や百済を経由してわが国に入った。あるいは河南省の打虎亭漢墓《だこていかんぼ》が高句麗から出雲に入ったともいわれます。それは、いずれにせよ、部族王の権威の象徴であり、その場所は部族共同体の聖地の意味を持つものでありました。

その古墳文化を携えた渡来者集団は、谷川健一氏の著作『日本の地名』や『青銅の神の足跡』によれば、能登半島から日本海沿岸に点在し、越後、蒲原郡の渟足柵《ぬたりのさく》（大化三年〈六四七〉大和朝廷が、越の国のまつろわぬ蝦夷征伐のために設けた城柵）のあったところに、その痕跡として二社の青海《おうみ》神社が残されています。これは青海あるいは近江《おうみ》と呼ばれる海人族（渡来者）の神であります。

谷川氏はそれを「青の一族」と呼んでいますが、弥生文化（稲作と金属）を持った先住渡来集団で、それに関わるとされる地名は各地にあります。一例に岐阜県大垣市の美濃の青墓《あおはか》は、小栗判官と照手姫の物語にも出てきますが、その周囲には古墳が集中しています。したがって、その「青の一族」を、谷川氏は日本海側を北進した弥生文化と古墳文化を持つ先住渡来集団と見ています。

会津における古墳群の存在も、その一族との関係において見ています。とりわけ、青津古墳群を形成した集団は、ウナイ（水の集るところというアイヌ語）の地名を持つ地域の青津（青の地）地内とその周辺に、古墳が集中的に作られています。これは原住民アイヌの地に、弥生文化を持つ渡来集団が、三世紀の大和政権成立とほぼ同じころに、大和政権とは別のルート、いわゆる日本海ルートから会津の地に侵入し、極めて高い当時の先進文化（稲作と金属）を持って、会津盆地のなかに数千人から一万人単位（大型古墳を一〇年ほどの歳月を費やして築造する人口的規模）の小国家的な部族的社会を、盆地の周縁と平坦部に少なくとも三ヶ所乃至は四ヶ所に作っていたと考えられ、古墳群はその遺物と考えられます。

「青の一族」と『日本書紀』に記録される渡来人阿知使主《あちのおみ》との関係について、谷川氏は同族として論じています。

阿知使主について、『日本書紀』では、応神二十年に子の都加使主《つかのおみ》と一七県の党籍とともに来帰したと書かれます。『続日本紀』には延暦四年（七八五）六月の項の、坂上忌寸苅田麻呂《さかのうえのきすんかりたまろ》のところに、後漢の霊帝の曾孫で、後漢が滅びた時に帯方郡に移り、そこで国を建てたが、その後、七姓の民を連れて来帰し、天皇に、残してきた帯方郡の民を召喚することを願い、許されてさらに多くの人民が来帰したと書かれています。しかし、上田正昭氏著『帰化人』などによれば、この後漢の裔であるという伝承は、朝鮮系渡来民が自己の出自を中国王室に改変する風潮のなかで作られた所伝であり、阿知使主は朝鮮系の渡来人であるとしています。

会津の地理的環境は、「はじめに」で述べましたように、周囲を嶮峻な山脈が取り囲んでいる盆地であります。囲繞された地域であるがゆえに、外からの侵入は限定的であります。しかし、一旦その領域内に入れば、その環境に順応した生活文化を、独自性を持って自己完結のかたちで形成せざるを得ないというのが地理的生存条件になります。会津の地はそれが可能であったということであります。

盆地特有の気象条件と常態化される河川の氾濫による土地の肥沃は、水稲栽培には適した環境であり、加えて豪雪は、豊富な水と湿潤な風土を形成しました。その豊穣がもたらす経済力が会津における古墳文化の発展を可能にし、縄文文化を持つ会津の先住者との共存も、征伐という形態を取らずに実現したと想像出来ます。縄文文化と弥生文化は、異質なものでありますが、歴史の根本条件である生存条件の発展、つまりは生産力の飛躍的な発展が異なる文化と種族の平和的な融合を可能ならしめたものと思います。

現在の会津の地名には、すでに述べましたようにアイヌ語と古代朝鮮語を語源とする地名が各所に混在しています。その表音に漢字があてられています。それはその証左の一つと推定されます。

六世紀、西暦五〇〇年代に入って、およそ三世紀にわたって隆盛を極めた会津の古墳文化は終焉します。それは全国的な古墳文化の終焉と軌を一にするものであります。仏教思想のわが国への伝来によって、祖霊や死者は生者の世界とは別にある霊魂の世界で、聖者（ブッダ）の言葉とともに永遠にあるという、原始的な宗廟形式から形而上的な明堂的陵墓形式への移行によるものとされますが、会津において、それは欽明元年（五四〇）に宇内地区の山上に梁国の僧、青巌によって草庵が作られ、やがて高寺として栄えたという「高寺伝承」と、何らかの関係があるのではないかと思うのであります。それについては「伊佐須美神社の縁起と伝説」のところで触れたいと思いますが、正史では、これは単なる伝承で、実態としてはなかったものとされています。

『紀』によれば、わが国への仏教公伝は、欽明十三年（五五二）百済の聖明王から欽明天皇に、仏像と経典が献じられたのが最初で、それよりも早い伝来が、辺境の地である会津にあることなどはあり得ないとされているからであります。それは今も識者の見解の一致するところですが、ここに古代会津史の一つの謎があるように思います。

梁国は五〇二年に建国されています。五三〇年代に入って北魏との内戦によって分裂し、僧侶や官僚などの有能な人材が多く百済に逃れています。一説には、支援を得るために百済に送ったともいわれますが、欽明十一年（五五〇）にあたります。わが国への仏教思想の伝来は、この時期に百済を通して行われていますが、司馬達等のように、長年にわたって自宅に仏像を祭って、ひそかに信仰していた者もいます。「高寺」の実在を識者が、なぜ否定するのかというと、それは周囲の寺にある「高寺おろし」といわれる仏像の年代が、その時代のものでないからでもあります。県史の編纂時に調査が行われた結果、鎌倉初期の仏像であったためともいわれます。

周辺の寺の仏像が「高寺おろし」（もとは高寺にあった仏像である）とされるのは、兵火によって焼かれた高寺を偲ぶ人たちがそう呼び、また寺の権威づけにそう呼んだとも思われます。

正史では、「高寺」は斉明四年（六五八）にはすでになくなっており、それを継いで、性空上人の弟子である蓮空上人が根岸村（現、会津坂下町）に恵隆寺を建てたと、書かれます。『会津正統記』、また『会津鑑《あいづかがみ》』には、斉明九年（六六三）に蓮空が大伽藍を建て、大小三〇〇〇の坊舎を草創した。と、書かれます。しかし、恵隆寺はいつ頃に開山したかは不明で、蓮空は中興の祖であるとされます。高寺と恵隆寺の関係がいつどのような関連なのかの年代規定が出来ないように書かれています。

そして、それからおよそ一世紀も過ぎた宝亀六年（七七五）、『続日本紀』に「高寺、兵火により消失」と記されるのであります。しかし、それは高寺ではなく、恵隆寺のことであるとされ、高寺の存在はそこで歴史から消去されます。そして、その後、恵隆寺は延暦二十三年（八〇四）から大同三年（八〇八）にかけて、征夷大将軍坂上田村麻呂《さかのうえのたむらまろ》によって再建され、田村麻呂は空海のすすめで、その恵隆寺に二丈八尺（台座を含めた総高約八・五メートル）の巨大な千手観音を、立木に刻んで奉納したといわれます。

しかし、それは史実ではありません。坂上田村麻呂も空海も、会津には来ていないのです。ならば、二丈八尺の立木観音は何のモニュメントであったのでしょうか、なぜ田村麻呂の名をそのモニュメントに残したのでしょうか、大化の改新によって、律令国家としてスタートした大和政権の最大の課題は、征夷でありました。入鹿の暗殺によって、蘇我一族から藤原一族への政治権力の移行は実現しましたが、東国以北は、異なる文化圏であったので、容易に北進は出来ませんでした。列島の南からの侵略者である大和藤原政権は、白村江《はくすきのえ》の敗北のあと、百済の王族二千人余を東国（現在の関東地方）に亡命させ、その地域までの勢力拡大の陣地は作りましたが、そこから以北、陸奥国《みちのおく》への進攻は、容易ではなく、侵略者集団である大和政権は戦うたびに敗北を重ねました。しかし、会津において、初めて「蝦夷を以って蝦夷を討つ」ことに成功したのであります。征夷の大将軍となった坂上田村麻呂は、その戦略によって、以北の蝦夷との戦いに勝利を収めていったのでありますが、その勝利のモニュメントとして、恵隆寺を再建し、そこに生きている巨木に、巨大な十一面観音像を彫ったのでありま す。

そのことを示唆する話は『会津旧事雑考《あいづくじざっこう》』に書かれています。

『会津旧事雑考』は寛文十二年（一六七二）に、保科正之の命によって向井新兵衛吉重が編纂したものですが、神武元年から始まり寛永二十年までの会津の出来事を、全九巻に編年体で記録したものであります。その「崇神天皇九年甲申」の条に、次のような記述があります。

「崇神帝の朝、蝦夷強大にして乱をなす、帝、大毘古命の子安倍河分命を将軍となして征せしむ。毎戦利なし、安東なる者あり、請うて曰く、我は是れ、宇摩志麻治命の臣、安日の裔なり、祖罪を先帝に得、東辺に蟄し、竟に赦免なし、冀くは今赦しを得、命を委ねられて先鋒たらんと。河分命に奏請、安東を以って先峰となし、大いに功績あり。故に安倍姓を授け且つ将軍の号を賜ひ、東北の蝦狄を守防せしむ、是奥州安倍氏の祖なり。後、安東と称する始祖の名に因る也。応神の朝蝦夷乱を為す、安東の裔東征を致し之を鎮む、帝賞して奥州日下将軍の号を賜う」

この全文は「伊佐須美神社の縁起と伝説」の項で触れます。

文意は、崇神帝の時代に、蝦夷が従わないので阿倍河分命《あべかわわけのみこと》（武渟河分命）に征めさせたが、連敗を繰り返していた。そこに安東という安日の末裔なる者が現れて、「私の祖はウマシマジの家臣で安日（神武天皇の東征に反抗して殺されたナガスネヒコの兄とされるが、正史には出て来ない）の子孫だが、祖先の罪を赦してもらえるなら、その戦いの先峰を担いましょう」といった。それによって蝦夷征伐は成功した。それで阿倍河分命は安倍姓を名乗らせて将軍にし、東北の夷狄を攻めた。それが奥州安倍氏の祖である。ということであります。

これは荒唐無稽な作り話なのか、ということですが、この話は会津若松市の八角神社の縁起として語られています。しかし、出典を見ると、これは会津美里町の伊佐須美神社の旧縁起から採取されたものであります。

崇神朝という時代は西暦年代では五世紀以前に比定されるので、わが国の古墳時代の中期から後期にかけての時代であります。古代史年表でも西暦五〇〇年、武烈帝の二年から『紀』の年干支と西暦との照合が記載されていますが、それ以前は神話的世界とされています。神話的世界とは、西暦に年代比定が中国の干支でしか想定出来ないので、いつのことかはわからないということであります。

この『会津旧事雑考』の話は、消去された会津の古代史の真実ではないのかと思うのであります。なぜなら、会津の青津古墳群一帯に存在した先住アイヌ民族と「青の一族」と呼ばれる渡来先住者によって形成された弥生文化による小国家的共同体が、北進して来た大和政権と戦い、地理的な条件も大和政権には不利に働き、敗北を続けたが、会津に古墳時代の後期に朝鮮半島から入って来た渡来集団である伊佐須美の軍団が、大和政権に加担し、会津の小国家的な先住者集団を制圧した。そのことを『会津旧事雑考』のこの一文と『続日本紀』の「高寺兵火によって消失」という記述は、問わず語りに物語っているのではないでしょうか。

そして、その功績によって、伊佐須美神社（軍団）の宮司といわれる丈部庭虫《はせつかべのにわむし》ら二人が、神護景雲三年（七六九）に、会津安倍臣の姓を賜っているのであります。つまり、丈部（馳せ使い）から、大和政権の安倍臣の家臣として取り立てられたのであります。さらに延長五年（九二七）には、延喜式において会津の式内社として、会津郡の伊佐須美神社、養蚕《こがい》神社、耶麻郡の磐椅《いわはし》神社が格付けされます。それまで、会津の地主神は磐梯山を祀る磐椅神社であったものが、延喜式から伊佐須美神社が会津郡の総鎮守となったのであります。

養蚕神社は会津から大和政権への貢物が織布であったので、その養蚕技術の指導と取扱所としての役所であったのであります。この時、日橋川《にっぱし》を境にして会津郡と耶麻郡は分けられ、そこに三つの神社が式内社としての格付を得て、大和政権の会津の律令支配体制は確立されたのであります。

会津の生んだ民俗学の泰斗、山口弥一郎氏の『古代会津の歴史』（講談社）にも、鈴木啓氏の『新しい会津古代史』にも書かれなかったのが、会津の古代史において畿内政権の先兵としての役割を担った伊佐須美神社についてであります。ここまで書いてきたことと、かぶるところが一部ありますが、その実像について触れておきます。

二、伊佐須美神社の縁起と伝説

山内為之助氏著「伊佐須美神社の奉遷と会津文化」（『会津史談』）には、県境の御神楽岳（天津嶽）から金山谷を経て三島町から柳津町西山地区、さらに明神ヶ岳から会津美里町尾岐地区を経由して会津美里町の現在地までの経路に残る「伊佐須美伝説」が語られています。

その一つとして「千石太郎伝説」があります。伊佐須美神社の神たちは、御神楽岳から金山町三条を経由して本名に出て、そこから只見川沿いに三島町の三坂山で、猿ヶ嶽のふもとの双子山の山城に住む千石（戦国）太郎（五郎ともいう）在地の豪族と戦います。千石太郎は地の利もあり、伊佐須美神社の神たちは敗れてしまいます。伊佐須美の神たちを助けに来た善波命《よしなみのみこと》も三坂山に陣取り川井や大谷方面から千石を攻めますが敗退してしまいます。そこで砂子原の地で再び陣容を整えて、三方からの火攻めの作戦でようやく双子山の砦を落とし、千石太郎を打ち破ったのであります。その祟りでこの地は毒水が沸き出て、鳥獣や人の命を奪うといわれました。（その地は温泉が湧き、現在は温泉とともに地熱発電所が作られています）

その戦いのあと、善波命は三坂山に残り、その地を善波平と名づけ、伊佐須美神社を分祠して「かささぎ大明神」を祭ります。「かささぎ」は朝鮮語「カンチェギ」が語源であり、朝鮮カラス、または高麗カラスと呼ばれ、推古天皇の時代に新羅から献上されたという記録があります。わが国では、青鷺《あおさぎ》と呼んでいる鳥と同種であります。この「かささぎ大明神神社」を『三島町史』は「三坂山かささぎ大明神社は『高寺』の守護として三六坊の坊舎を有して、大高寺と称したといわれるが、三坂山のどこに建っていたかはわからない、（中略）しかし、大高寺が伝説のなかにのみ存在したたんなる『幻の寺』でないことは確実で、天文二十一年（一五五二）に西方鳴ヶ山城主山ノ内信重によって滅ぼされた記録が残っている」「大高寺の守護神であったかささぎ大明神、伊佐須美明神（緒神二神）は大高寺の住持、長祐法印によって高尾坊に移されたと『会津正統記・続』に書かれています。そして、その後の明応五年（一四九六）に西方村稲荷原に移されましたが、『かささぎ大明神』のその後のゆくえは不明である」と記されています。『三島町史』では「かささぎ大明神とあるは伊佐須美明神のことである」と断言しています。

仄聞によると「かささぎ大明神」は、明治期に入ってわが国が、朝鮮国を植民地にして以降、ひそかに廃却されたといわれます。

西山地区の琵琶首集落には、これとはやや異なる「伊佐須美伝説」と呼ばれる伝説が語り継がれています。それは伊佐須美明神を奉ずる人たちの一団が、明神ヶ岳の裏側になる琵琶首集落を通る時に、村人に見咎められて、山のなかに逃れて三年ほど隠れていた。そして、その後、明神ヶ岳から盆地のほうに降りて行ったという伝説であります。その伝説から、かつて萩生田和郎氏（会津考古研究会代表幹事）は、その著『青巌と高寺伝承』（歴史春秋社）のなかで「伊佐須美族の人々は朝鮮半島より戦禍を逃れてきた女、子どもを含めて百人未満の難民であると思われる」「この時代のわが国、先進文化をもつ中国人、朝鮮半島の戦禍を逃れてきた百済、任那国系の王族やそれに伴う人々は優遇し、土地を与えたり、官途につかせているが、難民にたいしては冷ややかであり、難民らは入国後、人目に触れないようにして安住の地をもとめて各地を徘徊したといわれている」と述べています。この記述の典拠がわからないので、そのまま取ることも出来ませんが、『会津旧事雑考』の記述と併せて考えると、荒唐無稽とも言い難いのであります。ちなみに西山地区の沢伝いの集落の黒沢（苦労沢）、砂子原（砂礫をまいて戦った）、矢作沢（戦のための矢を作った場所）、五畳敷、牧沢や石神峠、切伏峠（敵を斬り伏せた峠）などの地名は、すべてこの「伊佐須美伝説」に由来しています。

それではこの時代を、いつのころと推定するかということになると、朝鮮半島からわが国への大量の亡命が起こったのは、次の三期に特定されます。第一期は四世紀末から五世紀前半、わが国の応神天皇時代の（三九六年から四〇九年）に、百済から一二〇県の人々が亡命しています。第二期は五世紀後半で朝鮮半島において高句麗、百済、新羅の三国が対立抗争した時代であります。第三期は七世紀後半の六六三年、あの白村江の戦いで、わが国と百済が連合して戦い、新羅と唐の連合軍に敗れた時であります。いずれも抗争に敗れた王族やその家臣たちの一族が大量に亡命者として渡来していきます。伊佐須美神社の遷座の時期（これが事実とするなら）との関係では、第二期、つまり、五世紀後半（四〇〇年代後期）から六世紀前半（五〇〇年代前期）と推定することが出来ます。

現在の会津美里町の尾岐地区に入ってからの「伊佐須美伝説」というのは見当たりませんが、その経路は伊佐須美神社に関連する神社によってたどることが出来ます。明神ヶ岳に端を発して、その登山道にあたる菅沼集落（現在はない）には、菅沼天王社がありました。昭和四十年代に廃村になり神社も雪によって倒壊しましたが、そのご神体は蛇の交合をかたどったものであります。その神社に戦時中は、出征兵士が生きて帰るということで、引きもきらぬほどの参詣者があったのであります。そこから下がったところに大岩集落（現在はない）があり、ここには大同二年（八〇七）、徳一建立といわれる大岩観音堂があります。そこからさらに下れば冑集落《かぶと》に至りますが、この冑集落は、以前は蚮戸《あぶと》といったといいます。『町誌』では、「かぶとはかぶらの訛りである。かぶらとは田畑の片方が山から押し出たところをいう」と、地形説を根拠にしていますが、蚮戸とかぶらはどのような関係性があるのかは不明であります。その蚮戸を、中世のころは安太《あぶと》といっていたが寛永四年（一六二七）に、冑にしたといいます。また『会津古塁記』にはこの村は安田と書かれます。「あぶと」の語源はそこにあるとすれば、「安田」という朝鮮語の表音が訛って「あぶた」に転化したとも考えられます。「安田」は『古事記』の神代紀に「天の安田」と書かれ、天《あま》つまり、朝鮮の安田（稲穂の稔る田）が語源で、古代においては稲作田を意味するものであります。山間地では苗代を安田と呼んでいます。

ちなみに、寛文六年に編纂された『会津風土記』には、「冑神社」の名が大沼郡にあるが、『大沼郡史』にはありません。「神社改め」で、冑神社は元冑村の熊野神社に「相殿」になったのではないかと思われます。『大沼郡史』には、その代わりに冑村の甘金神社が記載されています。「あまがね神社」とは古代において、中国からの渡来者には、「唐」、「梁」「隋」など、その時代の国名でいい、朝鮮半島からの渡来者は天孫降臨伝説の天上国（高天原）にともない、天（アメ・アマ）を神の名につけました。天照《あまてらす》（アメノヒコボ）などであります。「あまがね」とは「アマの金氏《キム》を祀る神社」ということではなかったかと思います。

この冑集落は、金田姓が多数を占めますが、寛政四年（一七九二）までは、金田姓ではなく橘姓を名乗っていたと書かれています。それは隣村の星越中と同じで、星家も橘を名乗っていました。橘姓はわが国の八世紀から九世紀にかけて隆盛を誇った渡来人の姓であります。和銅元年（七〇八）に、藤原不比等の妻である県犬養宿禰《あがたいぬがいすくね》三千代が橘姓を賜ったことに始まるとされますが、県犬養氏はそれ以前は、河内国一帯の屯倉を養育した犬を以って守護した伴造氏族であったのであります。『日本古代人名辞典』では「県犬養」は「県犬甘《あがたいぬあま》」とも作ると書かれます。冑集落の甘金神社も同じことだと見られます。

星越中については隣村の尾岐窪に古碑があって、そこには「星越中守ハ百済国ノ王也、乱之時海上江出難船ニ而日本之大隈エ吹付ラシ、二条之院に召出夫因高倉御宮ニ付随、乱勢ニ而御宮高明山に崩給、当国ニ落来此処ニ住、－以下略－」と刻まれています。読み下しにしなくとも大意はわかると思いますが、「百済の王が乱の時に海へ出て難破し、日本にきて高倉天皇についていたが、高倉天皇が亡くなったあと、ここに逃れ来て住んだ」と以仁王の逃亡伝説につないでいます。これは源頼政の一族が会津に逃れて来て撒いた伝説で大内村（下郷町・大内宿）には高倉天皇の墓までありますが、それはすべて伝承で史実ではないといわれています。

また、冑集落の北に小山集落がありますが、葦名時代に伊勢国坂内城主坂内参河守憲政が住んでいたことで知られます。それ以前に鶴賀姓の住人がいましたが、鶴賀氏のルーツもまた福井県敦賀市と同じで、古くは角鹿《つぬか》であり、朝鮮からの渡来者がつけていた角額《つぬか》という牛の角を付けた兜に由来します。

その一族が奉じてきたのは八幡神社であります。八幡《やはた》も、八（やは多くを表す古語）幡は秦《はた》の当て字で、古代中国の秦氏にルーツを持つ渡来神でありますが、源義家が奉じたことから戦の神とされ、鎌倉幕府成立以降はその戦の痕跡をしめす神社として各地にあり、その戦での死者を弔うために若宮とも呼ばれています。

冑集落の金田姓はいうまでもなく金《キム》氏でありましょう。会津美里町の金田姓のルーツはここにあります。その冑集落を宮川に沿って下ると仁王集落に出ます。仁王は寺の名前で寛文期以前は仁王寺村といいました。この寺は大岩観音を奥の院としています。その創建は大同二年（八〇六）で、徳一が蜷川荘の柳津円蔵寺と同時に立てたとされますが、徳一は仁王寺の再興に来て、法用寺とともに再興したともいわれます。また、仁王寺は冑村の上に日光菩薩《ぼさつ》を祀って日光坊とし、旭寺入村に月光菩薩を祀り、月光坊としたとその縁起に記されています。旭寺入村の金跨《かねまた》神社も伊佐須美神社の塩土翁を祀る末社であります。

仁王集落の船岡稲荷神社の伝説は、明神の降臨は岩船に乗って天から降りて来たというもので、御神楽嶽の伊佐須美神社、会津若松市の八角神社（伊佐須美神社縁起から引かれている）の降臨伝説と同じであります。その岩船が船石として祀られています。神官は累代高橋氏であります。高橋姓は高氏をルーツとする高麗からの渡来者といわれます。明神ヶ岳から盆地に降りてからの、伊佐須美神社の摂社は松岸地内にある手児神社であります。その縁起には、伊佐須美神社とともに明神ヶ岳から降り遷座したとされ、祭神はスサノオノミコトであります。

以前は現在地より一町ほど離れた産土《うぶすな》清水の地にあったといわれます。その地を特定することは出来ませんでしたが、屋敷集落の近くに「腰王大権現」の碑があります。「腰王」は「越王」「古四王」であります。これは伊佐須美神社の末社で、伝説に伊佐須美神社の父母の神社といわれる会津美里町福永集落の藤巻神社と同じであります、藤巻神社も元は古四王神社でありました。古四王は越王と同じで越国の王ということであります。さて、手児神社の手児とは、子ども、幼児、または少女、おとめのことでありますが、この神社縁起には二つのことが書かれています。一つは「役の行者」との関連で、役の行者が来た時に明神ヶ岳の雷電ヶ沢児大神というのが現れて、それを大宮山手児大神として祀った。というのと、『旧事本紀』（平安時代初期に書かれたニギハヤヒノミコトの伝承記）の児大神説話によるものとがあります。その説話は、伊勢国の渡会郡神乳山に光が見えたので行ってみると、大きな獣に乗った児大神がいた。アマテラス大神は、これは辰旦国五峯山に住む児大神という智の神様だといって祀った。児大神は分身して陸奥国会津郡永居（長江）の荘厳山に降り立った。その山の霊窟に児文殊大神《ちごふみたまおおかみ》として住んだ。というものであります。これはどうも文殊菩薩の垂迹説話だと推測されます。これは後世になって祀る神を、特定して報告しなければならなかった時に付会されたのではないかと思われます。保科正之が会津に入って行った「神社改め」で、それぞれの神社の祀る神を特定させ、八項目で整理統合しました。その結果、会津藩内の神社の三分の二を廃止、あるいは相殿《あいどの》とし、藩内の神社を大小二六〇座、一〇九七社に縮小したのであります。この改革のなかで伊佐須美神社は社領三〇石を拝領していますが、藩内でもっとも多かったのは、藩主の居城のある若松の諏方神社で一〇〇石でありました。

話は反れましたが、手児神社は、もともとは伊佐須美族の「手児」を祀ったのではなかったかと推測いたします。この神社の神官は代々生田氏ですが、越前国の豪族、生江《いくえ》氏は（会津ではなまえといっている）、的《いくは》氏の一族で、そのルーツは新羅系渡来人であります。

そこから伊佐須美神社は、ようやく現在地に遷座します。それが欽明十三年（五五二）とされます。御神楽岳から会津美里町の現在地にたどり着くまでに、どれだけの歳月を要したのか、おそらく十数年を要したと思われますが、それはわかりようもありません。

伊佐須美神社の遷座が、会津美里のあの地が選ばれたのは、埋蔵文化財の分布と出土品の状況から、会津美里町は縄文から弥生、さらに古墳時代にわたって現在の町並みの西部、赤沢川の流域におよそ一キロの広大な地域に先住者の集落があったことが確認されています。それは長江邑といわれていました。その地域よりはほぼ東へ一キロのところを流れる宮川の氾濫原に伊佐須美一族は定着したのでありました。そのころは宮川の流路は現在の上中川集落の上流から東に曲がり富岡集落と竹原集落の間から、西勝《さいかつ》集落の北を流れ、橋爪集落の北で鶴沼川（現、阿賀川）と合流していました。圃場整備で地形は変えられましたが、西勝集落の舘跡（現、熊野神社）は、川より七メートルほどの高さがあり、その傾斜地には杉の木が植えられていました。

竹原集落にある大沼神社はその広大な沼地によって水神が祀られてます。今は竹原集落と伊佐須美神社は宮川で分断されていますが、古代は宮川の流路が東に向かっていたので、地続きで竹原は武原《たける》（ハラは平地、住む土地）で、神社の軍団の地であることの名残りではないかと推測します。また伊佐須美神社には新旧二つの御田神社がありますが、近くにある古御田神社は宮川の水害によって氾濫原になったために現在の御田神社に移ったと思われます。現在は、新御田神社で御田植祭りの神事が行われますが、古代においては、さらに低地帯で宮川と鶴沼川の合流地点であった現在の田川地区の安田、佐布川集落周辺で行われていたと推測されます。安田の地名は先に述べたように、苗代田、または稲作田の古名といわれ、上流の冑集落の古名と同義語であります。また佐布川の古名は寒川《さむかわ》で朝鮮語のサガ（寒河）が語源であります。サガとは（わが家、あるいはわが祖）という意であります。その佐布川集落が伊佐須美神社の御田植祭りの神事である田植舞を、古代から奉納しているのは、古代においては伊佐須美神社と同族であったということの名残りであり、一〇〇〇年前から受け継がれてきたものといえます。

『会津歴史年表』（歴史春秋社）には、伊佐須美神社が明神ヶ岳より現在地に遷宮したのは欽明十三年（五五二）と記されています。わが国の古墳時代の後期にあたります。百済の聖明王《せいめいおう》が欽明天皇に釈迦仏像と経を贈ったとされる年であります。さらに、僧、五経、易、暦、医博士などとの交換条件として、倭政権は欽明十五年（五五四）に、兵一〇〇〇人、馬一〇〇匹、船四〇艘を百済に送り、倭、百済の連合軍が新羅と戦争をしている時であります。

会津の古代史において、倭政権の会津への進攻に大きな役割を果たした伊佐須美神社とは、どのような縁起を持つのか、そのことから入ってみたいと思います。

伊佐須美神社の由緒縁起は、文亀三年（一五〇三）六月二十一日の火災で焼失し、現存するのは寛文六年（一六六六）に編纂された『会津風土記』とともに、その前年に収集編纂された『会津寺社縁起』全二四巻によったものであります。焼失したとされる年代からは、一五〇年以上の歳月が経過していますが、それらの編纂とほぼ同時に資料として採取された『会津旧事雑考』に、その典拠を「伊佐須美神社縁起」と記されていることを見ると、神社には文亀三年の火災のあとに、以前の由緒縁起の記憶に基づく「伊佐須美神社縁起」と称する文書が存在し、それをもとにしたものであると推察されます。

文亀三年の伊佐須美神社火災を記録するのは、『異本塔寺長帳』ですが、一四五〇年代から一五二〇年代は葦名盛高の時代で、会津の中世動乱の時代であります。葦名の忠臣のひとりであった松本一族が謀反を起こし、盛高は松本豊前守（行輔）をはじめ高田舘の松本丹後（輔吉）永井野杉屋の船岡舘主松本図書（宗輔）など、伊佐須美神社周辺の松本一族を次々と誅していった時期と重なります。（それについては別項で触れますが）松本一族謀反の背景には、葦名盛高、盛滋親子の不仲があり、葦名の家臣がそれにともなって分裂し、盛滋に加担した松本一族は盛高によって滅ぼされたのであります。前述しましたように、文亀三年の翌々年の永正二年（一五〇五）に、塩川橋の戦いで盛滋は父盛高に敗れ、山形（出羽国）の長井に逃亡して一件は落着しますが、伊佐須美神社は、その争いの時に、盛高の軍勢によって焼討ちをされています。

『会津高田町史』の第二巻「古代資料」の解説に注記されるように、現在、確認出来る「縁起」書は、「寛文五年神官所出縁紀」「奥州二宮餌慧日山正一位・伊佐須美大明神社縁起」「伊佐須美神社記」の三点であります。いずれも『神道大系神社編』からの転載であり、歴史資料としての扱いは、あくまで「参考」であります。注記には「当時の伝承に基づいて編纂されたものであり、葦名氏や保科氏との関連が知られる」と記されています。つまり焼失した伊佐須美神社の「縁起」と、それは同じものではない。時の領主、葦名氏や保科氏（松平氏）による付会があるということなのであります。

しかし、柳田國男氏の「伝説と縁起」（『校本柳田國男』第五巻）のなかに次のような一文がありま す。「現在に於いてこそ社寺の縁起と、土地の伝説とは内容外形に可なりの差があるが、源頭に突き詰めて行けば一つであった。伝説の多くは曾て使用せられた縁起の破片であり得るのみならず、今の縁起とてそのもっとも作為を経ぬ部分には、まだまだ古来の伝説を保持して居る」という言葉に示唆を得て、伊佐須美神社の縁起と伝説を考察してみたいと思います。

さて、まず前述した三つの「縁起」文献から見てみましょう。いずれも保科正之が会津に移封された寛文年間に書かれたものであります。

「神官所出縁起」は寛文五年（一六六五）に、神社に勤務する検校木崎久吉が所蔵していたもので、「伊佐須美大明神縁起」は寛文七年（一六六七）に伊佐須美神社の神官が保科正之に「伊佐須美神社縁起」として提出したものであります。「伊佐須美神社記」は伊佐須美神社祠官、源惟美則のところに伝わるものであると付記されていますが、この原本も天明三年（一七八三）の火災で焼失し、神主長官、源惟一則（美則の子）が写したものであります。その後、寛政十一年（一七九九）に、さらに書き写され、その都度、前の二つの文書にはないものが加えられたとも推量出来ます。

例えば、伊佐須美神社のすべての「縁起」には、イザナギ、イザナミを祀ると記されています。しかし、『古事記』の四道将軍の大毘古命《おおひこのみこと》と東国から来た建沼河別命《たけぬなかわわけのみこと》との「会津地名伝説」が書かれるのは「伊佐須美神社記」だけであります。しかも、大毘古と建沼河別親子は神としてではなく、イザナギとイザナミを奉じ、ここに祀って、会津を開いた実在の人物として書かれています。これはあとの付会と見られます。ちなみに、大毘古命が「ひとごのかみ」(古代において一群の首長を神として祀った）として祀られている神社は、「延喜式」においては、「大和国城上郡高屋安倍神社三座」であり、伊佐須美神社ではありません。

この三つの文献のなかで私が注目したのは、「伊佐須美大明神縁起」にだけ書かれていて、ほかの書には書かれていない次の四行であります。

「自古至今　社内所奉納者、伊奘諾・伊奘冊二神　和合之尊容　不知云所　誰彫有端正微妙之木像、可謂霊神之奇特」

意訳をするなら、「神社には昔から今にいたるまで、イザナギ・イザナミの二神の和合の尊いお姿を奉納したものがある。誰が彫ったのかは解らないが端正微妙な木像で、奇特な霊神というべし」と書かれています。

さらに「豈不仰信矣、雖然奉遷此邑、奉勧請于此社者、蓋為同塵　乎、親為結縁　乎」と続きます。これを意訳するなら、「どうしてなのか信じられないが、この社の者がここに祀ったのだから。多分それは祀った人の、遠い親の結縁なのであろう」と書かれます。

この文の前段に「像を以って伊佐須美尊と号し奉る」とあるので、合体像がこの神社のご神体であったのであります。このご神体は、寛文年代までは現存していたもので、保科正之が寛文七年に編纂した『会津風土記』の伊佐須美神社の項には「古来、神殿にイザナギ・イザナミ二尊の立像あり、一本の木に二尊を刻む。人身鳥首、長觜大耳、両頭相交り、手を以て相抱く。長さ四寸八分。三月二十五日祭礼たり」と記述されています。また、この神の祭礼は三月二十五日と記されていますが、これは伊佐須美神社の末社である斎神社の祭りで、天正十八年（一五九〇）まで行われていましたが、天正十八年以降、廃されて、現在は倭姫命《やまとひめのみこと》の祭りとして斎神社で八月二十四、五日に行われています。

斎神社とは、神社に奉仕する女官たちの宿舎の別名であります。廃止になった天正十八年は、蒲生氏郷が会津に入って来た年であります。

　これらの関連については、このあとに触れますが、まずは、イザナギ、イザナミの二神についてから考察します。この神が『古事記』に書かれていることは誰でも知っていますが、どんな神であるのか、中西信伍氏著『古事記発掘』第三巻「神代巻の現代語訳」ではこういっています。イザナギとイザナミという神は男女の兄妹であるが、父は、タカムスヒ王（別名オモダル王）という朝鮮半島で神力と武力で国を造ったすぐれた王で、母はタカムスヒ王（別名アヤカシコネ巫女王）という日本で神力と武力で国を造ったすぐれた女王である。この若い二人に中国の皇帝はアメノミナカヌシという王を派遣し、二人に中国のすぐれた矛と船を与えて、中国皇帝に従う日本の国を造れと命じた。と、『古事記』の始まりの部分をこのように意訳しています。

　そして生まれたのがイザナキ、イザナミ兄妹の神なのであります。イザナギ、イザナミとは、誘《いざな》うという言葉に岐《き》を付けて男性を、美《み》を付けて女性を表しています。江戸時代の国学者新井白石は、上代において俗男神を那伎といい、女神を那美といったと記しています。これはすべての生殖《エロス》本能の象徴としての神の名であります。したがって、その意味において伊佐須美神社のご神体として奉じられたあの木彫の像こそ、イザナギ、イザナミの神の具象の像と考えて相違はないのであります。ここで『記紀』の神話の内容には立ち入りませんが、そのご神体は「人身鳥頭、長髴大耳」であります。

鳥の頭の人身、その鳥は長いくちばしと大きな耳を持っていました。「人身鳥頭」というのは、鳥が人間の体を持っていることで、中国の始祖伝説は「人面蛇身」の像が多いといわれますが、朝鮮新羅王朝の始祖伝説は鳥（鶏）であるところから、そこにアニミズムの根拠を持つ像ではなかったかと推測します。ちなみに新羅金氏の始祖伝説は、「徐羅伐《ソラブル》の脱解《タルヘ》王九年の春の夜、王城西方の始林の森のなかからしきりに鶏の鳴き声がした。脱解王は不思議に思って、夜明けを待って行ってみると、森のなかに一羽の白い鶏がいて、その樹の枝に金色の櫃があり、そのなかからたくましいひとりの男の子が出て来た。王はそれを見て、これこそわが後嗣であると喜び、名を閼智《アルチ》と名づけ、姓を金とした。これが新羅の大輔となり、徐羅伐を鶏林と変え、やがて新羅に変えた」というものであります。しかし、「長髯大耳」となると鶏とは様相は異なります。水鳥で耳のような飾り羽のある鳥が想定されます。しかし、男女抱擁神は全国各地にあり、それがイザナギ、イザナミ、ところによっては猿田彦《さるたひこ》と天鈿女命《あめのうずみのみこと》の像とされています。その原像はインドのシバ神にあるともいわれ、わが国ではその像を歓喜天と呼んでいます。しかし、シバ神のそれは象頭人身の像であります。写真でしか知りませんが奈良県生駒山宝山寺の歓喜天は、伊佐須美神社のご神体とされたものと酷似しています。生駒（居高麗）という地名からもわかるように、生駒は朝鮮半島からの渡来者の地であり、宝山寺はその人たちの寺であります。

『会津高田町史』第六巻、第六章においても、この像はいわゆる大聖歓喜天（聖天）であり、仏教の護法神であると断定しています。そして『新編会津風土記』の龍興寺の条に「聖天社、客殿の西にあり、もとは伊佐須美神社の境内にあった」という記述を引いています。

伊佐須美神社の真夜中に行われる秘祭「砂山祭」も鳥の形をした冑を付け、赤と黒の面を付けた二人の神官によって行われる神事であります。塩土祭（神武天皇の東征の道案内をしたとされる塩土爺という神の祭りで、恭順の祭りともいわれる）といわれる神事であります。また、三島町の伊佐須美神社伝説では、カササギ（朝鮮烏）明神が伊佐須美神社のご神体として祀られていました。三島町のことは後述します。

伊佐須美神社にかつて存在したこの木像の大きさは、四寸八分と書かれていますので、携行可能な一八センチ程度の木像であり、それを守護神として、あるいは一族の証として奉じたものと思われます。その人たちは、朝鮮半島に由縁を持つ者と推察出来ます。

わが国でイザナギ、イザナミを祭神としている神社は『日本書紀』に墳墓の地と書かれる淡路島と、『古事記』に書かれる出雲と伯耆の境の比婆山にありますが、「延喜式」で官許されているのは、滋賀県犬神郡多賀町の多賀神社と兵庫県津名郡一の宮町多賀の伊弉諾《いざなぎ》神社の二つであります。伊佐須美神社はイザナギ、イザナミを祀る神社としての認証はされていません。「縁起」を仔細に見ると、遷座以来の経緯を述べたあとに「天神七代之始国常立尊、客人宮者白山権現是伊奘冊尊也」と書かれています。つまり、「伊佐須美神社に祀っているイザナミは、客人である白山権現である」と読めます。

白山権現とは石川県鶴来町の白山比咩《ひめ》神社のことで、この神社の祭神はイザナギとイザナミの二神を祀っていて、白山神社の総本社であります。白山神社はいわゆる蕃神といわれる渡来の神で、新羅系の帰化人の神であります。権現とは、本地垂迹説の外来の仏が化身して、わが国の神になって現れるということであります。白山は石川県の山の名でもありますが、朝鮮の白頭山、長白山脈の主峰を語源として、白山、白髭、白瀬などの神社名は新羅に由来します。したがって、白山権現云々のくだりは、新羅の祖神が、わが国の神となって現れたのがイザナギ、イザナミの神であるというように読むことが出来ます。

それでは、伊佐須美神社がイザナギとイザナミを祀る神社として文献に現れたのはいつのことかというと、それは延長五年（九二七）に完成した『延喜式』であります。その「神名帳の頭注」に、「会津郡伊佐沼美　作須非　伊弉弉竝伊　伊弉諾二座也、古老諺云、有二神像不知何時画筆也、畏神威而」と書かれるのが初見であります。これを見ると、神社名は伊佐沼美で、須に作るに非ずとなっています。須の誤字でないと断っています。沼の音読みはまたはショウだからイサヌミ、あるいはイサショウミと聞こえたので、沼という字があてがわれたと思われます。つまり、伊佐須美という文字は、何かの意味を持つものではなく、表音の漢字表記であるということであります。それを、戦前は「勇み進む」と意味づけをしました。それは『古事記』の「四道将軍説話」をもとにして、勇み進んで来たということで、戦時中は、勇ましく進む戦争の神様にされ、戦後は、一転して稲作の神様だから、イサスミは「稲風結び《いなさ》」の転語（高橋富雄氏著『古代語の東北学』）だといわれましたが、いずれもこじつけの感をまぬがれ得ないものです。私は伊佐須美は、意味のともなわない表音ではないかと思っています。何の表音なのかというと、人の名前ではないかと、朝鮮には李《イ》、尹《イン》という姓があります。名は一文字であります。ミはイザナミのミと同じように、女性を意味するのではないかと……、韓国語が不知なので、あて推量に過ぎないのですが、イサスミと名乗る神の名はこの神社以外に、わが国には一つもありません。川口謙二氏著『神々の系図』二巻には、全国のおよそ五〇〇の神の名が網羅されていますが、その神の系譜にも、伊佐須美という神の名はありません。

伊佐須美《いさすび》のもう一つの読み方は、イを接頭語として見る読み方であります。たとえば新潟の弥彦神社は伊夜日子神社ですが、もともとは伊屋彦《いやひこ》なのであります。が、イを日本語の接頭語として扱い、夜日子《やひこ》が神の名になり、神社名になっています。この神社に祀られる神は五十猛命《いそたけるのみこと》または天香語山命《あまのかごやまのみこと》または大彦命《おおひこのみこと》ともいわれますが、イソはエゾと同義です。つまり、イソタケルはヤマトタケルと同じように蝦夷《えぞ》の武将《たける》の総称ということであります。

真島衛氏著『伊夜日子神社祭神の研究』（上下巻）によれば、伊夜日子神社の神の正体は五十猛命《いそたけるのみこと》であり、白い鳥を奉じる中国の殷《いん》（殷王朝は前期、中期、後期と前一七世紀末から前七七一年までの六世紀にわたった）王一族の後裔で、イヤは、殷屋（家）であるといっています。古代朝鮮における王、箕子はその一族で箕の国は黄河の北の今の中国山西省であります。それがその地に在住した貊族（ハク族、ツングース系）と交合し、シ、シロ、ハクとなり、やがて朝鮮半島を南下し、高麗の白氏や新羅建国につながりますが、それは二世紀から三世紀のことで、わが国では、弥生時代後期から古墳時代前期と歴史区分される時代であります。朝鮮の李《イ》氏もまたそのルーツは中国にあります。真島氏はその著書のなかで古代において、朝鮮半島から壱岐、対馬を経て能登周辺に上陸したイ族は、北陸の日本海側を支配していたが倭勢力に敗れ、その一部族が、二から三世紀ころ越後から岩代（会津）に移動して行ったと結論付けています。この推論は『会津旧事雑考』の記述のところでもう一度触れてみたいと思います。ちなみに、伊夜日子を弥彦とした神社と同様に、伊佐須美の伊を取ってヤスミとした神社が、会津では八角《やすみ》神社であります。

伊佐須美神社が倭政権に認知されるのは『延喜式』でありますが、その「式内社」神名帳には、「会津郡二座、大一座小一座、伊佐須美明神大、蚕養国神社小、耶麻郡一座小、磐椅神社」となっています。

『延喜式』とは何か、ですが、延喜とは年号で、醍醐天皇の時代に菅原道真の大宰府流罪事件があり、三善清行が改元を天皇に乞い、昌泰から延喜元年（九〇一）に変わり、二二年間続いた年号であります。「式」とは、律令制度の施行細則のことであります。周知のようにわが国では西暦六〇〇年代、大化の改新の七世紀半ばから平安時代初期の一〇世紀まで、中国唐の律令制度に学んで律令（律は刑法、令は行政）国家を確立して支配をしました。とくに奈良時代には律令国家としての最盛を極めました。

その『延喜式』（式内社）神名帳に、伊佐須美神社が会津の式内大社として記名されたことについて、『会津高田町史』は次のように解説します。「会津地方では伊佐須美神社が大社、蚕養国神社・磐椅神社が小社である。この三社はすでに『貞観式』で官社であったと考えられるが、『弘仁式』で官社であった可能性はないと思われる」と、書いています。

律令の細則として式が定められて記録されるのは、弘仁年号からであります。『弘仁式』という細則が藤原冬嗣によって奏進されたのは弘仁十一年（八二〇）の四月であります。『貞観式』が藤原氏宗らによって奏進され、施行されるのが貞観十三年（八七一）であります。そして『延喜式』が藤原時平から子藤原忠平に受け継がれ、その撰修が完了するのが、延長二年（九二四）であります。延喜五年（九〇五）に、醍醐天皇が時平に『延喜式』の編纂を命じてから、実に一九年の歳月を要しています。その時代の歴史的事件として記されるのは、あの菅原道真の大宰府への流罪であります。

『会津高田町史』の解説では、会津の三社が『貞観式』では官社として載っていても、『弘仁式』で官社であった可能性はないと思われる、として、その理由を述べてはいませんが、理由として考えられるのは、『弘仁式』が作られる八世紀後半から九世紀前半は、会津はその対象の地としての状態になかった。つまり中央権力の外にあったか、まだ、その支配の末端体制が確立されていなかった、ということが考えられます。

年表で見るなら、会津郡が日橋川を境にして分割され、耶麻郡が作られるのは和銅六年（七一三）で、それから五年後の養老二年（七一八）に、白河、石背《いわせ》、会津、安積、信夫の五郡を陸奥国から割いて石背国を置く（『続日本紀』）と記されています。現在の福島県の浜通り地方を除く、ほぼ全域が入っています。が、これは中央権力の支配が及んだことの証左と見てよいのではないかと思います。この国名とされたのが石背であります。石背国は僅か六年で、またもとの陸奥国に編入されて消えるのですが、その石背の語源は、磐椅（いわき・いわはし）から採られています。古代において火をふく山、磐梯山は先住者がバクル・カムイ（酋長の神）と呼んで畏怖した地主神であったのであります。したがってその時代において地主神を祀る磐椅神社こそ石背国の総鎮守として記載され、伊佐須美神社と蚕養国神社は、当然のことながら官社とはならなかったのではないかと推察されます。

蚕養国神社は、大和政権が陸奥国北部の調と庸（貢物）の主を金とし、南部で金が出ない地域を絹布としたために、その指導と徴収のために、弘仁二年（八一一）黒川（若松）に作った神社であります。それでは、なぜ『貞観式』『延喜式』において、伊佐須美神社は会津郡の国幣社となったのでしょうか。それは中央権力の陸奥国の蝦夷征伐に、多大な貢献があったからにほかならないのであります。その貢献とは具体的にはなんであったか、ですが、それは前にも触れたように、伊佐須美神社の軍団が会津盆地西北部の河川の合流地帯に、青津古墳群を持つ先住豪族（必ずしも蝦夷とは限らない）の平定に加担し、勝利したからではないかと私は推定します。

『続日本紀』には、宝亀六年（七七五）、「陸奥国、会津郡、高寺が兵火により焼失する」とだけ記されます。

高寺については、すでに触れたように「高寺伝説」において、欽明九年（五四〇）に、蜷川荘宇内邑（現、会津坂下町宇内）の山に梁国（中国）の僧、青巌が仏教布教の庵を建てたと語られ、それはわが国に百済の聖明王より仏像と経典が朝廷に贈られた欽明七年（五三八）より二年遅いだけなので、それは畿内政権から始まっているというわが国の歴史文化において、辺鄙な会津の地に、中国から仏教文化が中央と同時代に入ったということはあり得ない。それは単なる伝承に過ぎないとされています。

保科正之が会津に来て寛文十二年（一六七二）に、向井新兵衛重吉に編纂させた『会津旧事雑考』全九巻の第一巻「崇神帝第十代元年」の項に次のような記述があります。先項でその意訳の後半部分を掲載しておきましたが、原文は次のようなものであります。

仲秋八角水精自天落八角之地故為祥崇於伊舎須弥神曰
八角今存鳥井町之街中於華表礩石曽寛永中埋焉因神崇
故顕在街此地昔民村也今為市街伝云昔社制巨宏回廊亦
百八十余間也神職等禰宜神主祝子別当社僧衆徒六員此宇居
税亦社邊千余貫及高田邑禾三千五百束之地云、大永記見

此朝蝦夷強大為乱　帝令阿倍河分命、帝兄大彦命為阿倍氏
河分大彦之子、為将軍征焉毎戦無利有安東者請曰
我是宇麻志治命之臣安月之裔也
曩祖得於罪帝蟄于東邊竟無赦冀今得赦委命為先鋒故河分奏帝以安東
為先鋒太有功伏蝦夷故賞授阿倍姓以為同姓且給将軍
印守東北夷狄是奥阿倍氏之祖也

これを意訳すると、「崇神朝元年の中秋に天から八角水精が落ちた目出度い地にある伊舎須弥神を、八角《やすみ》と云う。今の鳥井町の街中に石に刻んだ華表（神社の入り口に建てられた石柱）があったが寛永の時に埋もれて解らなくなった。今は市街地だが崇神のころは村でそこに伝えられている。昔は社が広大で一八〇間の回廊があり、神職、禰宜、神主、祝子、別当、社僧など六衆徒が居り、税も千余貫及び高田村に禾（稲）三五〇〇束の地を持っていた。崇神朝のころ蝦夷が強く乱れたため、帝《みかど》は阿倍《あべ》河分命《かわわけのみこと》（オオヒコノミコトの子）将軍をもって征伐しようとしたが、戦うたびにどこにも利がなかった。そこへ安東《やすはる》という者が出てきて、私はウマシマジノミコトの家臣で安月の末裔だが、祖先が帝に対して罪を犯したために、東邊に隠れ住んでいたが、その罪がゆるされることを冀《こいねが》っている。許されるならミコトの先鋒となって蝦夷征伐に役立ちたいと訴えた。それによって此の地の蝦夷は屈服し

た。その功を賞し、安東は将軍から阿倍姓を賜った。東北の夷狄を防守する阿倍氏のこれが祖である」

後半のところが先述と重複しましたが、八角神社の縁起として記されているこの話は、『伊佐須美略記』（寛文六年に編纂された『会津寺社縁起』全二四巻）からの載録であります。それをあたかも八角神社が、伊佐須美神社よりも一〇年ほど早く黒川の地に遷座したようにすりかえて書いたものであります。

その理由の一つは、会津の中世は葦名氏の時代で、鎌倉幕府が成立した文治五年（一一八九）、会津四郡は佐原義連に与えられますが、黒川周辺を領地とした佐原（葦名）盛光が会津に来たのは、宝治合戦（一二四七年）のあとで、そのころの会津支配の拠点は黒川（現、会津若松市）になっていました。その葦名氏の土塁の館に、近世になって蒲生、加藤が城郭と城下町を整備しました。保科正之が封じられた時、会津の中心は現在の会津若松市でありました。その会津若松市に、それに見合う歴史を持つ神社が必要でありました。そのために会津の総鎮守である伊佐須美神社の末社であった伊舎《いしゃ》須弥《すみ》神社を八角《やすみ》神社としてこの話を作ったものと考えられます。

八角水精が天から落ちたという伝説は、降臨伝説として各地にあります。伊佐須美神社の前身とされる御神楽岳（天津嶽）の祖神降臨と同じであります。伊佐須美神社もかつては高天原のそこに降臨したことになっています。

二つめは、八角神社の社地が高田村にあったということは、何にも記録されていないし、聞いたこともありません。伊佐須美神社の御正作田は正月田から順次十二月まであり、その面積は一町歩、そのほか祭料田、油田といわれるお供田が二町歩あったと記録されています。

また中世の葦名時代には、会津の総鎮守として全域に封土神田を持っていました。

三つめは神護景雲三年（七六九）、会津郡の丈部庭融ら二人に会津安倍臣の姓を賜っています。この二人は伊佐須美神社の神官黒田宿禰《すくね》と赤吉宿禰で、それは熊本王（高麗の元王）であると伊佐須美神社に伝承されています。黒田と赤吉は個人名ではなく、天武十三年に八色姓《やくさのかばね》が制度化されて以降の付会であります。律令制度の確立にともなって、官人（官僚）の位が高句麗にならって決められ、従四位以上の官人は黒衣を、従五位以下は赤衣を着るようになったので、黒衣を着た宿禰と赤衣を着た宿禰ということであります。宿禰もまた八色姓の上位三位の官位で、これも高句麗の官名に由来します。大兄《おおえ》に対して小兄《すくなえ》の表音に宿禰の漢字があてられました。

『会津旧事雑考』に書かれるウマシマジノミコト（『記紀』神話では、神武天皇とされている）は、物部氏の祖とされ、またオオヒコノミコトの祖ともされています。物部氏は畑井弘氏著『物部氏の伝承』によれば、その祖とされるニギハヤヒノミコトは天磐船に乗って渡来した神で、その地を大和国鳥見の白庭山に居たことから、新羅系渡来人と思われるとしています。したがって、会津の先住者平定に先鋒として戦った安東《やすはる》は、オオヒコノミコトとは同族ということになります。ここでいう同族とは、言語や祖神を共有するということですが、安倍三郎氏著『大彦族の研究』によれば大彦命は考元天皇と欝色謎命《うつしこめのみこと》の間に生まれた長男で弟が開化天皇（ワカヤマトネコヒコフトヒヒノミコト）であると書かれています。欝色《うつしこ》とは古代における鍛冶、製鉄技術集団につけられた名で、それは渡来者の銅鐸祭紀諸族の系譜につながると書かれます。物部氏の、〝もの〟は、兵器を〈もののぐ〉と訓じたところから呼ばれた名で、古代においての兵器製造、銅剣や銅鏡、銅鐸などの製造に関わっていた渡来人の総称であります。やがて物部族は新しい渡来の集団に取って代わられますが、彼らが会津に来たのは大和朝廷の武力による勢力拡大と支配圏の確立のためであり、それに協力したのが伊佐須美の軍団であるということが『会津旧事雑考』の一文は物語っているのであります。

六世紀から七世紀にかけての古代会津の歴史の真相は、畿内王権の記録に記されることはなく、文献学としては闇のなかにあるのであります。

三、古代会津における仏教王国について

会津の古代史のきわだつ特徴の一つは、仏都と呼ばれるほどに、会津の各地に建立された寺院の存在であります。それも、その開基が大同二年説といわれるほどに、大同二年（八〇七）、勅命によって会津に来た空海が開基したとされます。しかし、それは明らかな虚偽であります。空海は大同元年

（八〇六）の十月に中国から帰国していますが、会津には一度も来ていません。恵日寺をはじめ、仏都会津の中心地、勝常寺など、会津五薬師は謎の僧、徳一と、大同三年（八〇八）に東山道観察使兼陸奥出羽按察使となって、会津に来て、青津古墳群のある一帯を桓武帝から荘園として下賜された藤原緒継によって成されたものであります。

それらの寺院が法相宗から、後年になって天台宗に宗派替えをしたことは、その寺院の配置様式によって確認されます。そして、さらに一五世紀になって真言宗に移っています。その時に空海伝説は付会されたのであります。

さて、僧、徳一は謎の多い人物ですが、架空の人ではなく、空海の書簡や最澄との三一権実論争から、大同二年~弘仁十二年（八〇七~八二一）の間は、会津に実在した法相宗の僧であることが証明されています。出自については藤原仲麻呂の子であるということが、今では定説になっています。それについては、鈴木啓氏の『新しい会津古代史』に詳しいので参照されたいと思います。鈴木氏は天平宝字八年（七六四）の「押勝の乱」を、道鏡の謀略ではなく、仲麻呂こと恵美押勝の王権に対する専断で、藤原氏の一族に起こった内紛としてとらえています。

たしかに緒継の父である百川も道鏡とともに仲麻呂誅伐に関わり、仲麻呂が擁立した氷上塩焼王と仲麻呂一族、兄の朝猟を含めて三四人を斬殺しています。徳一ひとりが僧籍にあったために生き残りました。『続日本紀』には、八男刷雄《よしお》（後の徳一？）を「少にして禅行を修業するを以て其の死を免じ、隠岐国に流す」と書かれています。しかし、『諸嗣宗脈記』には「筑波東上先徳菩薩、恵美大臣の子故に東土に流す」と書かれています。仲麻呂を誅殺したあと、道鏡はただちに、天皇を女帝、考謙天皇（称徳）に替え、自らはその太政大臣になります。そして道鏡は、寺院が僧を集めて読経することを禁じています。

僧が集まることによって、誅伐した仲麻呂の子徳一が、道鏡への謀反の首謀者として擁立されることを恐れての対策であったと思われます。

道鏡は、その六年後の宝亀元年（七七〇）に女帝、称徳天皇の死去と同時に、和気清麻呂らによって、東国下野の薬師寺に追放され、二年後の宝亀三年（七七二）に死去しています。

一方、徳一は東国筑波に逃れ、さらにそこから陸奥国、会津の磐梯山の麓に入ります。

そこには欽明元年（五四〇）任那問題で大連《おおむらじ》大伴金村が失脚して、大連は物部尾輿にかわり、政権から遠ざけられた大伴一族が修験者として、山麓の磐椅《いわはし》神社を司っていました。徳一はそこに身を置き、会津古代仏都の拠点である恵日寺の創建を図るのであります。

磐梯山を神として祀る修験者としての大伴家の古文書については、山口弥一郎氏『古代　会津の歴史』に詳しいが、その起源を白鳳年間としています。白鳳は私年号なので、大化の年号である六四五年から六七三年以降のころとされます。この周辺一帯は大塚山古墳の北東にあり、東方にある湊地区には、アラハバキを祭る神社や物部守屋を祭る守屋神社もあります。また「高寺」伝承の一つとして、高寺が炎上した時、白い鹿が現れ、高寺の僧たちを導いて湊地区に来たともいわれ、古代会津の時代に、そこで製鉄が行われていたともいわれます。

一方、藤原緒継は前述のように大同三年（八〇八）に東山道観察使兼陸奥出羽按察使となって、会津の青津古墳群のある蜷川荘（稲川ともいう）を下賜されて、会津の経営管理にあたります。が、二人はかつて、藤原一族として、権力の中枢を担う同族でありましたが、徳一は「押勝の乱」によって辺境の地に流され、緒継もまた、父、百川が白壁王（後の光仁天皇）の立太子宣令の偽作問題や白壁王の妃、井上内親王の謀反説などに関わり失脚し、宝亀十年（七七九）四十八歳で死去しています。その時、緒継は、まだ六歳でありました。

緒継の挿話として『日本後紀』が伝えるのは、延暦二十四年（八〇五）の十二月七日に、桓武天皇が菅野眞道と緒継に、天下の徳政について相論をさせた時、緒継は政治の要諦は民衆の暮らしの安定にこそあるといって、平安京の造営の一時停止と、陸奥国の蝦夷を武力による征伐よりも和睦を以って王化することを奏上した。桓武天皇はそれを用いた。緒継三十二歳の時であります。その翌年、桓武天皇は死去し、安殿《あて》親王が平城天皇として即位し、藤原内麻呂が右大臣になり、六道に観察使が設置されますが。緒継はその東山道観察使兼陸奥出羽安察使に任命されたのであります。

緒継と徳一の出会いは、戦乱のあとの混乱を鎮めて、民衆の生活の安寧を図ることで一致し、緒継はそれを徳一に託し、徳一は仏教思想に基づく民衆救済を、薬師信仰と観音信仰によって理想の実現を図ったのであります。西は青津古墳群のある蜷川庄の宇内に、東は本寺（現、磐梯町）に、南は盆地の縁にあたる堤沢（現、会津若松市門田）に、北は漆村（現、喜多方市）に、そしてその中央に、湯川村勝常寺を置いて薬師による民衆の救済と安寧を図ったのであります。現在、勝常寺に国宝薬師如来像が安置されていますが、それはわが国の仏教美術史に一時代を画す「貞観彫刻」（貞観時代は八五九〜八七六）の代表的な仏像の一つであります。

寺の様式は奈良興福寺と同じといわれますが、仏像は神護寺スタイルといわれているもので京都洛北の神護寺の薬師如来像と同型であります。同一の仏師によるものかは不明ですが、そのような仏師は当時の会津にはいないので、都から招かれた仏師であり、それは時の権力の強力なバックアップなしには不可能であります。時を同じくして、蝦夷征伐の勝利のモニュメントとして、巨大な立木観音像が征夷大将軍坂上田村麻呂の名によって、青津古墳を睥睨する高台に建立されますが、徳一と緒継は盆地の中央の平坦地に、民衆救済の拠点としての勝常寺を建てるのであります。

九世紀の古代会津の仏教の特徴は、まさに大乗思想による現世利益による「宗教的性格を持たない、宗教性成立以前の薬師仏教、観音仏教」といっていいと思います。江戸時代に「朝、観音、夕、薬師」と、いわれるほどに、観音様と薬師様は江戸庶民に信仰されましたが、古代会津においては、すでに観世音菩薩の思想による「滋悲利他行」の菩薩行と薬師如来による現世利益としての「救済思想」が、徳一と緒継の二人によって、民衆思想のなかに播種され育まれたのであります。平和と安寧の思想、これこそが、われら会津人が、ほかに誇り得る精神性の原核なのであります。それは覇者の思想からではなく、敗者の、あるいは弱者の、奥深い悲嘆と絶望から生まれ出た滋悲の心性「大乗の誠の言葉」(『霊異記』)の思想なのであります。

徳一の没年は、天長元年（八二四）享年七十歳（『県史』）や承和年代（八三四〜八四二）など諸説あり、また亡くなった場所も、恵日寺、筑波山などがあって、定かではないが、近年の研究では、恵日寺で亡くなった可能性が高いといわれます。

承平五年（九三五）に東国で「平将門の乱」が勃発します。五年にわたる骨肉の争いの末、天慶三年（九四〇）に将門は、下野国押領使、藤原秀郷に討たれ乱は終息します。その将門の娘、滝夜叉姫が恵日寺に逃れ来て、将門の霊を弔って、その生涯を終えたという伝承が残っています。

この古代会津の仏教文化は、徳一の死後、高野聖の空海伝説によって徳一の事蹟が消されてゆきます。そして仏教は国家権力の庇護のもとに、その支配権力として武装化してゆきます。会津においては、平家の勢力である越後の豪族、城氏と正暦三年（九九一）に争い、城重範を打ち破ります。承安二年（一一七二）に、城長茂《ながもち》は恵日寺の乗丹房に叔母である竹姫を嫁がせ、その祝儀として小川荘を寄進して和睦し、恵日寺の僧兵は乗丹坊のもと平家の軍門に入ります。そして、その武力と会津四郡の寺院の武装僧徒によって、会津四郡を支配するのであります。

権勢を誇った奥州藤原氏の支配を拒否し、越会同盟によって自立し、会津モンロー主義を確立していくのであります。が、仏都会津は、その延長線上で地方の支配的権力に対抗して、自治権を確立していたとも言い得ます。これは東北では唯一のことで特筆されなければならないのですが、その後、平氏は源氏に敗れて、平氏の時代の会津は記録すら残していません。しかし、会津の持つ、自立と不服従の思想の原基は、そこに起点を置くのであります。

四、会津中世史の展開

わが国における中世の歴史区分は、一二世紀から一七世紀までとしますが、会津の中世は、初期、中期、後期と分けられます。古代から中世への歴史の転換期から、中世初期にいたる永承六年（一〇五一）に、源頼義は陸奥守になり、天喜四年（一〇五六）に「前九年の役」が始まり、康平五年（一〇六二）に厨川で安倍氏は敗北して終わります。そして応徳二年（一〇八五）に「後三年の役」が始まり、寛治元年（一〇八七）に清原氏が滅びて、奥州は藤原氏の時代に入ります。

この間、源頼義が会津に熊野神社を勧請していますが、会津の兵がこの乱に関わった記録はありません。

治承四年（一一八〇）の春、高倉宮以仁親王は源頼政のすすめで平家討伐の兵を挙げます。『吾妻鏡』『平家物語』『源平盛衰記』に書かれる「治承の変」であります。頼政は全国の源氏一統に「以仁王平家追討令旨」を号令します。それに応じて、木曽義仲が兵を挙げます。それを討つために、城氏とともに会津四郡の僧兵が、信濃国の横田河原に出陣しますが、大敗を喫します。そこから、会津の中世は始まります。

以仁王と頼政は宇治平等院に陣をかまえて、平家軍と戦うのですが、圧倒的な兵力の平家軍に敗れ、宇治から逃れて光明寺にいた時に、以仁王は流れ矢にあたって亡くなり、頼政も自害してそのあとを追った。と歴史書には書かれます。

その以仁王一行の逃亡譚が、会津の南会津地区全域にわたって、まことしやかに伝承されています。以仁王の首は家臣渡部連のもので、以仁王は生きて、会津に来て大内邑で暮らし亡くなった。と、大内宿には、その墓とともに高倉神社もあります。さらに、只見から越後の小国にまで、この伝説は続いていて、小国では、平家城氏の襲撃によって、逃げて来た以仁王はそこで没したことになって、その墓もあります。しかし、それはすべて虚妄なのであります。

城長茂《ながもち》は、寿永元年（一一八二）千曲川の横田河原で敗れたあと、梶原景時に預けられる。頼朝の奥州征伐にも景時の軍団として参加するが、建仁元年（一二〇一）に、吉野で頼朝によって誅殺されます。その間、奥州藤原氏が会津を横領します。藤原氏がほろびる文治五年（一一八九）まで、それは、僅か十数年の間ですが、秀衡にまつわる伝説と物証が会津に残っています。

東北地方ではもっとも古いといわれる会津美里町藤田集落にある「大光寺板碑」がそれで、建久二年（一一九一）に奥州藤原秀衡の娘が、秀衡の遺髪とともに、薬師像を橋爪村の千寿院に納め、その薬師如来像を以って寺を薬師寺とした。その姫が亡くなり、家臣である佐藤清純によって延応元年（一二三九）に建てられたのが「大光寺板碑」であります。それは家臣とされるほかの数基の板碑とともに、彼らが隠れ住んだといわれる山中から、現在地に移したものであります。佐藤清純の末裔と称するのは会津美里町の旭地区の佐藤姓の人たちであります。

また、源義経にまつわる伝説も多くあります。

文治四年（一一八八）に義経の愛妾皆鶴姫が奥州に向かう途中、河東村（現、会津若松市）の難波の地で自殺をしたとしてその墓もあります。これら一連の伝承は中世初期に集中します。会津の地は、古代から中世にいたっても、敗者がひそかに逃れ来て隠れ住み、民衆がそれを守る隠れ郷であったのであります。会津の多くの伝説は、それがたとえ虚妄であっても、会津に逃れ来る者を助けるという不文律の民衆思想が映しだす幻影なのであります。

文治元年（一一八五）、平家一門が壇ノ浦で滅亡して、義経が検非違使、太夫判官に任ぜられたのを、頼朝は怒り、義経討伐を命じます。義経は、ひそかに京を発ち、金売りの吉次に案内され奥州平泉の秀衡のもとに逃れて行きます。頼朝は十一月に、北条時政を上洛させ、義経の役職罷免とともに、諸国に国地頭と守護を置くことを朝廷に認めさせます。同時に、その総地頭と総追捕使に頼朝が就任します。これは貴族社会による荘園制度を守護地頭のもとに委ねる武者の天下取り、武家社会の出現なのであります。

文治五年（一一八九）頼朝は、奥州征伐によって奥州藤原氏を滅ぼし、その戦功に応じて、会津四郡を、三浦一族の佐原義連に、伊北郷を山内季基に、伊南郷を河原田盛光に、南山を長沼宗政に与えます。そして征夷大将軍となった頼朝が、建久三年（一一九二）鎌倉に幕府を開き、歴史は武家社会に移ります。この時から会津は、守護地頭による土地領主制の時代に入ります。佐原義連に与えられた会津四郡に、義連自身はすでに老齢の身で、来ることはなかったといわれます。会津に来たのは、義連の四男盛連が猪苗代に入り、猪苗代氏を名乗り、その盛連の長男経連は、もっとも肥沃な近衛家の荘園、蜷川荘（緒継から近衛家に移った荘園、河沼郡の青津古墳群のある地域）に入って、蜷川氏を名乗りました。次男の広盛は北田（現、湯川村）に入り北田氏を名乗り、三男盛義は藤倉（現、会津若松市河東町）に入り藤倉氏を名乗りました。四男光盛が黒川（現、会津若松市）に入り、この光盛が後年、葦名を名乗るのですが、その光盛の子の経光と泰盛が跡目を争い、泰盛の子の盛宗が越訴をして、葦名氏は盛宗が継ぎ、盛員、直盛と続くのであります。会津の守護地頭から戦国武将となる盛舜は、義連からは十四代、戦国時代に名を成した盛氏は十五代目にあたります。

五男盛時は熱塩加納に入り、加納氏を名乗りましたが、三浦本家の滅亡のあとは三浦介となり三浦を継いでいます。義連の墓が加納にあるのはそれゆえなのであります。六男時連は北方の新宮に入り、新宮氏を名乗りました。

三浦一族は、もともと三浦半島に拠点を置く、東国武士団で、佐原義連はその一族であります。彼らはまずは自力で田畑を拓き、それを門田や佃として直営し、その周辺に郎徒の耕地を拓かせ、それを武力を持って守ることによって地域に集団を形成した領主土豪であります。そして、その所有地の一部を権力者や社寺に寄進することによって、社会的な地位と荘園を管理する荘司としての権利を得てきたのであります。

三浦一族は三浦為継の時代に、源義家に従って永保三年（一〇八三）の「後三年の役」に出陣しています。その功でその子義明は荘司となります。また、平治元年（一一五九）の「平治の乱」には、義明の子義澄が義朝に従って出陣しています。その時義朝は清盛に敗れ、尾張で殺されています。

治承四年（一一八〇）の石橋山の合戦で頼朝は平家に敗れ、阿房に逃れますが、義明は居城の衣笠城で討ち死にしています。佐原義連はその義明の七男で、横須賀の佐原を領していたため、佐原を名乗ったのであります。葦名も義明の弟、為清が横須賀市の葦名城山を領したので、後に葦名を名乗ったのであります。

中世の初頭は、歴史の転換期で激動の時代でありました。鎌倉幕府を開いた頼朝も、僅か六年で逝去し、頼家が跡を継ぐが、政治の実権は北条時政らに移って行き、建仁三年（一二〇三）「比企氏の乱」で頼家は伊豆の修善寺に幽閉され、実朝が将軍となります。翌年、頼家は二十三歳で暗殺されます。承久元年（一二一九）には実朝が頼家の二男公暁に暗殺されます。

源氏一族の争いで鎌倉幕府崩壊の兆しが濃厚になったなかで、後鳥羽上皇が鎌倉幕府打倒の兵を挙げ「承久の乱」が起きます。この乱で三浦一族は義村と胤義は敵味方に別れて、上皇方に就いた胤義父子は敗北して自害します。

寛喜元年（一二三〇）に義村の娘、矢部禅尼は、時の執権、北条泰時と離縁して、佐原義連と再婚します。そして光盛、盛時、時連の三人の子を産みます。後年、その光盛が葦名を継ぎ、盛時が三浦介として三浦本家を継ぎ、時連が会津の北西部の領主、新宮氏を継ぐのであります。

これは、宝治元年（一二四七）の「宝治合戦」で、北条時頼は三浦本家を討つが、佐原一族はその時、同腹兄弟である北条時頼に味方するのであります。その結果、三浦は佐原一族の後妻の子によって継承され、会津四郡の領地もそのまま佐原一族に安堵されるのであります。

しかし、矢部禅尼の三人の子息、光盛、盛連、時連が、会津に入って来るのは、三浦泰村が滅ぼされた宝治元年以降であり、山ノ内、河原田、長沼ら、また盛連の先妻の子、経連とその子らが会津に入った時よりは、五四年も経ってからなのであります。しかも実際に、会津に居を移したのは、さらにあとで、義連からは八代目にあたる真盛からであります。

『会津旧事雑考』によれば、それは文和三年（一三五四）で、配領からおよそ九〇年が過ぎてからであります。その異母兄弟による一族の争いは、その後、会津の中世の時代の中期から後期にわたって、間断なく繰り返されるのであります。

鎌倉幕府の滅亡を見越して、元弘元年（一三三一）後醍醐天皇が兵を挙げ「元弘の変」が起きます。が、それは『太平記』に委ねます。

かくして鎌倉幕府は崩壊し、北条一門は滅びます。元弘三年（一三三三）会津の北条泰家の屋敷跡（現、会津若松市北会津町和泉）と顕業《あきなり》の領地が足利尊氏に下賜されています。その後、三浦一族は尊氏に就いて後醍醐天皇と対立してゆきます。吉野に走った後醍醐天皇の南朝と京都に光明天皇を擁した尊氏の北朝がわが国を二分する南北朝時代は、会津も双方の支配権の争いに、それぞれの思惑のもとに巻き込まれてゆきます。

当然、盛時が継いだ三浦一族も、双方に別れて関わっていくのですが、二つの政権によって生まれた二人の陸奥守、尊氏と顕家は、互いに味方に就く者の所領の安堵と剥奪を行っています。会津においては長沼安芸が北朝の尊氏に、葦名直盛は南朝の顕家に就いて行ったのであります。しかし、北朝、明徳二年、南朝、元中八年（一三九一）に「明徳の乱」が起きて、直盛は正史では討ち死にしたことになっていますが、会津に逃げ帰ったともいわれています。

翌年、武家方の北朝の足利義満と南朝の後亀山天皇の意を受けた阿野実為との交渉によって、講和は成立して南北朝時代は終わります。南朝方和解の条件は、三つありました。

1、三種の神器の京都への帰座は譲国の儀式によること

2、今後は両朝が交互に譲位すること

３、諸国の国衙領は大覚寺統、長講堂領は持明院統が支配すること（『近衛家文書』）

これによって、五七年間にわたった南北朝時代から、義満による足利氏が名実ともに政権を握る室町時代に入るのであります。しかし、この講和の条件を北朝方は守らなかったのです。それで、後々、南朝方の後胤が反抗するのも、そこに原因があるのであります。敗者となった葦名は室町幕府の支配下に置かれます。室町幕府は京都にあります。そのために鎌倉などの関東一円を統治するため、関東管領が置かれますが、将軍義詮の弟で尊氏の五男といわれる基氏が、初代の関東管領、公方となります。

それから五代目の成氏が古河公方を名乗ります。会津に直接入って来るのは成氏の一族である氏季で、藤倉の西に居宅を構えその郎党を駒板（現、会津若松市）に置きます。この足利氏の関東支配に深く関わるのが上杉憲顕であります。あとで謙信の死後、上杉景勝に滅ぼされる景虎は足利の嫡子で会津の葦名氏は足利氏との関係で景虎に加担していたのであります。

会津葦名の直盛とその子詮盛《あきもり》のころから、時代は戦国時代に入っていきますが、それは盛氏のところで触れます。詮盛から九代目、常陸の佐竹氏から養子に入った義広を以って、会津葦名は伊達政宗に滅ぼされて、会津の中世は終わります。

その支配者の顚末に、私はそれほどの好奇心はわかないのですが、謀反と跡目を争う権力闘争という内紛によって滅亡してゆくのは、会津の地に降り立っておよそ四〇〇年を経ても、支配と被支配の関係性においてしか、民衆との人間関係を築けなかった支配者たちの逃れ得ない宿命を私はそこに見るからであります。

その時代の象徴として、会津の中世の二人の典型に触れておきたいと思います。一人は戦国武将として名を残す葦名盛氏で、もう一人は連歌師、猪苗代兼載であります。

五、葦名氏の会津支配と滅亡の顚末

応永九年（一四〇二）一族の新宮城主葦名時泰が加納荘の佐原氏とともに、黒川の葦名盛政に謀反を起こします。それに会津高田の伊佐須美神社の宮司、大蔵少輔重範が加担します。重範の妻は時泰の娘であります。この新宮氏の謀反の背景には、越後の勢力との連携を持った新宮氏が会津守護を狙っての一族内の権力闘争ですが、敗れた新宮氏は越後の五十公野《いじみの》に逃れて行っています。

直盛のひ孫にあたる盛政は、このあと名実ともに、会津の守護地頭の地位を確立するのであります。が、盛政の死後、その子に盛久、盛信の兄弟がありましたが、弟の盛信が家督を継いで、その子盛詮が葦名の当主としての地位を得ます。

宝徳三年（一四五一）七月に、重臣松本右馬允（典厩）が謀反を起こします。謀反とされていますが、盛政が四十七歳で亡くなったあと、その父である満盛は兄の盛久を養子にして家督を継がせようとしました。そのために盛満は重臣松本右馬允に、盛詮の側近多々良伊賀を襲わせたのであります。

「塔寺八幡宮長帳」には、

「宝徳三年七月十五日、卯の刻、典厩方より伊賀の在所に押し寄せ、鬨の声をつくり、やがて放火、伊賀不慮を逃れて小高木の北館の内に参り、下総守盛詮を抱き取り申す、その時、御内方（盛詮の家臣）皆馳参る。数度の合戦に御内方あまた討死、親は子を討たれ、子は親を討たれる。御内方盛詮を抱き取り申して館を去る。伊賀親子腹を切り候ふて、北館ほどなく落ち候」

と記されています。

その三年後の享徳二年（一四五三）、盛詮方は松本筑前守に一族である右馬允と橋爪将鑑を攻めさせます。将鑑は橋爪（現、会津美里町橋爪）の玉井塁で戦いますが敗れ、伊南（現、南会津町）の河原田重直を頼って逃げます。右馬允と将鑑を盛詮は山内俊光に攻めさせ、その合戦で将鑑は討たれます。右馬允はさらに猪苗代盛光を頼って浜崎館（現、湯川村）に逃れますが、盛詮は浜崎館を結城直朝に攻めさせ、右馬允はそこで自刃します。

今から五六二年も前のことですが、戦場となった玉井塁の西、三〇〇メートルほど離れた場所に、八幡神社が祀られていました。若宮と呼ばれて、約二反歩の神社境内があり、その一部が寺の所有地になっていました。一帯は西勝木《さいかちぎ》という地名と馬場道《ばばみち》という地名でしたが、馬場道は八幡神社の昔の参道だと伝えられていました。その西勝木に私の家の元屋敷と伝えられる約二反歩ほどの水田がありました。昭和四十年代の圃場整備で、八幡神社は西勝集落の熊野神社に合祀され、跡かたもなくなりましたが、その境内にあった紅葉の巨木が倒された時に、その幼木を持って来て植えたのが、わが家の庭の紅葉であります。

話がそれましたが、その盛詮は文正元年（一四六六）、三十六歳の若さで死去します。しかし、これには異説があります。「葦名系図」には、盛詮の死去は明応七年（一四九八）五十七歳で没したとされています。この三二年の差は何を意味するのか、謎なのですが、いずれにせよ盛詮のあとは盛高が家督を継ぎ、盛高は時代の要請で国人領主の被官化、つまり、周辺の小領主の武力による淘汰を進めます。その一つとして行われたのが文明十一年（一四七九）五月の高田城（現、会津美里町高田）攻めであります。「異本塔寺長帳」には、「高田城主、渋川上総介義基、同下野義純、同西勝安芸義春ら討たれる」と記録されています。

ここでもう一度、私ごとで話をそらしますと、橋爪の玉井塁から南西一キロのところに西勝館（現、西勝集落の熊野神社周辺一帯）がありました。文明十一年（一四七九）ころは、渋川氏の支配下に入り、高田館主の渋川氏とは兄弟にあたる安芸義春が住んでいたことがわかります。その西勝は私の住んでいる集落で、館跡一帯約一町歩が内城という地名で呼ばれ、二重の囲い堀が廻らされていました。その一角にもわが家の古屋敷といわれる農地がありました。さらにそこから五〇メートルほど南に旧銀山街道の宿駅としての集落跡があり、それを古町と呼んでいました。そしてそこからさらに五〇メートルほど南に現在の集落があります。

この話を挿入した意味は、会津における中世も、また近世も、時間的には遥かな過去となっても、戦い、敗れては周囲の山に逃げ隠れ、そしてまた平地に下りて農民となった痕跡が、会津のいたるところに、生活に深く密着して関わっています。その人的な系譜やつながりは、今も風土のなかに息づいていることを、領主の歴史とは異なるかたちで存在することをいいたかったわけであります。

さて、盛高は内乱の鎮圧とともに、北方からの脅威を取り除くために、文明十四年（一四八二）に、山形長井城主、伊達成宗の娘を娶って姻戚を結びます。そして文明十六年に須賀川城主二階堂盛義を攻めます。この合戦は激戦で双方で四〇〇人に及ぶ戦死者を出していますが、一進一退の攻防でありました。時の将軍、足利義尚はこの戦いのあと、文明十八年に盛高を修理太夫の官命を授けて、大名としての処遇を認めます。盛高はその返礼に太刀一腰、馬二二頭を献上します。室町幕府のなかで盛高は着実に戦国大名としての基礎を築いてゆくのですが、永正二年（一五〇五）八月、家督の相続をめぐって、成宗の娘との実子盛滋と対立します。

それは葦名家の歴史において、最大の内紛といわれる家臣団の対立でありました。戦況不利とみて盛滋は長井城の成宗のもとに逃れますが、双方の重臣たちの話し合いによって、和解が成立して盛滋は黒川に戻ります。そして、永正十四年（一五一七）に盛高は没して、盛滋が跡を継ぐのですが、その盛滋も大永元年（一五二一）に没し、そのあとは、盛滋とは異母兄弟の盛舜が家督を継ぎます。

盛滋方と盛舜方との和解が成立したとはいえ、そのしこりは家臣に残っていて、家臣団の対立は続いて、盛舜は南方の長沼氏とは和解し、東方の猪苗代氏は武力によって鎮圧して、大永三年（一五二三）に、陸奥国守護職補任の役名を幕府より得ます。

そして、その時、すでに奥州随一の大大名となった伊達稙宗との連携を図るために、稙宗の娘を、天文六年（一五三七）に十七歳となった実子の盛氏の正妻に娶り、盛舜は家督を盛氏に譲って隠居の身となるのであります。そして同じく稙宗の娘を娶っている須賀川城主二階堂照行とともに伊達、葦名、二階堂の同盟体制を築いて、戦国時代初頭屈指の大名として地位を獲得してゆくのであります。

この時代を戦国時代と呼ぶ所以は、室町幕府の崩壊期に起きた群雄割拠の状態をいうのですが、それは中世から近世への歴史の転換期である約一世紀にあたります。

盛氏はその時代を生き、天正八年（一五八〇）六十歳で亡くなっています。盛氏が遭遇する初めの戦は天文十一年（一五四二）に起こった伊達稙宗と晴宗親子の対立、「天文の乱」です。盛氏はこの争いで初めは稙宗派に就きましたが、田村隆顕の安積進出を阻止するという利害から、晴宗派に移りました。

その隙を突いて、伊北郷の山内舜通《きよみち》が、反盛氏の兵を挙げます。それは伊南郷の河原田盛次と示し合わせたものでありましたので、盛氏は舜通を降伏させるとともに盛次を討っています。一方、会津の外に向かっては、常陸の佐竹義昭と田村隆顕の連合軍との戦いがありますが、盛氏を戦国大名として名を成さしめたのは、永禄七年（一五六四）の越後への進攻であります。これは武田信玄の要請によるものですが、その証拠が残っています。それは信玄が盛氏の家臣、領家村沖の館（現、会津美里町沖の館）の国人鵜浦佐衛門尉入道に宛てた手紙であります。

「小田切（弾正、小川荘の領主）、越国に向かわれ、行に及び敵城攻め落とし堅固に相抱き候、これによりて、御息並びに金上、松本両手出陣の由、本望満足に候」

この盛氏の家臣の越後への進攻を知った謙信は、関東からただちに引き返して応戦し、盛氏の兵は撃退されて、信玄の思惑通りにはいかなかったのですが、この一件で盛氏は信玄や謙信と互格の武将として戦国の世に台頭してゆくのであります。

元亀四年（一五七三）は、改元されて天正元年になります。天正二十年（一五九二）までの一九年間が中世の末期といわれます。織田信長の登場によって将軍足利義昭の室町幕府は崩壊し、安土桃山時代に入ります。天正二年（一五七四）に盛氏の嫡男盛興が二十七歳で急逝します。死因は『会津四家合考』によれば、酒毒、アルコール中毒であります。その時盛氏は家督を永禄四年（一五六一）に十四歳の盛興に譲って、向羽黒（現、会津美里町本郷）に隠居していましたが、実際は戦国時代の合戦に備えて、向羽黒山に築城を始めていました。

盛高の急死で、女子しかいなかった盛氏は人質として取っていた須賀川城主、二階堂盛義の子、盛隆を養子として、その妻に未亡人となった盛興の妻を配したのであります。こうしたことは、戦国時代にはよくあることで、盛氏は二階堂氏との同盟の担保に、二階堂盛義の子息盛隆を人質として黒川で幼少のころから育てていました。盛興に女児がいましたが、幼少で側室を持たなかった盛氏は盛興のほかに嫡男がいなかったのであります。そこで盛氏は盛興の未亡人を養女にして、十六歳になっていた盛隆をその婿養子として迎えたのであります。盛氏は伊達、二階堂、葦名の三者の同盟を維持して、周辺領主との戦に備える選択をしたのであります。

葦名氏は盛氏が伊達春宗の妹を妻にし、その子盛興は春宗の女子を妻にしているので、盛興の未亡人は盛隆にとっては叔母にあたります。

天正八年（一五八〇）六月十七日、盛氏は田村清顕との戦いの最中に、享年六十歳で没します。二十歳になった盛隆は、盛氏の跡を継いで、会津葦名の若大将として登場します。

そのころ隣国越後では、上杉謙信の死後、実子のなかった謙信の二人の養子、景勝と景虎との跡目争い「御館の乱」が起き、盛氏が支援していた景虎は敗れ、景勝が越後の守護大名となります。盛隆は越後の情勢をにらみながら、常陸の佐竹氏との連帯に動いてゆきます。その一方で、武力によって天下統一を狙って勢力を強める信長に服属する意を伝え、天正九年（一五八一）盛興は蝋燭一〇〇〇挺と馬を献上します。信長はその礼として、朝廷に葦名の将号である三浦介を盛隆に授与することを斡旋します。三浦介を授けられた盛隆はその御礼言上に重臣金上盛備を上洛させますが、朝廷への言上に万遺漏のないように計らうために、その指導を足利義輝に仕えていた小笠原長時に依頼するのでありますその縁で小笠原長時は会津に来て葦名の重臣、冨田将鑑のところに寄宿します。

小笠原家はもともと、信州松本城主で信濃守護職でありました。新羅三郎義光の裔で七代目の貞宗の時に小笠原流を確立しました。長時はその十代目にあたります。

天正十年（一五八二）五月、信長が明智光秀に攻められ、本能寺で自刃して果て、天下は秀吉に移ります。その翌年の天正十一年（一五八三）の二月に、会津で小笠原長時一家の斬殺事件が起きています。『冨田家年譜』には、長時が妾と娘とともに冨田家にいた時、長時の家臣、坂西勝三郎が長時と二人の女人を斬殺します。勝三郎の妻に対するセクハラが原因ともいわれますが、真相は闇のなかであります。勝三郎は冨田の屋敷内で冨田の家臣、星忠兵衛と日出山又二郎によって討ち取られたと「葦名家御由緒録」、『会津旧事雑考』に記録されています。慶山（現、会津若松市）の大竜寺には、長時と妾と娘三人の位牌と童女が愛玩したという尼母様《あまかっつぁま》と呼ばれる木彫りの人形首と左の手の拳の部分が残されています。

長時は信州松本城の城主で、永正十一年（一五一四）生まれ、信濃守を任ぜられていました。信玄との戦いに敗れて謙信を頼りましたが、謙信死後、京に出て足利義輝に仕えました。義輝が家臣の三好長慶に殺害されるという事件のあと、僅かの随臣とともに、伊南の河原田盛継を頼って会津に来て、前述のような次第で盛隆の家臣となったのであります。随臣のなかに林、伊藤、小野、中沢、栗村、杉生、伴、福原、秦、嶋村、丸田、山田の名が見えます。彼らの多くは、その後、会津に土着していったのですが、長時には、子息貞慶がいまして、戦国末期に貞慶は信州松本に帰り、松本城を奪還して城主となっています。そして江戸時代には九州豊前の小倉一五万石など、小笠原一族は五つの藩を領する大名になるのであります。

戊辰の役に小笠原長行（唐津藩主）が官軍の将として会津に来て、長時の眠る慶山寺（大竜寺）を、戦火から守った話が、会津では今に語られています。長時一家の斬殺と中世の時代に、葦名に対して謀反を続けた松本一族との関係は、詳らかではありませんが、長時斬殺の謎は、信州松本にそのキーワードがあるのではないかと推測されます。

天正十二年（一五八三）伊達政宗の会津攻めが始まります。天正十三年という説もありますが、会津葦名は、すでに一枚岩ではなく、関柴備中《せきしばびっちゅう》ら北方の家臣たちは伊達に内通して盛隆に叛いたのであります。盛隆らが、その対策に城を開けた隙をついて、六月十二日には松本行輔と栗村上総が八〇〇人の手勢を以って黒川城（盛隆の居城）を襲い、乗っ取るという事件が起きます。盛隆は夜を待って反撃し、首魁の行輔を討ち取って城を取り戻すのですが、行輔と上総の二人は、盛隆に家督を没収された遺恨を持っていました。

天正十二年九月、盛隆に長男亀王丸（隆氏）が生まれ、その誕生に沸く、十月六日の夕刻、盛隆は側付きの家臣大庭三佐衛門に城内で刺し殺されます。三佐衛門は同じ側付き家臣の種橋出大蔵によって討ち取られますが、刺殺の動機は盛隆の男色によるものとされます。三佐衛門は須賀川諏訪神社の神職の子ともいわれますが、盛隆が須賀川にいた時からの小姓で、盛隆が結婚して、三佐衛門への情が薄れたのを恨んでの犯行と記録されています。しかし、真相は不明であります。盛隆の突然の死によって家督は生まれたばかりの亀王丸に継承されますが、亀王丸は疱瘡を病んで僅か三歳で亡くなってしまいます。

男系がいなくなった葦名家では、執権金上盛備を中心に重臣が相談し、盛興の遺児岩姫《れんみつ》に、伊達か佐竹のどちらかから、婿養子をもらうことになり、衆議の結果、佐竹の二男で白川義親のもとにいる義広に決めます。これによって政宗は会津征伐を決意したといわれます。義広の会津入りにあたっては、当然、付け家老大縄讃岐守義辰ほかの家臣が入って来ました。そこに旧来の葦名の家臣たちとの対立が生まれました。

そうしたなかで、天正十七年（一五八九）に、政宗と義広の戦いは摺上原で行われます。葦名氏の家臣の猪苗代氏や太郎丸《たろうまる》掃部《かもん》は、義広を見限って伊達に就き、義広は大敗を喫して終わります。義広は常陸に戻り、その後、兄、義宣を頼って秋田の角館に数名の家臣とともに逃れ、会津葦名氏は滅びたのであります。

義広とともに常陸から会津に入った人たちは、阿賀川沿いの山間地に隠れ住み、近世になって金上、初瀬川、遠藤などを名乗り、農民として土着しました。また、佐瀬、富田、松本、平田、山内、河原田、長沼などの葦名時代の旧来からの武将たちも、盆地の周囲に土着して農民となりました。

会津の中世を俯瞰するなら、武家社会を拓いた戦闘的な関東の武士集団が会津の地に降り立ち、およそ四〇〇年、開拓と一族内における騒乱に明け暮れて、会津の地を駆け巡ったが、時代の転換期に多くは敗者として消えて行きました。しかし、歴史の表舞台から消えても、会津の地に土着した人たちは、会津人の気質のなかに溶け込んでいきました。覇者の歴史とともに会津は敗者の悲惨と辛酸、そこからの忍耐と再起の歴史に満ち溢れています。『平家物語』ならずとも栄枯盛衰そのものでありますが。それをわれわれ会津人は、冷静に歴史の教訓のなかに見ています。そして内なる矜持のメンタリティーのなかに深く刻んでいるのであります。

連歌師、猪苗代兼載について

会津の中世において、傑出した文人は連歌師の猪苗代兼載であります。佐原一族の猪苗代盛実の子として、兼載は享徳元年（一四五二）に小平潟に生まれました。一説（猪苗代町の「葦名兼載碑」）には、小平潟の地頭石部丹後が菅神聖廟に願かけをして生まれたともいわれます。

幼名は梅、後に宗春と改め、号を兼載としました。六歳の時に仏門に入り、真言宗金剛寺の住職、興俊に連歌の手ほどきを受けて、十二歳の時には、すでに会津の寺社仏閣で行われる連歌の席に名を連ねていたといわれます。師、興俊にともなわれて江戸に上り、当時、連歌の第一人者であった心敬に師事し、その後、奈良に出て、和歌師で『古今集』の奥義を極めた堯恵法師に師事します。さらに上洛して、連歌師宗祇に兄事したといわれます。そして文明八年（一四七六）に京都北野天満宮連歌の会に加わり、連歌師として、号を、宗春から兼載と改名したのであります。

延徳元年（一四八九）に宗祇のあとを受けて京都北野連歌会所奉行、宗匠に三十八歳で就任します。さらに明応三年（一四九四）には法橋となり、足利将軍に命ぜられて一〇〇〇首の連歌を興行し、最高位の「花下」を許可されます。

この兼載が文亀三年（一五〇三）に会津に帰って、諏方神社などで連歌の興行を行いますが、おりからの葦名盛高、盛滋父子の不和に心を痛め、内紛が納まるよう『葦名家祈祷百韻』を独吟します。この父子の対立は『会津旧事雑考』では「家臣、佐瀬、富田等の故に因り」と書かれています。この内紛は前述したように、子の盛滋が敗れて、伊達氏を頼って長井に逃げ、中野目、佐野、西勝（西海枝）栗村の家臣がそれに従ったのであります。その後、盛滋が父盛高に詫びて一件落着しましたが、その後も家臣団の内紛は続いています。父盛高は永正十四年（一五一七）に七十歳で亡くなり、その後の盛舜の時代は、内紛はありましたが比較的平穏に過ぎたといわれます。後年、猪苗代氏は伊達政宗に内通し、摺上ヶ原の戦いでは伊達に加担して、葦名氏滅亡に決定的な役割を果たします。

兼載は会津に来て、七年後の永正七年（一五一〇）に、四十二歳（『新編会津風土記』には五十九歳と記述される）で亡くなります。兼載の子、兼純は伊達家（桑折西山城主）の稙宗に仕え、その子孫も代々三〇〇石の禄を受けて、連歌師として京都に住んだといわれます。いずれにせよ、中世の会津を席巻した東国武士のなかで、兼載は異色の存在であります。殺伐とした荒ぶる坂東武者が戦いに明け暮れた会津の中世に、兼載の存在は、この時代の会津人の教養とその文化的豊穣を示す一つの典型でもあります。

ちなみに、『お伽草紙』に収録された二三篇の話のなかの「一寸法師」の出世譚は、兼載がモデルであるといわれています。地方から都に小さなお椀の舟に乗ってやって来た一寸法師が、悪い鬼を退治して、美しい都の姫と結ばれるというお伽話に、会津の猪苗代兼載が関わるとは、嬉しいことであります。

六、安土桃山時代の会津

1、蒲生氏郷

元亀四年（一五七三）から慶長三年（一五九八）までの二五年間を、安土桃山時代と呼び、日本の歴史において中世から近世に移る一大転換期であります。

元亀四年は七月、足利義昭が信長に降伏して、天正元年に変わります。その天正四年（一五七六）に、信長が安土に城を築きます。それから六年後の天正十年（一五八二）六月に、信長は明智光秀に本能寺で殺されます。

明智光秀はその後、豊臣秀吉との山崎の戦いで、秀吉に味方する農民によって討たれ、秀吉が天下を取り、天正十三年（一五八五）関白となって天下人となります。正史にはそう書かれます。光秀が本能寺で本当に信長を討ったか、山崎の合戦で光秀は本当に死んだか、それはわかりません。そうではないという話は山のようにありますが、それには触れません。それから五年後の天正十八年（一五九〇）に、秀吉が会津に来て黒川の興徳寺で行った奥州仕置で、政宗から会津を召し上げ、伊勢松ヶ島一二万石を城主蒲生氏郷に与えます。

秀吉は検地とともに兵農分離と刀狩りを行い、中世の土豪的集団の武装解除を行いました。しかし、その時点では、まだ移封にあたって領主は自らの率いる家臣たちや技術集団を従えることを禁じてはいませんでした。

氏郷はそうした集団を引き連れて来て、会津領内の支配と振興を図ったのであります。

会津において、初めて農民と役人として侵入して来た新しい支配集団と検地において争いが起きたのはこの時でした。

天正十九年（一五九一）七月、検地役人、細野主馬ら一六人が、下郷町赤岡村に入ります。赤岡村の農民は山間地のため焼畑によって、蕎麦や陸稲を作って生活していました。水田として定着したところの収穫は年貢として納めていましたが、焼畑は年貢から除外されていました。それを年貢の対象として計測するということに、従前通りにと村長を先頭に嘆願をしたのであります。しかし、秀吉の命令は「検地に抵抗する者は侍といえどもなで切りにせよ」ということですので、農民などいうに及ばずと切り殺してしまいます。怒った村人は一六人の役人を撲殺します。その後、村人六三人は役人撲殺の罪で捕えられ、全員が杉原村（現、南会津町田島）で処刑されたといわれます。

しかし、正史には、赤岡村の一件は、村人の争いに巻き込まれて、仲裁に入った役人が巻きぞいを食って起きた事件として処理されました。

この検地によって会津は九二万石の石高となり、氏郷は大大名となります。破格の処遇とも見える秀吉の氏郷への会津移封を、氏郷は初め断ったといわれます。それは会津の地理的な条件とともに、奥州支配の政治的拠点として役割が課せられていたからであります。

氏郷は近江の蒲生の出身であります。蒲生系図（『続群書類従』）によれば、祖は平将門を討った藤原秀郷と書かれます。秀郷の「むかで退治」の話は有名です。私は子どものころ、祖父に聞かされました。近江三上山のむかでとは先住者であります。ガモウ族といわれる古代渡来人が退治し、琵琶湖の龍神は秀郷に一〇種の宝を贈ったのであります。その一〇種の宝は一〇人の子に分け与えられます。伊勢の赤堀氏に太刀、鎧は下野の佐野氏に幕は下野の小山氏に、早小鍋は蒲生氏に鐘は三井寺に、と。これは伝説なので、天皇家の三種の神器と同様に渡来の系統を示す物証の寓話であります。蒲生の初代は惟賢ですが、その長男俊綱から十代目が氏郷であります。

蒲生氏は連歌の宗匠、宗祇ともつながっていて、累代、連歌の心得もあり、また、氏郷は茶道にも通じて、当時もっとも先進的な文化人でもありました。信長の家臣として活躍し、若くして日野城の城主となり信長の娘を妻にしていました。本能寺の変のあとは秀吉に仕え、小牧合戦の功で伊勢松ヶ島一二万石の城主になり、秀吉の小田山攻めの戦功で、会津、白河、石川、岩瀬、安積、安達、二本松を含む九二万石の領地を拝領したのであります。これは当時、徳川家康、毛利輝元に次ぐもので、そこに秀吉の巧妙な戦略がありました。東北の雄、政宗から戦で攻め取った会津を、僅か一年で取り上げるわけですから、政宗にとっては隙があれば取り返しに来ます。その政宗に対する対策と同時に、これは氏郷に対する対策でもあったのであります。信長の娘婿で、もっとも有能な氏郷の所領を都からはるか遠くの山国の会津に移し、そこに氏郷の家臣団を移して、氏郷とは分離をして自分の側において使うという戦略であります。

戦国時代の戦いは鉄砲によって、それまでの戦とは様変わりしました。鉄砲なしには戦に勝利することはかなわなくなったのであります。信長も秀吉も戦国武将たちが競ってポルトガルの宣教師に近づいたのは、一にも二にも鉄砲とその火薬の原料、硝石を手に入れるためでした。それはポルトガルの植民地であったマカオから大坂堺の商人を通して行われていました。

利休も茶道は表向きで堺の商人としての顔を持っていました。秀吉が利休に切腹を命じたのは、いろいろといわれていますが、利休と家康との取引きを恐れたためともいわれます。その利休の子少庵と家族を、氏郷はひそかに会津に連れて来たのであります。それとともにキリスト教の布教のために天主教の宣教師をともなって来たのであります。氏郷は信長や秀吉の統治に学び、市の開催によって物流を盛んにして、都市型の町づくりをするために、大坂堺との交流のある商人を引き連れて会津に来ました。

その氏郷は、天正十八年（一五九〇）に会津に来て、文禄四年（一五九五）に京都で没します。僅か五年の歳月ですが、大半は秀吉のもとで過ごしています。しかし、会津の近世的封建社会の外形的な基礎は、この氏郷によって作られています。黒川を氏郷の故郷の若松に改名して、城を氏郷の幼名である鶴千代から鶴を取って鶴ヶ城としました。

そしてそれまでの中世様式の城を近世様式の本格的な七層の城閣づくりにします。それは秀吉が作った名古屋城を模したものでした。

その氏郷の城づくりを、指揮したのは曽根内匠といわれますが、内匠は元は真田の家臣で城は甲州流の縄張りで天守閣は七層づくりでありました。

そしてそれに基づく城下町づくりを倉田為実らにまかせ、近江商人による六斎市を町の各所で開かせました。その名残りは今も続いています。近江日野から連れて来た人たちを住まわせた日野町は、あとで甲賀町となりますが、そこで作られた日野漆器が今の会津漆器になりました。氏郷は会津葦名氏の家臣たちである坂内実乗や角田憲光らを町年寄（後に検断となる）にして、商業経済の振興による地域づくりを図ります。

大町の一月十日の「十日市」をはじめ、本郷町の二月七日、三日町の三月三日、桂林町の四月九日、六日町の六月六日など毎月どこかで六斎市が開かれたのであります。氏郷の死後も「掟条々」でそれを踏襲し、生活必需品と馬以外は「楽市・楽座」にしたのであります。

氏郷の会津入部にあたって農民の年貢は「半石半永」が採られました。これは当時の米価が安かったためとも、米収納体制が整備されなかったからともいわれますが、年貢の半分を永楽銭一〇〇文七斗替えで納めさせました。そのために農民は農産物の販売をしなければならなくなったのであります。城下町周辺の菜園場と呼ばれる農家の発生を見るのであります。

さらに領内寺院を整理し、戦に備えて外周に移しました。さらに少庵を擁しての茶道文化や和歌など、氏郷とその家臣団は、すぐれた教養人集団であったのであります。とりわけ、キリシタン大名としての民衆思想への影響は、深く広く残りました。会津の民衆思想史に残した信仰を通しての精神の不服従という思想は、その後の激しい弾圧と残虐な処刑にも耐えて、今日まで脈々と引き継がれています。かつて、会津高田町教会にいたA・クレーラー牧師はその著書『会津のキリシタン』（原書は英文）で「会津の民衆で、その祖先と系類のだれかに、キリシタンに関係のない人は一人もいない」と断言しています。小堀千明氏著『会津キリシタン研究』全三巻（歴史春秋社）はその詳細を極めます。ご参照をいただきたいと思います。

その氏郷の突然の死は、謎のままであります。『会津旧事雑考』は、その死因を黄疸と書き、『近江蒲生郡志』は心臓病と書きます。京都南禅寺の氏郷画像には、「可惜談笑中置鴆毒」と書かれています。

氏郷は死に臨んで辞世の歌は〝限りあれば吹かねど花は散るものを心みじかき春の山風〟と詠んでいます。この歌から山風が吹かなくとも、死んで行きますとも読めるので、そこからもまた、秀吉による毒殺説がささやかれるのであります。さらに『氏郷記』には、氏郷毒殺の動機は、石田三成による秀吉への讒言によると書かれます。

氏郷の死後、家督を継いだ秀行に、「会津知行目録」事件が起きます。秀吉は秀行の提出した知行の報告書に疑義ありとして、家康や前田利家らに調査を命じます。調査の結果、家康らは疑義なしとします。これに対して、晩年の秀吉の猜疑心に対して家康が秀行をかばったという見方もあります。

僅か就年一年で、一族の蒲生郷安とのお家騒動によって、秀行は宇都宮一八万石に移封されます。

2、上杉景勝

そしてそのあとの慶長二年（一五九七）に越後から、上杉景勝が会津一二〇万石に加増されて移封されるのであります。これは景勝が管理する佐渡金山の権利を、秀吉が独占するための移封でありました。移封にあたって、秀吉は景勝に条件を付けました。それは領内の農民を一人たりとも連れて行ってはならないということでした。つまり、武士階級だけの移動であります。農民は土地へ縛りつけて動かすことを禁じたのであります。それでも景勝は足軽ということで、多数の臣下を連れて会津に入っています。

秀吉は刀狩りによって兵農分離を図り、検地によってその兵力の財政規模を決め、支配の体制を専制的に自在に操る中央集権機構を作り上げました。そこからわが国の近世は始まりますが、会津においては上杉景勝の移封からより明確に支配者としての武士階級と被支配者としての農民との階級関係を確立したのでありました。

慶長三年（一五九八）八月、秀吉が亡くなります。

その二年後の慶長五年（一六〇〇）に景勝が三成と呼応して、家康との戦いに備えているとの情報によって、家康は会津攻めを諸大名に下知します。それを機に三成は挙兵し、関ヶ原の戦いが始まり、三成方が敗北します。そして、関ヶ原の戦いに勝利した家康は、慶長六年（一六〇一）景勝の領地を削減して、米沢三〇万石に移封します。その時、多くの下級武士や足軽たちが、会津に農民や商人、あるいは鍛冶などとして土着しました。各地にある和泉、今和泉という集落は、上杉の家臣たちが、越後の五十公《いずみ》に由来して名づけた名残りといわれます。

３、蒲生秀行

その年の九月には再び、蒲生秀行が会津に移封されてきますが、依然として蒲生家の内紛の動きは収まらず、慶長十四年（一六〇九）に蒲生郷成と関一利が、藩主秀行に謀反を起こして会津を出奔します。

その二年後の慶長十六年（一六一一）に、会津はマグニチュード六・九の大地震に襲われ、死者三七〇〇人、家屋の倒壊二万戸の被害が発生します。阿賀川下流に山崩れが発生して、川が堰きとめられて山崎湖が出来るのであります。その天災のさなかの慶長十七年（一六一二）に、秀行は三十歳で死去し、嫡男忠郷が十歳で家督を継ぎますが、二十五歳の寛永四年（一六二七）に死去します。忠郷に子がなかったため、家禄六〇万石は没収され、四国の伊予松山から加藤嘉明が四〇万石の禄高で移封されます。

秀行父子の時代の二六年間は、氏郷とともに会津入りした商人たちが、若松城下を会津の中心商都として整備しましたが、慶長大地震のあとは、その被災対策に追われました。

また、氏郷とともに会津入りし、猪苗代の城代を務めたキリシタン、コスモ林主計は、棄教を拒否し、幽閉されたうえ、寛永三年（一六二六）、猪苗代城代岡越後によって、若松で斬首されています。

一方、氏郷の死後、棄教して会津の過酷なキリシタン弾圧に功績を上げた会津藩家老井上政重は、徳川幕府のキリシタン取り締まり責任者に抜擢されています。氏郷とともに会津に入った日野氏や黒河内氏、町田氏など多くの家臣団は、商人司の簗田氏などとともに蒲生氏改易（取りつぶし）のあとも、そのまま会津に残ります。

4、加藤嘉明

嘉明は会津に封就すると、領内の検地を行い、帳簿にはあっても、災害によって荒地となり、耕作が放棄されている耕地を「迷い高」として課税するなど、農民に対する重税を課し、逃散による抵抗が頻発しました。四年後の寛永八年（一六三一）に義明は死去し、嗣子明成が家督を継ぎますが、明成はキリシタン弾圧を強化し、寛永八年（一六三一）には、二度にわたり、五一名のキリシタンを若松において処刑しています。そして寛永十六年（一六三九）には、明成の施政に反抗して、城代家老の堀主水が一族郎党三百余人を引き連れて出奔し、白河を越えて鎌倉に向かい妻子を鎌倉の縁切り寺東慶寺に預けて、幕府に明成の暴政二一ヶ条を訴えるのであります。しかし、幕府は家臣が藩主に叛くことは、藩政の如何にかかわらず御法度であるとして、主水を捕えて明成に引き渡し、明成は寛永十九年（一六四二）に、主水主従を江戸で斬首するのであります。明成はその騒動の責を取って、家禄返上を幕府に申し出て、幕府はそれを許可して改易されます。幕府は明成の子、明友に石見国大田に一万石を与え、明成は剃髪して休意と号して、そこで生涯を送ったといわれます。

信長から秀吉、さらに家康へと続く動乱から、徳川幕府成立期の会津の藩主たちは、いずれも豊臣恩顧の大名たちで、景勝以外は会津で消えていきました。消えたがゆえに多くの家臣たちは土着して会津の民衆となりました。辛うじて生き残った上杉家も、そのあと、嫡男がなく危うく改易されるところでありましたが、正之の計らいで救われています。

会津の近世思想史を見る前史として、古代から中世の会津の歴史を概括して、ふと、私はかつて会津の別称として呼ばれたという「霧が窪」という言葉を思い起こしました。会津の地理的環境は「霧」という言葉に象徴されます。豪雪、多湿という気象環境は、四季折々会津の地を朦朧とした霧の光景に包みます。それは他者にとっては危ういものですが、会津人にとっては変幻自在「霧隠れ」の世界であります。「窪」という語は、近江言葉で、関東の「谷」と同義語であります。捕えられた者が逃げぬように、囲い込まれて監視された場所が、その語源であるといわれます。古代から中世までの会津は、まさに歴史の「窪」のなかに置かれています。そのなかで戦の敗者である民衆の不服従の思想は、幾層にもわたって育まれました。そして移りゆく時の流れを、天空のように見上げて、壮大な歴史の律動に揺られながら近世に向かったのであります。

（平成二十八年一月に、歴史春秋社から刊行された共著『会津人の誇り』に書いたものに、補筆をして収録した）

第二章　会津近世思想史と保科正之

一、保科正之の生い立ちと会津移封までの事蹟

歴史の時代区分において近世は江戸時代（安土桃山時代を包括する場合もあります）とされています。安土桃山時代については触れましたので、江戸時代の初期、徳川幕府の成立期の会津に入ります。慶長三年（一六〇八）に徳川家康は江戸幕府を開きます。それから五年後の寛永十三年（一六三六）保科正之二十六歳の時に、信州高遠から山形最上に移封されます。そこから寛永二十年（一六四三）五月に、加藤明成が失脚したあと、正之は会津二三万石に加えて、天領会津南山地方五万石を任され、実質二八万石の大名として会津に移ります。

名君といわれた正之の生い立ちから、会津移封までの事蹟、正行の青春期を先ず見てみたいと思います。正之は慶長十六年（一六一一）五月七日に、二代将軍徳川秀忠と神尾伊与栄嘉の娘、お静の方の間に生まれています。

秀忠の正妻は浅井長政とおいちの方の三女、お江与の方（お江の方）でありますから、側室の子となります。正妻お江与の方は、豊臣秀吉の側室淀君（茶々）、京極高次の妻お初の方と姉妹にあたりますが、秀忠の正妻になるまでに、尾張の佐治与九郎一成の妻に嫁ぎましたが、小牧長久手の合戦の時に一成が家康方に就いたのを、秀吉が怒って無理やりに離縁させられます。

そして、そのあと、秀吉の甥にあたる丹波亀山城主豊臣秀勝に嫁がされます。が、その秀勝が朝鮮の役で戦死してしまいます。秀吉は次に、お江与を公卿の九条佐大臣道房に嫁がせますが、道房もまた早世してしまいます。二十二歳になったお江与を、秀吉は徳川方の動きを偵察するために十七歳の秀忠の正妻として送ります。

秀吉によって翻弄され、三人の夫に嫁がされたお江与は、当時としては大年増であり、したたかな戦国女性になっていました。姉さん女房として、秀忠に側室を持つことを許さず、秀忠との間に八人の子をもうけています。が、お静の方は秀忠の初恋の人であり、唯一人、正室お江与の方以外の女性であったのであります。秀忠とお静の方とのなれそめは、秀忠の乳母を大奥でつとめた井上主計正就の母のところに、滅亡した北条家の旧臣、神尾伊予栄嘉の娘、お静が奉公に上がっていました。乳母のところに出入りしていた秀忠はそこでお静を見染めます。しかし、秀吉と家康の駆け引きのなかで二人のなかは裂かれ、秀忠はお江与を正妻として迎えることになります。お静を忘れられぬ秀忠は、ひそかにお静との逢瀬を重ね、やがてお静は懐妊します。しかし、それが正妻お江与の方に知れたなら、お静のみならず神尾家一族が抹殺されかねないと、神尾一族は一度はお静に堕胎をさせるのですが、再び懐妊した時に、将軍の子をそのようなことをしてはならないと、一族は結束してお静の保護を、武田信玄の娘で穴山梅雪の未亡人である見性院に頼むのです。見性院はお静の身の上に同情して、妹の信松禅尼とともに引き受けます。

しかし、お江与の方の探索もきびしく、身重なお静は転々と住所を変えなければならなかったのでありますᵒ。お静がその転居の途中で、わが子が無事に生まれることを、大宮の氷川神社に願かけをした祈願文が慶長十六年二月の日付を伏して、氷川神社の宮司を勤めた岩井家に残っています。（現代文にして掲載する）

「敬って祈願申し上げる。

南無樋川大明神、当国の鎮守として跡を此の国に垂れたまえ、衆生あまねく助けたもう。ここに某いやしき身として、太守の思い者となり、御胤をやどして当四・五月のころ臨月たり、しかれども、御台の嫉妬の御心ふかく営中におることをえず、今信松禅尼のいたわりによって、身をこのほとりに忍ぶ、某まったく卑しき身にして、有り難き御寵愛を蒙る。神罰としてかかる御胤をみごもりながら住所をさまよう。神めいまことあらば、某胎内の御胤御男子にして安産守護たまい、二人とも生を全うし、御運ひらくことを得、大願成就をなさしめたまはば、心願のこと必ず違えまじく候なり。

慶長十六年二月　　志津」

こうしたなかで、正之は江戸神田白銀町のお静の義兄竹村助兵衛次利の隠居部屋で無事生まれます。それを聞いた秀忠は、お江与の手前をはばかって、わが子であることを名乗ることも出来ずに、他言無用として、こっそりと大炊頭土井利勝を通して、幸松という幼名と葵の紋つきの小袖をお静に渡して、十分に養育するように申し渡します。

お静の方は幸松を三歳まで養育しますが、ますますお江与の方の追求はきびしさを増し、幸松の身の危険を感じたお静の方は、土井勝利や本多正信に相談して、秀忠の内諾を得たうえで、再び見性院に幸松の身の安全と養育を頼みます。見性院はお静と幸松を田安の自宅に引き入れて、幸松の名を武田甲松として武田家の子として七歳まで無事に育てます。

しかし、見性院のところは女所帯で、幸松が武士としての修業をさせるのには適さないと、かつては武田の家臣であった高遠城主保科正光にわけを話して、幸松を保科家の養子にして、武士として育ててくれることを頼みます。

正光の父、正直は家康とは異父同腹の兄弟なので、正光と秀忠は従兄弟であります。秀忠もそれを承諾して、正光にその養育料として五〇〇〇石を加増しました。そして、元和三年（一六一七）の十一月、甲松親子は江戸から信州高遠に移り、幸松は保科家の養子として育てられます。

信州高遠の保科家は清和源氏多田満仲の子孫で信州高井郡保科村に住んだことから、保科を名乗りました。正光には嫡男がなく、妹の子、真田左源太を養子にして伊那の曽倉・勝間両村の八〇〇石を与え、保科左源太を名乗らせていました。幸松は高遠に来た七歳の時にそのことを知り、あとの付会とも思われますが、左源太のことを思って養子になることを拒んだともいわれています。

しかし、左源太は寛永四年（一六二七）、養父の正光よりも早く亡くなってしまいます。幸松が十六歳の時でした。左源太への心配もなくなり、幸松は保科家の養子として大事に育てられ、文武にすぐれた若者として成長します。しかし、正妻お江与に頭の上がらぬ秀忠は、幸松をわが子であると、正式には名乗れません。養父の正光は秀忠と幸松が晴れて親子の名乗りをしてからと、普通なら十歳から十五歳で行う元服を先延ばしていました。

幸松親子を高遠に送ったあと、見性院は、元和八年（一六二二）に、八十歳で亡くなります。正之十一歳の時であります。

見性院はその二年前に幸松宛てに、次のような手紙を書いています。

「見性院の知行地武蔵の国の大牧の里、六百石中の三百石を幸松様に差し上げます。後に大々名になられたとき、見性院の思い出に鼻紙代にでも使ってもらいたい」。

見性院はわが子同様に、正之を心にかけていたのであります。

寛永六年（一六二九）正之は十九歳になり、正光は今度こそはと、秀忠との親子の対面に江戸に幸松を連れて行きますが、秀忠は正之と対面はしましたが、親子の名乗りを許しませんでした。それを知った秀忠の次男忠長（駿河大納言）が幸松と正光を駿府に呼び、人払いをして話し合います。しかし、帰りには、家臣に幸松をお見送りせよと、下知しました。

その理由を『家世実紀』にはこう記されています。

「信州の山のなかで育った幸松がどんな若者に育っているか、もし、不調法なことがあれば、甲松も恥ずかしい思いをするだろうと思って、二人だけで会ったが、立派な若武者であった。兄として非情に嬉しい、わが弟を自慢して皆の者に見せたかった」

幸松は多感な少年時代に、側室の子として人知れぬ苦労をしました。同時に、生母のお静の方をはじめ、身を挺して母子を守った見性院など、多くの人の愛情を身にしみて成長しました。この生い立ちこそ、幸松の人格形成の原核となるのであります。

さらに、幸松は保科家の菩提寺、臨済宗妙心派建福寺の名僧、鉄舟和尚に出会い儒学を学びます。後に正之が朱子学を藩の教学として会津藩の精神的な寄り処とした端緒はここにあります。

寛永八年（一六三一）八月、幸松二十一歳の時に、秀忠が病気になり、その見舞いのために江戸に滞在中に、養父の正光が七十一歳で死去します。

幸松は正光の死後、二十一歳でようやく元服します。そこで正光の一字を取って名を正之とし、従五位下、保科肥後守正之を名乗ります。寛永九年（一六三二）の正月、実父秀忠が五十四歳で亡くなります。親子の名乗りはついに実現しませんでした。実母お静の方は、秀忠の死後、剃髪して浄光院となります。

寛永十年（一六三三）二十三歳となった正之は、磐城平七万石城主内藤左馬助政長の娘菊子と結婚します。寛永十一年（一六三四）長男幸松が生まれます。が、寛永十五年（一六三八）に、四歳で亡くなります。

寛永十二年、正之の生母浄光院（お静の方）が五十二歳で亡くなります。正之二十五歳の時でした。浄光院は遺言を残します。

「私はかねてより法華宗を信心していたので、死後のお墓は本山の甲州身延山に建て、位牌は地元高遠の長遠寺に置き、当座の弔いは身延山で、後々は長遠寺でして貰いたい。また神尾一統、竹村一統、四条藤市（神尾は浄光院の生家、竹村は姉の嫁ぎ先、正之はそこで生まれている。四条は正之の幼年時代に世話をした）を将来ともよろしく引き立てを頼みたい」

正之が遺言どおりに実行したことはいうまでもありません。

正之が母の死を悼んだ短歌が高遠に残されています。

誠にも暮るる夜毎に野辺に伏せる　枕のもとの草の露けき

草におく露か涙か明日なし　さめてくやしき夜なし夢

幸せ薄かった生母、浄光院（お静の方）への思いが、草に置く露か涙か明日なし、と歌う。正之の人知れずに涙を流す母への哀惜の情がひしひしと伝わってきます。

寛永十三年（一六三六）二十六歳になった正之は、最上の城主鳥居忠恒の死去にともない、高遠から山形の最上二〇万石に国替えになります。

寛永十四年（一六三七）十月、九州島原でキリシタン宗徒益田四郎（天草四郎）を首謀者とする「天草の乱」が起きます。島原城主松倉勝家の手に負えない事態となって幕府は鎮圧のための軍を編成して向かいますが、その総大将に二十七歳の若武者、正之が指名されるだろうとの噂が立ったが、家光は正之をあえて最上に留め、北方の守りにつかせます。それは家康が秀忠に、「奥州に変があれば、上方の守りを固めよ、逆に西国に乱があれば奥州の守りを固めよ」と、伝えた家訓を家光が遵守したからといわれます。

『家世実紀』（巻二）には「この度の天草の乱は、権現様の遺訓に該当する。最上は古来、奥州の抑えの大事な土地であるゆえ、早速、領地最上に帰り、周辺の不時に備えて、厳重に警護せよと家光に命令された」と記しています。

「天草の乱」は寛永十五年（一六三八）二月にようやく終息します。幕府は、「天草の乱」を引き起こした島原藩主板倉勝家、唐津藩主寺沢堅高を改易します。

その六月に、山形の幕府直轄地、白岩村（現、寒河江市）の農民が租税の軽減を訴えて一揆を起こします。歴史に刻まれる「白岩事件」であります。幕府の代官小林十郎左衛門重次は正之に相談します。江戸表で、正之は城代家老の保科民部を白岩村に派遣して、

「ここは幕府の直轄地であるから、直接、城主正之に頼んで、その旨を幕府に取り次いでもらったらどうだ」と、農民一揆の首謀者たちにいって、首謀者全員を集めます。そして捕縛し三五名全員を

磔にして殺し、一揆を鎮圧したのであります。

これは「天草の乱」の教訓に学んで、全領一揆になる前に、先手を打って農民の首謀者を騙し討ちにしたのでありますが、家光は、正之の支配者としての機敏な対応を褒め、以後、幕府にあって家光の補佐役として務めることを懇請し、正之は江戸詰となり、山形最上に帰ることはなかったのであります。

寛永十六年（一六三九）「天草の乱」に怖れをなした幕府は、国内のキリシタンに対する弾圧をいっそう強めます。仙台藩にいた寿庵（ジュアン・イルチン）を捕えて拷問にかけて、最上藩内のキリシタンを白状させ、ひそかにキリスト教を奉信していた農民、市右衛門と孫右衛門を山狩りをして捕え、江戸に送り、さらに新左衛門と左内親子を捕えて江戸に送り、それらのキリシタンを火炙りの刑に処しています。正之は二十七歳から三十三歳までの七年にわたって山形最上に藩主として在籍しますが、その大半の期間は江戸表で家光の補佐役としていて、実質的には一年二ヶ月間しか山形最上にはいなかったのです。しかし、そこでの事蹟は若気の至りとはいえ、情け容赦のない過酷な一揆農民への弾圧やキリシタンへの非情な処刑が記録されています。身知らぬ東北の地での統治に、正之は言い知れぬ恐怖と不安を感じていた証左ともいえます。一説には現地でのそれらの処置は、城代家老保科民部の采配であったともいわれます。

二、近世初期の徳川政権確立期の一族の権力争い

慶長三年（一五九八）秀吉が死んで、実質的に家康が権力を掌握するのは、二年後の慶長五年（一六〇〇）九月、関ヶ原の戦いに勝利してからであります。が、名実ともに天下を支配するのは、慶長八年（一六〇三）朝廷から征夷大将軍に任ぜられて、江戸幕府を拓いた時からであります。

家康は、わが国の近世（封建時代後期、狭義にいえば徳川時代）およそ二五〇年間の支配の礎を築いた人であります。その人物像については、正史とされる徳川幕府お抱え儒者、林羅山が家康から聞いて書いたとされる『駿府政事録』があり、それを基にして作家山岡壮八氏が『徳川家康』を書いて、今ではそれが徳川家康の実像とされています。

しかし、その伝記については多くの識者が異議を唱えています。『太閤記』もそうですが、伝記と呼ばれるものの大方は作られた虚像であり、とくにその出自については、英雄といわれる人物ほどあてにならないといわれます。家康についてはニつの問題があります。

一つは、出自であります。作家南条範夫氏が小説『願人坊主家康』で、家康は願人坊主（寺の住職でない、諸国を歩いている乞食坊主）と「ささら者」といわれる牢屋で雑用をしていた非人に近い身分の娘との間に生まれたとして、名のある武士の子ではないと書いています。その根拠にしているの

は、明治三十五年に村岡素一郎氏の書いた『史疑・徳川家康事蹟』であります。この本の序文は帝国大学（現、東京大学）教授で、当時の内閣修史官重野安繹《やすつぐ》博士が書き、徳富蘇峰がその出版に関わっています。

二つは作家隆慶一郎氏の小説『影武者徳川家康』に書かれる影武者世良田二郎三郎の身代わり説であります。

私が『史疑・徳川家康事蹟』を読んだのは二〇年ほど前ですが、隆は家康のこうした虚像が生まれたのは、もとはといえば林羅山の『駿府政事録』の慶長十七年八月十九日の記述「御雑談の内、昔年御幼少の時、又右衛門某と云う者あり、銭五貫にて御所を売り奉る。九歳より十八、九歳に至るまで、駿府に御座の由、語られ給う。諸人伺候のもの皆これを聞けり」にあるといっています。

家康は幼少のころ、駿府の今川家に人質となっていたということなのに、又右衛門という何者かに銭五貫で売られて駿府にいたということはどうゆうことか、と、村岡は不審に思って調べ上げて『史疑』を書いたことを記しています。隆氏自身が書いた『影武者徳川家康』の影武者世良田次郎三郎の家康説も小説とはいえ、説得力があります。

そのことに直接関連することではありませんが、私は会津美里町に出自を持つ、天海と家康の深い関係が発生するのは、家康が朝廷から征夷大将軍を受諾するにあたって、自らの出自を清和源氏の系統につなぐ時だと見ています。家康の出自は諸説ありますが、詳細は不明とされ、徳川姓のもとになったとされる上野国世良田の得川郷というのは、事実ではないというのが史家の定説であります。

家康が松平から徳川に改姓したのは永禄九年（一五六六）ですから、徳川の出自にふさわしい土地をさがしていた家康に、世良田の得川を知っていた随風（当時の天海の僧名、無心とも号した）が進言したのかも知れません。随風は三十一歳の時に上野国新川善昌寺に入り寺持ちとなりますが、三年でそこを出て、また願人坊主となり、甲府に行って講師募集のくじに当たり武田信玄の講師になります。五十五歳の時に仙波無量寺で豪海に師事して、名を随風から天海に改めます。そして北院に入り、家康に会います。

天海は、まだ随風であった天正元年（一五七三）から五年ほど、上野国新田郡世良田の長楽寺に願人坊主として寄食していました。その間、会津にも来たことになっていますが、天正五年には、また長楽寺にいたと記されています。長楽寺は南北朝の新田義貞の菩提寺で源義家の子義重を祖とする清和源氏の直系の寺であります。この寺が衰退していることに眼をつけ、随風は家康と組んで、その寺を乗っ取り、源氏正統に家康の出自をつなぎ、晴れて征夷大将軍としての地位を獲得したのであります。

長楽寺には徳川家の祖先の菩提寺として、その時、五〇〇石が与えられます。天海は家康、秀忠、家光と徳川三代の黒衣の宰相といわれる位置に就くのであります。私は天海については二人説に立っています。慶長十三年（一六〇八）叡山に登るまでの天海（七十三歳）と、それ以後の天海は別人だという説であります。いわゆる明智光秀の転生説でありますが、主題ではないのでここではそれには触れません。

さて、長楽寺乗っ取りの真相を、新田氏の一族で長楽寺住職であった世良田氏の顚末を、平成二年に作家の清水昇氏がドキュメント『消された一族』として書いています。それによれば、世良田氏は、長楽寺を追われて、近世の時代を福島県湖南の赤津村と真船村の神社の官主として生きのび、戊辰戦争には会津藩兵士として戦い、三十一代にあたる世良田宏氏が戦後、大蔵省事務次官として退職され、青森県に移って行ったと書かれています。

家康という人がどのような出自であれ、あるいは何人であろうと、その歴史に残した事蹟の大きさに何の変わりはありません。ただ、歴史上のどのような偉人も人間であり、書かれる偉人伝の大方は、その権威づけに作られた物語以外の何物でもないということであります。

家康は天文十一年（一五四二）に生まれています。波乱万丈の七十五歳の生涯に、一一人の女性との間に一六人の子を儲けています。そこにお福の方（家光の乳母、春日局）との間の子だといわれる三代将軍家光は入っていません。そのことにも少し触れておきましょう。

お福こと春日局は、天正七年（一五七九）に、明智光秀の重臣斎藤利三（利光とも書く）と美濃の名族稲葉通明の娘お安との間に生まれました。父利三は光秀とともに山崎合戦で討たれ、その首は光秀の首とともに、逆族として京都に晒されました。しかし、山崎合戦では、二人は秀吉の兵によって討たれたのではなく、逃亡の途中に農民に討たれて、その数日後に首が届けられ、首改めの結果、それが二人の首とされ、獄門台に晒されたといわれます。雨季の節に数日にわたって山中に放置されていた死首を見ても、判別が出来ないほどに腐敗していたことは想像に難くない話であります。が、その利三の子がお福であります。

お福は利三の死後、母とともに、大坂堺から土佐に逃れます。土佐で育ち、やがて母の従兄である美濃清水城主稲葉重通の養女となり、十七歳の時に妻を亡くした稲葉正成の後妻として嫁ぎます。

そこで四人の子をもうけますが、正成が側女に子を産ませたことによる出奔といわれますが、真偽のほどはわかりません。正成のもとに四人の子を置いて京の母の元へ帰ります。丁度そのころ、家康が秀忠の子竹千代（家光）の乳母を募集していることを知り、茶人の今井宗薫を介して、金地院崇伝（家康の知恵袋といわれた僧侶）の推薦で、乳母となります。秀忠の正妻お江与の方が弟秀長を溺愛するのに対抗して、今でいう引きこもりの状態で、奇行を繰り返す家光を、お福の方の懇願で家康は、一声で三代将軍に押し上げるのであります。そして家光は、利発な弟秀長を秀忠の死後、自刃に追い込んでお江与の方の勢力を断絶したのであります。これが正史に記される話でありますが、お福の方の地元、美濃国（岐阜県）では、家光は家康とお福の間に生まれた家康の実子であると、堂々と地方史にも、観光パンフレットにも書いています。

春日局の権勢は、お江与の方の死後、大奥では比類なきものになります。それだけではありません。

お福の方と正成の子、つまり、お福の方の先夫との長男正勝を将軍家光の側小姓（側近）に付けます。さらに幕府の朝廷への干渉であります後水尾天皇の退位にまで口を出します。

この異様なほどの権力は、乳母の募集に応募して家光の乳母になっただけではあり得ない話であります。乳母の役割は長くとも十五歳の元服までで、あとはお役御免であります。お福の方は、春日局として、従三位から従二位に叙されています。春日局の権勢は将軍家光だけでなく、大老土井利勝との連携だともいわれます。この利勝も家康の子（御落胤）説があります。家康は慶長十年（一六〇五）に将軍職を秀忠に譲ります。将軍職について僅か二年であります。これについては、秀頼には政権を渡さないという意志表示であるといわれます。が、家光が生まれて一年も経っていません。家康六十四歳の時であります。お福の方が正成のもとを出奔したのは慶長七年（一六〇二）ですから、家光の生まれる二年前でお福の方二十三歳の時であります。当時、六十四歳は一般的には老年で、生まれた子を後継ぎの息子の戸籍の二男や三男などに入れるのは民間にはよくあった話であります。家康がそうしたかどうかはわかりませんが、秀忠とお江与の方の長男、長丸は生まれて直ぐに死んでいます。外に四人の女子がおりますが、その時秀忠には男子がなく、家光は秀忠の長男として徳川系図には記されています。

慶長五年（一六〇〇）の関ヶ原の合戦で、隆慶一郎氏の小説『影武者徳川家康』のように、家康が死んで影武者の世良田二郎三郎と入れ替わっていて家光が家康の影武者とお福の間の子であれば、なおのこと、影武者が自分の子に権力を譲りたいという気が起きても不思議はありません。家光の出生は慶長九年（一六〇四）であります。秀忠は関ヶ原の戦いに三万の兵を率いながら、信州で真田の軍勢に足止めされて、合戦には間に合わなかったのであります。

関ヶ原の戦いで家康が真田の兵に討たれ、影武者と入れ替わっていたとしても、それを知る現場に秀忠はいなかったのであります。

この話を裏付ける伝承として、大阪府南宗寺に家康の墓というのがあります。その墓にひそかに家光など歴代の将軍が墓参に訪れ、南宗寺がいつの時代にか、葵紋の屋根瓦に吹き替えられて今に至っています。いずれにせよ、家光とお福の方と家康の関係は、深い闇のなかであります。

家康についての正史『駿府政事録』は、典型的な御用学者といわれる羅山が、家康のために書いたものですから、必ずしも実像とは限らないという読み方をした時に、後に家光が行った弟忠長の処断の説明もつきます。家康から秀忠へと続く徳川の系譜はここで切れます。

側室の子四男正之に、家光は絶対の信頼を置いていますが、それ以外の一族とは必ずしもうまくいっていません。それについてはこれから触れますが、家光は、まだ十歳になったばかりのわが子家綱の後見人を正之に託して、四十一歳の若さで世を去っていったのであります。

前述したように、家康には正史に記されるのは一六人の子がいますが、最初の妻、築山殿との間二人の内の長男信康は、信長の猜疑を晴らすために母親の築山殿とともに自害させます。お万の方との子秀康は人質として秀吉の元に出し、その後、秀康は結城晴朝の養子に出され、早逝していますが、家康が自分の子かどうかを疑い毒殺したともいわれます。

次に、お愛の方との子、秀忠が嫡男となって二代将軍となります。六男にあたる忠輝はお茶阿の方との子ですが、秀忠と忠輝との間にお愛の方、お竹の方、お都摩の方との子、二男一女がおりますが早逝しています。忠輝は捨て子ともいわれ、生まれた時の顔が異怪であったために、家康に疎んぜられて、家康の死に目にもあわせてもらえず、家康の死後、秀忠によって家禄を没収され、伊勢朝熊に流罪になります。そこで九十二歳まで生きました。これも作家、隆慶一郎氏が小説『捨て童子松平忠輝』に書いています。

忠輝のあと九男の義直までの間に、お茶阿の方、お亀の方、間宮氏との間に二男一女がいますがいずれも早逝しています。義直は徳川御三家といわれる尾張の城主となります。秀忠存命の時代は親密な関係でしたが家光になってぎくしゃくし、慶長十一年（一六〇六）には、義直謀反説がささやかれます。しかし、成瀬、竹腰ら付け家老たちによって、根拠のないデマゴーグとして処理されましたが、常に家光と義直は緊張した関係にありました。

以後、義直は家康から譲られた『駿河御譲本』の勉学に励み、生涯一万五〇〇〇冊を超える蔵書を集め、それを「尾張の御文庫」として残して五十一歳で亡くなっています。そのなかで義直は尊皇思想に傾倒し、それが幕末尾張藩の尊皇論の原基になったといわれます。家康の十男頼宣と十一男頼房はお万の方との間の子であります。

頼宣は紀州藩主となります。紀州藩主になるまでの経緯もありますが、元和五年（一六一九）十八歳で秀忠によって紀州五五万石に移封されます。将軍家光との関係は必ずしも良くなく、家光の死の直後の慶安四年（一六五一）に起きた由井正雪の謀反事件に、頼宣の偽書が使われ、以後、家綱が幼少であることを理由に、その補佐役としての江戸詰めとなり、頼宣は終生、幕府の監視下に置かれたのであります。

十一男の頼房は徳川御三家の一つである水戸藩主となります。家康が死んだ時、頼房は十四歳でした。水戸藩は家康によって作られた藩で常時定府制を取っていました。藩主の常時江戸詰めということです。ドラマ「水戸黄門」で「副将軍」という言葉が使われますが、江戸幕府に副将軍という階位はなく、常時定府ということで水戸藩主がそう呼ばれたのであります。水戸黄門こと光圀は頼房の嫡男であります。

会津とは、直接的には関係のない徳川幕府創立期の一族の権力抗争の一部に立ち入ってみましたが、それは、そのなかで占めた正之の複雑な位置の背景を見るためであります。正之の時代にその抗争は大奥を絡めてさらに続きます。

四代将軍家綱が亡くなったあとは弟の綱吉が継いで五代将軍となるのですが、その間に家光の三男綱重がいます。綱重は側室お夏の方との間の子で優れた才能と決断力に富んだ人間でありましたが、お夏の方は正室について大奥に入っています。正室は家光が男色にうつつをぬかしていた時で仮面夫婦でありました。大奥の権力は春日局から、その信任を得たお万の方に移り、お万の方は、綱吉の母であるお玉の方が、かつては春日局の部屋子であったことから、綱重を排し綱吉を推しました。それに呼応した時の大老酒井忠清が綱重後継に反対したのであります。その綱重は延宝六年（一六七八）に三十五歳の若さで亡くなっています。その死は忠長と同様の自殺ともいわれます。

その二年後に、病床にあった家綱は亡くなり、綱吉が五代将軍になります。綱吉は子宝に恵まれないことから、「生類憐みの令」を定めて、殺生を禁じます。とりわけ、戌年生まれであったことから、犬を大事にしたため、犬公方《いぬくぼう》とも呼ばれたのであります。

一族の抗争として、見落としてならないのは、松平忠直卿事件であります。菊池寛氏の小説『忠直卿行状記』や映画にもなりましたが、その真実はどこにあったのか、小説とは異なるものを感じます。

松平忠直は家康の次男結城秀康の嫡男として生まれます。秀康は家康の長男信康の自害で実質的には長子であったにもかかわらず、幼少時に政略のために秀吉のところに養子に出され、将軍職を弟秀忠に譲られたために、越前六〇万石の城主となりながら、酒色におぼれ、僅か三十四歳で死去しています。忠直はその嫡男でありました。秀康の死後、慶長十二年（一六〇七）に、十三歳で家督を継ぎますが、五年後の慶長十七年（一六一二）に、家臣が相争うお家騒動が起き、三五〇人もの死者を出す大騒動となります。秀忠は忠直に藩政を家老本多富正に委ねるように命じます。忠直はすでに十八歳になっていて、後見人による藩政運営は、事実上の権利の剥奪であることを恨みます。大坂夏の陣において、忠直は城への一番乗りを果たし、真田幸村をはじめ敵将の主首を三五七をも挙げるという大功績があったにもかかわらず、それに対する加増もなく、権利剥奪とは何事かと忠直は怒り、幕府に背を向けます。

参勤交代を怠り、酒色におぼれ、家臣を殺害し、妊婦殺しなどの悪評が立ち、暴君伝説がまことしやかにささやかれました。

元和九年（一六二三）幕府はその暴君伝説を理由に、忠直に改易を命じ、豊後国流罪に処します。たとえ、徳川の一族、連枝であろうとも、藩主に不行跡があればこれ許さないということを、幕府が示したものとして、後世に伝えられています。しかし、それがどこまで真実であり、どこからが権力抗争であったのかは不明であります。改易後は、石高を三二万石に減らされて忠直の弟忠昌が継ぎます。その後は、連綿と続き、幕末にあの松平春嶽を輩出しています。

三、正之と家光に共通する幼少年期の体験と意識

寛永九年（一六三二）に二代将軍秀忠は死去します。その翌年に正之は、すでに述べたように磐城藩主内藤政長の娘菊子と結婚します。

寛永十一年（一六三四）には、家光の随行で明正天皇のご即位祝賀のために上洛します。寛永十二年には実母お静の方が病気になり、その看病に高遠に帰りますが、九月に亡くなり、その葬儀を執り行って、十一月には江戸へ戻っています。

正之は寛永八年（一六三一）に高遠藩主になりますが、山形最上に移封されるまでの五年間は、その大半を江戸の家光とともに行動しているのであります。

家光の出生の謎についてはすでに述べましたが、正史においては、家光は乳母の春日局に溺愛され、生母お江与には疎まれていたこともあって、幼少期からお江与の方が溺愛する弟忠長に競争心を持って育ちました。その孤独感と鬱屈から思春期には、男色など、異常な行動が多かったのであります。

元和九年（一六二三）に三代将軍になりますが、まだ徳川体制は、内部的にも確立しておらず、忠直卿の改易配流や、本多正純、加藤忠広の改易事件などが起こっており、さらに秀忠の死後、これもすでに触れましたが、家光は弟である駿河大納言忠長を改易し、自殺に追い込んでいます。また、各地で「踏み絵」などによって、キリシタンへの取り締まりが強化され、キリシタンへは残虐な処刑が続発しました。

家光には、秀忠によって酒井忠利、内藤清次、青山忠俊といった補佐役が就けられ、側小姓には稲葉正勝、阿部忠秋、松平信綱といった家光政権の中核となる若者、さらに家康のこれもご落胤ではないかといわれる土井利勝が秀忠時代に引き続いて政務を担い、とくに大名の取りつぶしに采配を振るったのであります。

利勝は家康が定めた「武家諸法度」によって、大名統制のための政策、取りつぶしを実施しました。秀忠の時代に取りつぶされた大名は『断家譜』によれば、四一家、うち外様大名が二五家、徳川一門と譜代大名が一六家であります。そこには福島正則（安芸）、田中忠政（柳川）、最上義俊（山形）、蒲生忠郷（会津）、譜代では本田正純（下野）といった大大名がいます。さらに家光の時代には総計で四九家に上ります。

そのなかには酒井忠世や加藤清正の子忠広や駿河大納言忠長がいます。忠広と忠長については、寛永九年（一六三二）に利勝にそそのかされた忠長が広忠らの外様大名に、家光打倒の廻状をまわしたところ、伊達政宗ら中間派が家光に通報し、その廻状の有無を尋ねられ、その返答を忠長と忠広が報告しなかったので、ただちに取りつぶしになったとされていますが、真偽のほどはわかりません。利勝の謀略説もあります。

家光の時代に、取りつぶされた大名の理由は、大半が謀反の疑いによるものとされますが、結果としては豊臣恩顧の大名の一掃であり、その理由も定かでないものが多いのでありますが、「邪魔者は消す」という恐怖政策によって、徳川幕府の体制の基盤は確立されるのであります。

徳川政権の体制は、外に向かってはキリシタン禁制と鎖国によって、商売の利益の独占化を図り、国内においては、大名妻子の江戸住まいという人質政策と参勤交代制、それに有無をいわせぬ取りつぶしという恐怖政治によって確立されました。

慶長九年（一六〇四）に家康が出した布令、「糸割符法」は、「黒船着岸の時、定め置く年寄りども、糸の値、至らざる以前に、諸国商人、長崎へ配流べからず候、糸の値を相定め候上は、よろず望み次第、商売致すべき者也」として、定め置く者を幕府の指名商人に海外貿易の特権を与えて、その利益と兵器の輸入取扱を独占化したのであります。

この貿易利権の変遷については触れませんが、秀忠の時代にはイギリスがオランダとの競争に敗れ、長崎の平戸からも撤退するのであります。内に向かっては参勤交代令やキリシタン禁止令、一国一城令などでありますが、そのきわめつけは「武家諸法度」であります。

元和元年（一六一五）に家康が金地院崇伝に起草させた三ヶ条を秀忠が十三ヶ条にして引き継ぎ、それを家光が寛永六年（一六二九）に二十一ヶ条にして、諸大名に誓約をさせています。

その基本は家康が定めた三ヶ条であります。これは「禁中並公家諸法度」「諸宗諸本山諸法度」と三点セットでありますが、これはすべて臨済宗の僧侶で、「黒衣の宰相」とも呼ばれた崇伝によるものであります。会津の歴史において注目すべきは、この時代の徳川幕府の体制に関わる制度作成の表舞台に、天台宗の僧侶、天海はどこにも登場しないことであります。

慶安二年（一六四九）に家光が公布したいわゆる「慶安の御触書」は、天領（幕府直轄地）に出された幕府の一般的に法令でありますが、地下《じげ》（農民）に対する三十二ヶ条の掟であります。ここに近世における農民政策が集約されています。まず、「公儀（お上）の御法度はよく守らなければならない」とし、その身分については「百姓は末代、その所の名田を頼りとする者」とされます。そしてその百姓を治める者は、百姓の財を「余らぬように、不足なきようにするのが道」だと説いています。この「御触書」の目的はいかにして藩の財源である年貢を、安定的に農民からしぼり取るかにあります。その支配思想はいうまでもなく農民は愚かな者であるという愚民観に立つ思想であります。その上で農民の生活の細部にわたって規定をしています。たとえば「春秋、灸をいたして、患わないよう常に心がけよ」と、一見、農民の健康を案じた文言になっていますが、その一方で「衣類は、麻の棉のほかは、帯や着物に裏をつけてはならない」、「地頭や代官を敬い、名主や組頭は、真の親と心がけよ」、と支配者に対する忠誠心を摺り込んでいます。

「御触書」はさらに、「朝起きをいたし、朝草を刈り、昼は田畑の耕作にかかり、晩には縄をない、俵を編み、何にしても、それぞれの仕事を油断なく仕るべきこと」と、勤勉を指示し、「家主・子供・下人等まで、ふだんはなるべく疎飯を食うべし、但し、田畑を起こし、田を植え、稲を刈り、ひとしお骨おり申すときは、ふだんより少しばかり食物をよく仕り、多く食わせて使い申すべき候」と、治める者の心得を示しています。

ほかにも細かく規定していますが、次の一項は、時代を考慮しなければなりませんが、そこまでもと思われるものであります。「百姓は肥（大小便）、灰を整い置き候、そのことを専一にするために、せっちん（便所）を広く作り、雨季には雨水の入らぬようにして保管すること、灰も同様に無駄なく、作物のために使うこと」、と定めています。生活全般、冠婚葬祭も勿論、母屋の規模や壁、窓にいたるまで、百姓の身分に応じた住処の規定など、いうまでもありません。羽織りや紋付も身分を表すものとして藩主の許可制であります。つまり徹底した外見的な差別によって、兵農分離の意識を定着させたのであります。

この「御触書」は慶安二年（一六四九）に家光が存命中に作られたといわれます。この作成に正之が関わったことも自明であります。

会津藩においては、家光が亡くなった翌年の慶安五年（一六五二）に、軍令、軍禁、家中之掟、道中之掟とともに、その「御触書」に添って、藩令が改正されています。同時に正之は慶安元年（一六四八）に「慶安検地」を行っています。これは加藤成明時代の検地「迷い高」など、実態との乖離があることから、適正な年貢の客体把握に行われたものでありますが、その対比などについては、庄司吉之助氏が『会津藩政史の研究』のなかで論述されておられますので詳細には触れません。が、この検地によって適正化され、「御触書」によって、領主への信頼と忠誠を一時的ではありましたが、深めたのであります。

その家光政権の初期において、家光が唯一心を開き、信頼を寄せたのが正之でありました。強力な権力者ほど、孤独で猜疑心にさいなまれ、常に恐怖と背中合わせのなかで生きています。家光と正之の信頼のきずなは奇しくも、秀忠の正室お江与によって、自我の形成期に受けた執拗なまでの忌避と排斥のトラウマを、二人が共有することによって成り立つものであったといえます。付け加えるなら、生まれながらの将軍と呼ばれ、それを自負した家光は、傲慢と同時に、人間としてではなく権威に平服する環境にいて、権威ではなく人間としての信頼を求めたのであります。

そのジレンマは家光の精神の内部に倒錯的な屈折したものを生成しました。いえば、幼児性の残る我儘なガキ大将的な腕白気分であります。それは忠実な、しかも有能な子分との関係性において均衡をとって完結します。正之は家光にとってまさにその存在であったのであります。

この時期に、家光と儒学者、羅山との関係が始まっています。

寛永元年（一六二四）に、羅山が家光の侍講となりますが、それは正之の本格的な儒学への学究の始まりでもあったのであります。

家康と儒学との関係、つまりは幕藩体制と儒学の朱子学思想については後述します。

四、会津への移封と正之の治政

寛永二十年（一六四三）正之は、山形から会津二三万石に移封されます。ここからがこの表題の実質的な内容になります。これまではその前史であり、傍証に過ぎません。正之の会津移封にあたっての情勢については、すでに述べているので重複は避けますが、寛永十九年は全国的な大凶作に見舞われ、会津藩領においても逃散する農民が三〇〇〇人を超すという事態が起こっていました。にもかかわらず藩主の加藤明成は領内の検地を行い、水田の等級を細分化して、年貢の引き上げ、さらに負わせ高と称して、耕作しない田畑にまで賦課した。これを農民は「迷い高」と呼んで逃散したのであります。

加えて寛永十六年（一六三九）に起きた家老堀主水事件によって、家臣からも領民からも信頼を失った明成は、寛永二十年（一六四三）会津藩四〇万石を幕府に返上して、会津を去ります。そして、そこに封じられたのが正之でありました。

正之は会津に入ったその年に、領内を巡察して年貢未納になっていた三五〇〇両分の滞納全額を免じました。同時に加藤時代の「迷い高」を廃止し、それによる年貢の軽減は二万両に及んでいます。さらに正之は領民百姓の生活規定である「地下仕置《じげしおき》」を作り、それによって農民の生活安定を図りました。「地下」とは百姓のことであり、「仕置」は管理と処罰の規定であります。その基本については後述します。

また、キリシタンとして捕えられていた三三名の者を牢から解き放ち、新たに藩内にキリシタン奉行を置きました。正之のキリシタンに対する対応は、人間的な扱いと幕府の政策については、それに従って体制を整備するという形を取ったのであります。それには正之の重臣のなかにキリシタンがいたという事情があったからです。家老の内藤自卓は保科家とは特別な関係にあった重臣です。保科家の次男正直が、武田信玄の家臣、箕輪城主内藤修理の養子になり、武田滅亡のあと北条家に仕官しましたが、北条家が滅び浪人となり、万治元年（一六五八）に、一族郎党を引き連れて、自卓は会津の正之のところに来て食客となります。そしてやがて家老となったのです。その自卓の家臣の太田小太夫実次は、隠れキリシタンでありました。実次は京都で東福院門（秀忠の娘和子、後水尾天皇の女御）に仕え、俳句を貞室に学んだ文化人でもありました。正之とは異腹の妹である東福院門との縁で、正之は実次を自卓とともに家臣としました。その実次を正之は咎めず、谷野又右衛門と名を改めさせて、荒久田村（現、会津若松市）に帰農させたのであります。その地がやせ地であったので、さらに千咲原（現、喜多方市山都町）へ移住させ、八町歩の開墾地を与えて正之は谷野一家を守ったのでありま す。また万治元年には藩内のキリシタン類族一二四人を、牢から解き放っています。

「地下仕置」（領民）については、それについての領民の意見を提出させ、それを反映させて「地下分限帳」を作っています。

正之のこの政策の基本になったのは、すでに述べたように慶安元年（一六四八）から二年（一六四九）にかけて、幕府が制定した商人に対する「商売仕置」「諸法度」「町人作法」農民に対して公布した「慶安御触書」三十二ヶ条であり、基本的にはそれに準拠していますが、それに正之は領民の意向を取り入れたのであります。

幕府の「触れ書」には、「百姓は生かさず殺さずに搾る」ということが「財の余らぬように、不足なきように治めること道なり」という言葉によって定められ、徹底した倹約と絶対的な支配の体制による重農政策が取られていますが、正之はこれらの幕府の政策に深く関わりながらも、会津藩においては、領民百姓の生活安定にその軸足を置いた政策を取っています。

画期的なのは承応三年（一六五四）に、正之は年貢は定免制とし、会津藩内に「社倉法」を制定し、明暦元年（一六五五）に、年貢とは別途に、九六一両を基金として出資し、米七〇一五俵を買い上げ、それを翌年から領民に一割の利子で貸し付けて、その利を増やし、凶作や災害時のための備蓄米として、藩が管理する社倉米制度を実施しました。当時の貸付利子は四割から五割であったので、一割の利子は低利で、それによって得た利益は、ほかに流用することを禁じ、老齢者など窮民の救済に無償給付に使途することを命じました。

また、藩内の孝子や善行者の表彰制度を実施しました。同時に年貢皆済の百姓には、さまざまな副業（換金の出来る作物栽培）の実施を奨励したのであります。

正之は、寛永二十年（一六四三）から寛文九年（一六六九）に嗣子正経に家督を譲って隠居するまで、実質的には二六年間会津藩の藩主でありましたが、会津に在籍したのは、僅か一年三ヶ月しかないといわれます。あとは将軍家光と、家光亡きあとは、家綱の補佐役として、幕政の中枢、とくに慶安四年（一六五一）から寛文九年までの一八年間は大老として幕府を指導しました。その間、会津藩においては農民一揆などの正之の治政に対する騒乱はなかったのであります。

慶安四年に家光が死去し、その家光の遺言として、四代将軍家綱の後見役を正之は託されます。家光の死去にともない、家老堀田正盛、阿部重次らが従来の武家社会のしきたりに従い殉死しましたが、正之はその無意味な死を寛文元年（一六六一）に他藩にさきがけて会津藩において禁止します。そして寛文三年（一六六三）に、幕府に殉死の禁止を建議し、それが実現されるのであります。

さて、慶安四年は激動の年でありました。家光の死後、家綱が襲封して僅か三ヶ月後に、三河刈谷城主の松平定政が、特定の重臣たちによって偏向する幕政を批判し、意見封事を井伊直孝と阿部忠秋らのもとに送って、出家するという事件が起こったのであります。これは「定政の狂気」として処理されましたが、これが導火線となって由井正雪による幕府転覆事件「慶安の乱」が起こるのであります。

その翌年の承応元年（一六五二）の九月にも、正雪と同じ軍学者別木庄左衛門と浪人たちによる天下動乱の陰謀事件が発覚します。そうした世情不安のなかで明暦三年（一六五七）の正月に「振袖火事」といわれる江戸大火災が起きます。そしてそれも正雪の残党の仕業という流言が江戸中に飛んだのであります。正之はその危機管理に奔走するなかで、復興のために、消失した江戸城の再建よりも幕府の財政支出によって庶民のための市街地復興を優先させました。江戸城に天守閣がないのはそのためなのであります。

また、寛文四年（一六六四）に、米沢藩主上杉綱勝が急死し、嗣子がいなかったために、上杉家は断絶の危機にありました。正之は綱勝の甥にあたる吉良上野介の子、三郎を上杉家の養子にして上杉喜平次と名乗らせ、上杉家を存続させました。それは改易や断絶による廃藩によって、大量の浪人が排出され、それによる治安の乱れや社会秩序への影響を減少させるためでもあったのです。家光の時代に余りにも多くの大名を改易して、その浪人たちによる世情不安が封建体制を揺るがしかねないという危機意識と、正之は媛姫《はるひめ》事件以来関わりのある上杉家に対する恩情でもあったのですが、正之の人間性を示す一つの事例でもあります。

正之の幕政及び藩政における治績は、まださまざまありますが、主題に入っていきたいと思います。

五、正之の思想の変遷、山崎闇斎の朱子学吉川惟足の神道との邂逅

正之の思想の変遷については、『国民の歴史』一三巻（文英堂）のなかで歴史学者松島栄一氏は、「彼は幼少のころから聡明で学問を好み、初めに儒学を学んだが、後、老荘・仏教の書物に関心を深め、禅も究め、さらにすすんで朱子学によって心眼を開き、神道の奥義に達し、神儒一致の境地を開いた明君として知られる。しかし、後世、竹腰与三郎は正之を評して『絶異の才あるにあらずと雖も、熱心、正直、殆んど愚直の風あり』と評している。たしかに、正之の学問と思想には、一種の偏狂性（モ

ノマニアック）が認められることは否定出来ないのである」と書いています。

松島が偏狂性といったのは、正之の朱子学から、ついには吉川神道の奥義を究めて道統を継ぐという心酔ぶりを意味するのか、それとも「会津論語」ともいわれる「家訓」を指すのかは詳らかではないが、換言するなら、それは自己の信念に対する自負の表出といえなくもないのであります。後述しますが、それは正之と惟足と闇斎のなかに共通する、ストイックと同義の偏狂性なのであります。

正之は、明暦元年（一六五五）に、会津出身の儒者横田俊益を招いて儒臣としています。さらに明暦三年（一六五七）に神道家服部安休を儒臣とします。さらに寛文元年（一六六一）神道家吉川惟足を招いて神道についての講義を聞き、寛文四年（一六六四）には、服部安休を相州鎌倉に赴かせて、惟足の神道を学ばせ、それに基づき『会津神社誌』の編纂に入っています。

そして同年、朱子学者山崎闇斎を会津に招聘し、本格的に朱子学を藩学とし、朱子学に批判的であった会津の生んだ兵学者山鹿素行を寛文六年（一六六六）、江戸から赤穂に配流し幽閉するのであります。

正之はどのような状況のなかで、仏教から儒学へ、そして儒学のなかの朱子学から吉川神道に至ったのであろうか、正之は朱子学を会津藩の教学とする前に、家光とともに幕府の教学としているが、それについて、まず見ておきたいと思います。

家康が儒学者林羅山を側近としたのは慶長十二年（一六〇七）であります。その二年前に家康は羅山に会っています。わが国の近世思想史のなかで儒学とその一流派である朱子学は、羅山を祖とされますが、その羅山が師としたのは藤原惺窩《せいか》であります。惺窩は藤原定家の後裔といわれ、冷泉家の播磨の細川庄で永禄四年（一五六一）に生まれています。上洛して禅宗の寺、景雲寺で禅宗を学びました。しかし当時の僧の堕落ぶりに失望して、たびたび儒学を学ぶために、明国への渡航を企てましたが失敗し、四十歳のころに朱子学に確信を持って儒者となったといわれます。惺窩は権威におもねることなく、中国の詩人陶淵明に私淑し、清貧のなかに生きましたが、羅山との邂逅は惺窩四十四歳、羅山二十二歳の時といわれます。惺窩は朱子を批判した王陽明の考えにも精通し、寛容な学者であったといいます。

さて、朱子学とは、中国の宋時代に朱子（一一三〇～一二〇〇）によって確立された新儒教とも呼ばれる中国の哲学大系であります。儒教においては、儒教、つまり教義（理論）と儒者（それを奉じ実践する者）と区別しています。その原点は孔子の学説、対話集『論語』であり、その性善説を支持したのが儒者孟子であります。それに対して殉子は性悪説を以って儒者となり、道家（道教）に接近しました。道教は自然に従うことを道理とする自然主義で、老子、荘子の思想に底通します。それは仏教の禅の思想に共通します。しかし中国の歴史において、仏教と儒教が相互に拠り合うことはなかったと史家はいっています。

わが国に朱子学が入ってきたのは、中世の時代に、主に禅僧によってでありますが、長い戦乱が終息して、徳川幕府が成立し、治世のための政治哲学の思想が求められる近世への移行期に、気鋭の博覧強記な知識人として林羅山は登場します。その羅山も十三歳で京都、建仁禅寺の稚子となりますが、禅僧にならずに儒者となりました。その理由は、新時代の学問は仏門や貴族から新興の武士階級に移ります。その社会における政治的、道徳的な思想は仏教よりも儒学の経書（四書五経、九経、十三経など）、とりわけ朱子学が最適であると時代を読み、慶長五年（一六〇〇）関ヶ原の戦いが行われた年に、その講義を始めたのであります。それを知った家康は慶長十年（一六〇五）に羅山を呼び、その博識を評価し幕府の学僧として招聘しました。羅山はその時から剃髪して、名を道春と改め、家康のブレーンの一人となったのであります。

しかし、家康の政策ブレーンとして活躍したのは、儒者ではなく、黒衣の宰相と呼ばれた臨済宗の禅僧、金地院崇伝や天台宗の僧侶、天海であります。天海については前述しましたが、その前半生には、表向きの政策への関与は見当たりません。それに比して、崇伝は幕府の外交文書の起草や「キリシタン禁礼」「武家諸法度」「禁中並公家諸法度」「諸宗諸本山諸法度」など、いずれも徳川幕府の体制確立の基礎となるものを起草しています。

羅山が関わったとされるもので有名なのは、イエズス会の修道士ハビアンとの宗教論争や慶長十九年（一六一四）の方広寺、鐘銘にいちゃもんを付けた事件です。羅山は崇伝とともに、家康の御用学者としてのお追従といわれています。その著『春鑑抄』で、羅山は、封建社会における普遍的道徳として、仁、義、礼、智、信の「五常」を説きました。なかんずく君臣、上下の礼が体制秩序の基本であり、その原理は天は上にあり、地は下にある天地の理にかなうとし、仏教が日本古来の神道を「垂迹」によって取り込んで体制化を図って興隆しましたが、その仏教が、戦国時代に下剋上の武家社会のなかで衰退したのを見た羅山は、儒学、朱子学が神儒一致を以って、神道をすなわち皇道とするという考えを、「秘説」としてその支配思想のなかに持ち込んだのであります。

その羅山が幕府の仏臣僧侶の頂点である法印の称号を与えられて、幕政に絶大な影響を持つようになるのは、家光の時代であります。

その理由は、徳川家康の自叙伝ともいうべき『駿府記』と『駿府政事録』という、家康が秀忠に将軍職を譲って駿府に帰って以後の言動を日記として記録したものであります。その期間としては慶長十六年（一六一一）から元和元年（一六一五）までの四年間ですが、そこに書かれる家康が語ったとされる幼年期の話が、明治期以降、現代まで史家や時代劇作家のなかで問題になっています。その問題の個所に羅山が関わり、そのことによって、家康の出自が変わり、徳川家の歴史が作られたからであります。

それは『駿府記』をもとにして、それを漢文の文体に書き換え、公式の日記として残されたのが『駿府政事録』だといわれますが、その過程で、変更したものと、追加されたものがあるからであります。

変更されたものは、家康が幼年期に拉致されて銭五〇〇貫で売られて、人質として出されたという話が、『駿府政事録』では、銭五貫となっています。これは書き写しの際の写し誤りなのか、それとも意図があってのことかということであります。

このことをもとに作家の南条範夫氏は小説『願人坊主家康』を書いています。それは家康の出自とされる三河松平氏については、不明だからであります。ただ徳川を名乗った時に、上州世良田郡の新田一族の菩提寺、長落寺を乗っ取り、そこの得川（徳河）から、徳川を名乗り、清和源氏の系図に加わったということが、今では、歴史の定説となっています。

しかし、これもまた、羅山の創作だといわれています。なぜその創作を必要としたのかについては後述しますが、小林久三氏の『天下統一の闇史』（青春出版）によれば、清和源氏の名族新田氏と徳川氏との関係については、徳川幕府が編纂した『朝野旧聞裒藁』と大久保彦左衛門の『三河物語』にも書かれています。上州新田郡徳河郷に住んでいた徳川氏は新田義貞に加担したため、足利幕府の迫害を受け、徳河郷を追われ、時宗の僧、徳阿弥《とくあみ》親氏《ちかうじ》と名乗って諸国を渡り歩いて、三河大浜の称名寺に住みつきます。そこで還俗して酒井氏の婿養子となり、一児を儲けました。それが後の筆頭家老酒井広親であります。

しかし、妻に死なれ、親氏は再び流れて、賀茂郡松平郷に至り、そこで松平太郎左衛門信重の婿養子となり、松平親氏を名乗りました。それが徳川、松平の祖であり、初代とされています。時宗の僧は、名前の下に阿弥を付けますので徳がその名であります。その徳に川を付けたのは、新田郡徳河郷にちなんでのことと、こじつけていますが、それこそが創作で、川には別の理由があり、それが徳川氏のルーツを解く鍵であると小林氏はいいます。

それは松平一党の氏神として祀る六所大明神は、奥州一の宮である塩釜神社の塩製造をするために必要な鍋を作る、製鉄の神様であります。それが一族の氏神であるとするのは、そのルーツは塩製造のための塩釜を作る鋳物師集団、鴨《かも》一族であったのであります。製鉄に必要な砂鉄と、俗称、高師小《こうしこ》僧《ぞう》と呼ばれる川沿いの低湿地に群生するヨシ科や蒲科の植物の根につく褐鉄鉱を求めて、一族は諸国の川沿いを移動しています。その川を自分の名に組み合わせたものだと推定しています。

さらに、「銭五〇〇貫」については、家康は三歳で母親と引き離され、六歳で今川義元の命によって人質として駿府に送られることになりましたが、その途中で味方の戸田康光が家康を奪って、熱田の織田信秀に売り渡しました。その時の家康の売買価格のことであります。永楽銭一〇〇貫文とも五〇〇貫文とも諸説がありますが、家康本人が語ったとされる『駿府記』の記述とされています。また、そこに追加されているのは「家康、秀忠、信勝（羅山）の治政についての論議」であります。それがあるために『駿府政事録』は『駿府記』のあとに書かれたといわれていますが、いや、そうではなく双方とも羅山によって書かれたのではないかという説の史家もおります。それは羅山ともあろう者が書き違えるなどということはない。銭五〇〇貫と五貫という相異を二つの書に書いておいて、そこに関心を引いて、あることを隠蔽するためではないかということであります。それは、徳川家が武家としての最高位である征夷大将軍の称号を朝廷から得るためには、清和源氏の系統であることが必須条件であるからであります。そのために出自と系統の捏造が必要だったといわれます。前述したように乗っ取られた新田氏の末裔、世良田氏が会津の赤津村（現、郡山市湖南町赤津）に逃れ、十四代目の宥元《すけもと》氏が清和源氏世良田一族の会津一世として土着し、世良田真船信濃守祐元と名乗って、三十一代にあたる宏氏までその地に在住されています。真船は世良田氏の在所であった地名といわれ、会津から西郷村に行った一族も真船姓を名乗っています。

主題ではありませんのでこの話は終わりますが、要するに、東西古今の偉人の歴史は、お抱えのゴーストライターによって、もっともらしく書かれているということと、羅山という博識の学者もその役割を担ったがゆえに、幕府専属のシンクタンクとしての地位と名誉を、累代にわたって得たということであります。

本地垂迹説による仏家神道から近世になって反本地垂迹説、神本仏従説を以って儒家神道への転換が行われますが、それを成したのは羅山であり、闇斎であり、吉川惟足であります。その闇斎と惟足が正之の思想的ブレーンでありました。近世儒学（朱子学）の創始者藤原惺窩が「神儒一致」を唱え、それを羅山が「神道即王道」として、封建体制の体制思想「理当心地神道」と名づけて体系化しました。それに吉川惟足は、儒教は外国の思想であり、神道はわが国の思想である。そのことの自覚を持っての神儒一致でなければならないと、伊勢神道を主体とした神儒一致を説いて『陽復記』を著わしました。闇斎は、さらに、それを継承して、垂加《すいか》神道を確立します。その主要な柱は第一に朱子学の「天人唯一之道」人には神の道、すなわち天の理が内在する。第二に五行説の「土金」土は万物の母、金は万物の父であり、その敬（つつしみ、うやまい）こそ人倫の根本であること、第三に伊勢神道である吉田神道の「三様神宝極秘伝」と吉川神道の説く「君臣の道」（天皇を頂点する支配秩序）の死守の三本の柱であったのです。この闇斎と惟足の思想こそ、正之の奉ずる根本思想であったのです。

家光が死去した七年後の明暦三年（一六五七）に、羅山は七十五歳で死去します。幕府の大学頭としてその権威を振るい、私塾であった湯島聖堂舎を、幕府の学問所、昌平黌《しょうへいこう》とするなど、儒学の林家として隆盛を極めます。羅山の没後、衰退はしますが、その影響は幕末まで続き、幕学として徳川幕府の封建的幕藩体制をその秩序思想として支えたのであります。

正之は家光から家綱に至る寛永元年（一六二四）から慶安三年（一六五四）までのおよそ三〇年間、幕政の中枢にいて、羅山らとともに徳川の秘密を共有し、その朱子学思想を御用学化することによって権力を支えたのであります。

その羅山の権力志向を儒者として痛烈に批判したのは、後に藤樹学として一家をなす儒学者中江藤樹でした。藤樹の会津への影響は後述します。

正之は羅山の死後、すでに記しましたが寛文五年（一六六五）に、南学派の朱子学者として台頭してきた山崎闇斎を会津に招聘して儒臣とします。

闇斎は元和四年（一六一八）に京都の針医の家に生まれます。少年時代は叡山、妙心寺に学び、さらに土佐の吸江寺で仏教修行に勤めますが、二十五歳の時に、谷時中や野中兼山に出会い、朱子学の一派である南学を学び、還俗して朱子学及び神道を研究して、門弟六〇〇〇人といわれる大学閥、崎門を形成した儒者であります。思想家丸山眞男は「闇斎学と闇斎学派」で論じていますが、闇斎は「述而不作」（述べて、作らず）が、経学に対する基本的な態度であります。その神髄は主程学原典主義にあります。闇斎の人間性は、原理主義者特有の自己完結性とストイックと同義の偏狂性を持っていました。闇斎は先に触れたように、伊勢神道に加えて吉川惟足から吉田神道を伝授され、その後、自身の心神を奉じて垂加神道、すなわち天道と人道は一元であり、それはわが国の皇統にあり、と唱え、霊社（生祠）を創設し、自らの霊社号を垂加（すいか・あるいはシデマス）としています。いわゆる抻儒の互換、わが国古来の神道思想の発展形態として、外来思想である朱子学を『日本書紀』の神代巻につなぎ、朱子学思想の土着を探求したのであります。

闇斎は、学問の始めに禅を学んだことから、林家や貝原益軒の朱子学が「心」の「身」に対する主宰性を強調するあまり、禅の主体性理論にその論理が凌駕されることを危惧し、儒学の「敬《つつしみ》」を実践においては重視することを説きました。それは伊勢神道や吉田神道が神の宿るべきところである「神明の舎」としての「心」と、その容器としての「身」は不離一体であり、それゆえに「身」を浄め、慎むことの大切さを説く思想と共通するものでありました。闇斎は、そこから封建社会における秩序倫理として、君臣の道徳を臣下の絶対的な「忠」に求めたのであります。それが「垂加神道」の論理であります。「垂加」とは、天照大神の神勅「垂加祈祷」「冥加正直」から取ったものでありますが、その意は、神に対して一心不乱に祈る者に神の啓示が降り、正直な者にはさらに神は加護を賜るということであります。『垂加社語』で、それを闇斎は、「天地を以って書籍となし、日月を以って証明となす」「道は日神の道にして、猿田彦の導くところなり」といっています。猿田彦を教祖とする神道ですが、『古事記』では、天孫降臨の際に、天のヤチマタに出迎えて、神々の先導を申し出る地主神であります。先導を終えて、伊勢の五十川の上流のアザカで貝に手を挟まれて溺れたと書かれています。闇斎が垂加神道の教祖を猿田彦としたのは、垂加神道の自然崇拝の思想の根源は、渡来のものではなく、わが国古来の縄文文化にあるという暗示ともとれます。

闇斎の思想は平たくいえば、羅山が神道に儒学的解釈を加えて神道即理であると説いた便宜的合理主義を基本的には継承して、朱子学の説く、「特敬」と「窮理」の二つの修養のうち、もっぱら道理や倫理の形式を固く守ることによって秩序を保つことを重視し、「窮理」、つまりは真理の探究や批判的精神を軽視するもので、これは、羅山以上に為政者には都合のよい秩序論理であったのであります。しかも、闇斎は朱子の言葉に、それを求めるという原理主義的な主知主義の立場でしたから、それは学際的な論理というよりは、カリスマ性を帯びた宗教教義であったのであります。

正之はその闇斎の思想に共鳴して、闇斎を単なる儒者としてではなく、藩の賓師（客）として、特別の処遇をしました。さらに、正之は会津入りにあたって、最初に儒者として召し抱えたのは横田俊益ですが、同時に、神道家として召し抱えたのは服部（平兵衛）安休でありました。

服部安休の祖父は織田信長の家臣森蘭丸であります。安休の父、伝兵衛は蘭丸の子ですが、本能寺の変のあと、母方の姓、服部を名乗り江戸に出て、安休は元和元年（一六一五）江戸で生まれています。少年期から羅山について朱子学を学んでいます。すでに述べましたが、安休は寛文四年に正之の命により鎌倉の吉川惟足のもとで神道を学んで、会津に帰って正之に進講しています。正之が『社寺縁起』を編纂するにあたっては、会津領内のすべての神社を調査し、垂加神道の理念に基づかないものと二〇年以内に建設された新興神社をすべて壊して廃社にし、神社縁起の改正を命じました。それによって伊勢神道に神社系列に統一して再建整備をしたのであります。

それを参考にして幕府は寛文五年（一六六五）に「諸社禰宜神主法度」を制定しています。それは五項からなるもので、いわゆる吉田神道への統制と神仏分離の政策ですが、それまで本地垂迹によって神社内に設けられた神宮寺が分離され、神道による葬儀が行われることになったのであります。が、その後、仏教宗派の巻き返しによって、キリシタン宗徒摘発のための宗門改めは、末端まで組織化されている仏教徒によって行われて、仏教思想の復権に向かっていったのであります。

この「諸社禰宜神主法度」の施行と正之と安休による垂加神道によって、会津藩の領内には、道祖神など道教的信仰仏と民間信仰の石仏などの遺物が少ないのは、そのためといわれます。

寛文十二年（一六七二）正之は安休や友松氏興、木村忠太郎に命じ、『会津神社志』及び『神社総録』

を作らせます。安休はその跋文を書いています。その後、安休は会津藩の神社管領職を拝命し、社家の総取り締まりと指導にあたり、神道の弘布に務めたのであります。

安休は天和元年（一六八一）に死去しましたが、土津神社境内に進功霊社として祀られ、子孫は代々土津神社の宮司を勤めています。

次に正之が傾倒し、その道統を継いだ吉川神道とは、どのようなものかについて触れます。その創立者で神道中興の祖といわれる吉川惟足は、元和二年（一六一八）に江戸に生まれ、日本橋の商家の養子になり、家業を継ぐが振るわず、早々に鎌倉に隠居しています。学問を好み古典や和歌に親しむが、三十六歳の時に上洛して吉田神道の萩原兼従に会います。兼従は神祇管領吉田兼治の長男として天正十八年（一五九〇）に生まれましたが、家督を弟兼英に譲って祖父吉田兼見の養子になり萩原家を興しました。

兼見は豊臣秀吉を祀る豊国社の社務職に就きますが、豊臣家が滅びたあと、豊国社は破却され、兼従も流罪にされますが、その危機を義弟細川忠興の助力で免れ、その後は、吉田神道の発展に尽くしました。晩年、吉田神道の後継者が幼少のため、後継者兼連（後の兼敬）に道統の返授を条件にして吉川惟足にその奥義を伝授し、惟足は道統となりますが、その返授の条件は実現しませんでした。

惟足は正之の信任を得て幕臣となり、幕府寺社奉行配下の神道方という要職に就いています。また、惟足は正之を介して闇斎を知り、闇斎は中世以来の神道を集大成して、それに儒教的識見を加えて垂加神道を創設したのであります。惟足も嗣子従長とともに理学神道とも呼ばれる吉川神道を立ち上げましたが、その教義は闇斎と同様、神道を朱子学的論理で理論づけ、宇宙万有の一元的本体として国《くに》常立命《とこたちのみこと》を奉じ、神と人間は本質的に一体であることを説き、信仰を儀式や行法によって形式化することによって成り立たせるものでありました。

そしてそれは、誠を以って「君」を守り、「君」のために自分の一身一命を喜んで捧げることに敷衍する思想であります。つまり君臣への大義を命懸けで全うすることを、その秘法の奥義としたのであります。それは折からの徳川幕府の確立のための格好のイデオロギーとして役立ち、封建的支配の論理として極めて有効に機能したのであります。

六、会津の儒者、横田俊益

正之が横田俊益を儒臣として召し抱えたのは、明暦元年（一六五五）十一月とする説と明暦二年、明暦三年とする説など諸説あるが、正之が会津入りしてもっとも早く前藩主加藤嘉明の家臣を召し抱えたのが、羅山の門下生で、すでに会津の儒者として高名であった横田俊益であります。

俊益は元和六年（一六二〇）倉田俊次の三男として会津若松に生まれました。父俊次は大沼郡横田村の山ノ内斎俊の子ですが、斎俊の祖は鎌倉幕府の成立時に、頼朝によって会津の横田に所領を与えられた山ノ内経俊の十八代の子孫であります。天正十七年（一五八九）に葦名は伊達政宗に滅ぼされ、翌十八年に秀吉が奥州仕置きで会津を蒲生氏郷に与えたため、経斎は浪人となりました。その子、俊次は、柳津円蔵寺に母といましたが、縁あって若松の検断（商人頭）倉田為美の婿養子となり、倉田姓を名乗ったので、俊益は幼名を倉田三平といいました。九歳にしてその秀才振りが加藤嘉明に認められ、小姓として召し抱えられ、名を横田俊益に改めました。

寛永十三年（一六三六）十六歳で一年間京都の堀立庵で朱子学を学び、また寛永十五年（一六三八）には江戸の林羅山のもとで儒学を学んで、「加藤家系譜」を作りました。それを見た羅山は寛永十九年（一六四二）に、幕府が『天下武家系図』を編纂するにあたって、俊益をその委員のひとりに推薦し、老中松平伊豆守信綱から委員を命じられました。が、それを嘉明の跡を継いだ明成は、俊益が主君に相談なく己の立身出世を図ったものと誤解しました。俊益は委員を辞退し、明成に「神文」（神に誓った請文）を提出してその誤解を解いたのであります。

もし、その時俊益が幕府の編纂委員になっていたら、俊益のその後も大きく変わっていたといわれます。俊益は学問に励んだが、地位や名誉や金銭には、生涯にわたってこだわることがなかったといわれ、それは、会津藩の教学のなかでも、安休や闇斎とは一味違った影響を正之の思想の変遷に与えています。

寛永二十年（一六四三）堀主水事件によって、会津藩四〇万石を幕府に返上しました。加藤家は僅か一万石で石見国へ移封されます。それにともなって、俊益は浪人となるのですが、それを悔やむこともなく会津のわが家で、庶民に論語や中庸を講義していました。その評判はすこぶる高く、正之は会津入りをすると、すぐに俊益を家老成瀬主計を通じて、儒臣として召し抱えたいと要請しましたが、俊益は「私はその器ではない」と断わりました。再三にわたって主計は俊益に仕官をすすめましたが俊益は断り続けました。

明暦三年（一六五七）に正之は大老田中正玄を通し再度要請し、俊益はようやく承諾して、知行二〇〇石で正之の待講となったのであります。実に一三年の間、俊益は正之への仕官を断り続けました。その理由の一つは加藤家に対する義理立てであります。加藤嘉明が亡くなったあと、家督を継いだ明成は、暴君的要素を以って年貢の引き上げなど領民に対して過酷な藩政を強いました。しかし、俊益にとっては、明成は勉学に際して深い恩義のある人であったので、その明成が改易は辛うじて免れたが、家督を息子明友に譲って剃髪し、休意と号す僧となったので、本来なら家臣として俊益もそれに準じなければならない。という、俊益の武士道的倫理観からでありました。

二つには正保元年（一六四四）に俊益の弟俊親が病没するという不幸に遭い、俊益は医学を志しました。後年医者になるが、その端緒はここに始まっています。その翌年に、俊益は藩医、服部壽慶の娘久里と結婚します。俊益二十六歳でありました。さらにその翌年の正保三年（一六四六）には、俊益の母親が最初に嫁いでもうけた子、福松（長じて彦兵衛）との倉田家の遺産相続問題が起こって、俊益は異父兄彦兵衛に倉田家の全財産を渡して、医師として身を立てるために、慶安二年（一六四九）三十歳の時に、妻の兄、服部玄沖とともに上洛し、京の医師、野間三竹の門弟となります。

俊益は、それまでの三年間、会津で精力的に仏教について学んでいます。弟の死後、若松実相寺の長老春峯に師事して六相の法壇経をはじめ、臨済録、碧巌録を聴講し、正保三年には延壽寺の法師尊易に法華経を受講し、さらに正保四年（一六四七）には、日蓮宗の僧真恵が総州から若松に来て「西谷名目」を講義したのを受講しています。

その結果、俊益は宗教の教義と現実の実態に疑念を持ち、そしてこれまで学んだ儒学の再学習に向かうのであります。

朱子学を軸に陸象山、王陽明の語録を書き出し「養心録」と名づけて座右に置きました。そのころの逸話として残るのは、その「養心録」に「格物について、疑を起こし、気質の性を変えて正心に進むのに、最大の敵は忿怒の心である」としたため（格物とは『大学』にいう、それぞれの物事のことである）忿怒の心が一日に何回起きるかを記入して、正しい心を常に持つことを心がけたといわれます。

京都の三竹のもとで一年間修業し、会津に帰り、俊益は承応元年（一六五二）に医学書『本草日用集』（五巻）を著わしています。その医学的知識を持つがゆえに、俊益は宗教や儒教についても、朱子学を奉じながらも、観念論的なものの考え方には、距離を置いていたのであります。

なお、俊益については、相田泰三氏の『会津藩教学の祖、横田俊益』（会津史談会刊）があります。詳細をきわめるもので、仔細はそれを参照されたいが、主題に必要な概略についてのみ触れておきます。

俊益の魅力は何といっても、その何物にも執着しない自由自在の精神であります。仏教の教義を学んでも、その教義に疑義を覚え、儒学を学んでもその論理に醒めて心酔することもなく、まして権威に媚びることはいささかもなく、庶民に学問を教えるために稽古堂を建てて、『詩経』三〇〇篇を講じ、陰逸の僧、黙如と交流して、岡田如黙の庵「無為庵」で酒を酌み、詩作に興じ、晩年は、小田山の麓に鞍見山山荘を建て、朱子の詩、「晨窓林影開　夜枕山泉響　隠去復何求　無言道心長」の詩句から取った「何求斎《かきゅうさい》」を号として、悠々と八十三歳まで生きました。それは絶対的権力支配の封建社会において、立身出世のために権威に諂う曲学阿世の徒の多いその時代において、稀有の存在であったのであります。

俊益に関する逸話は、多くありますが、寛文元年（一六六一）俊益四十二歳の時、江戸の正之に「詩経」三〇〇篇を六ヶ月間にわたって講義した話が語り継がれています。「詩経」とは中国古代の詩歌集であります。この古典は宋の時代になって「詩経」と呼ばれるようになりましたが、『論語』では「詩三百篇」として、孔子は「詩三百篇、一言をもってこれを蔽《おお》いば、思い邪なし」といっています。

しかし、その成立は古く、儒学の古典として学ばれてきましたが、いまだに定論というものはないといわれます。小南一郎氏の『詩経』（岩波）によれば、その形式は、風（国）、雅（小雅、大雅）、頌（周頌、魯頌、商頌）の三つによって構成され、その詳細は詩歌の本質論というよりは、政治的、道徳的な意味をもって書かれたものが多いといわれます。翻って考えれば、詩歌の本質は古代においては、そこにあったということかも知れません。現代においてもなお、その理解に多くの学者が苦闘する儒学思想の原典を、俊益は正之に講じたのであります。

俊益の会津近世思想史における最大の功績は、寛文四年（一六六四）俊益が四十五歳の時に、会津若松の桂林寺町、赤岡の地に設立した一般庶民をその教学の対象とした教育施設、「稽古堂」の一件であります。

これは江戸時代においては、中江藤樹が設立した藤樹書院よりも五年早く、藩校としてではなく庶民の資力による庶民のための学校としては、全国最初のものであります。

その設立までの経緯を記した「稽古堂学記」が失われて、詳細は不明とされていますが、稽古堂の校長には、俊益の心の友である如黙がなっています。岡田如黙は、寛永四年（一六二七）九州肥前に生まれ、十七歳の時に両親が死んで孤児になり、寺に拾われて寺の小僧から僧になったが、三十歳の時に諸国行脚の旅に出て、明暦三年（一六五七）に会津に来ました。如黙は会津に入る前、上総長南（千葉県長南町）の浄徳寺に居て寛室和尚の禅室で禅を学んでいました。会津には、諸国行脚の旅で若松五之町の実相禅寺を訪ねてきましたが、実相禅寺では如黙の学識の高さに驚き、当時、実相禅寺の末寺になっていた大沼郡氷玉村（現、会津美里町）の左下山観音堂が無住であることから、そこに如黙を住まわせることにしました。如黙は荒れ寺になっていた観音堂の山下の本堂に、明暦三年から万治三年（一六六〇）までの三年間を暮らしたのであります。

その間、俊益は実相禅寺の僧の紹介で如黙に邂逅します。その時、すでに四十歳になっていた俊益は三十三歳の如黙の詩を読んで、その禅についての深い識見に大変に感動しました。しかし、ほどなく如黙は中国から渡来して京都にいる僧隠元に教えを乞うために、会津を去ることを俊益に話しましたので、俊益は如黙を何とか会津に留め置きたいと、耶麻郡落合村の名主の協力を得て、その地に草庵を作って、かねてから山中で禅的な暮らしをしたいという如黙の希望をかなえてやったのであります。

如黙は歓び、その草庵を彼の号である「無為庵」と名付けて住みました。

如黙の思想は、その号からもわかるように、『老子』の四八章「無為なれば即ち為さざるなし」から採られています。欲望の根源は智にあり、「智を捨てれば争いは起きず、聖人は欲さざるを欲し、得難き貨を貴ばず、学ばざるを学び、衆人の過りとするところに復し、能く万物の自然を輔けて、敢えて為さず」という、禅的なものでありました。

俊益と如黙の邂逅と意気投合は、換言するなら、思想的共鳴であります。

それは、朱子学思想ではなく、それについては批判的な民衆的視点に立つ儒学思想での共鳴であり、意気投合であったのであります。如黙が会津に来たのは、修業のためといわれますが、その実態は詳らかではありません。寛文四年（一六六四）に俊益は、その如黙を敢えて「稽古堂」の校長に推挙しています。それは俊益の民衆教育の思想と如黙の思想が合致したからであります。

「稽古堂」は、すでに述べたように、俊益が一般庶民の要望により、一般庶民の寄付金によって建てられたものであります。そこでの講義は月三回から六回ほど行われました。講義内容は儒学が主ですが、詩文学、和歌、医書などに及びました。論語の講義の時は、庶民はもとより、僧侶や諸役人、藩士までが、聴講に来て堂外にまで人があふれる盛況であったといわれます。

「稽古堂」の創設については、会津史談会の会長を歴任した相田泰三氏が次のように述べられています。

「第一に家康の文教政策、第二に正之は領内には蒲生、上杉、加藤などの遺臣がいて、思想上の対立があったので、これを統一するには、学問によることが最良であると信じ、自らも学び、人にもすすめたことを忘れてはならない。しかし最大の理由は、正保三年（一六四六）俊益が初めて庶民に儒書を講じて以来、稽古堂が成るまでの約二〇年の間、庶民に学を講じて向学の風を培っておいたことであると信ずるのである」（『会津教学の祖、横田俊益』）

相田氏はそのなかで、「稽古堂」の設立について、岡田如黙が会津に来て「稽古堂」を私塾として創設し、それに俊益が協力して郊外の落合村に塾舎を新築したとする石川謙氏著『近世教育における

近代化的傾向　会津藩教育の例として』のあることについて触れ、「それは史実と異なる。自らの論拠は、俊益の長男俊晴が撰した『横田三友先生年譜』に拠っている」と記しています。

七、岡田如黙（無為庵）と流罪事件

『家世実紀』寛文四年（一六六四）の条に、

「此年桂林寺町末に稽古堂相建て、無為庵（如黙）学問指南致し候につき無年貢地に仰せ付けらる。」

と書かれています。俊益から如黙のことを聞いた正之は、大変に喜び如黙に還俗して家臣になることをすすめたが、如黙はそれを断り、武士にはならずに禅僧として庶民とともに生きたいといったのであります。正之は俊益を通して、如黙に僅かではありましたが、扶持米をを与えています。藩学である朱子学を講じながら、如黙は藤樹学（心学）も取り入れていて、後にそれが問題にされるのですが、この私塾「稽古堂」に対する正之の奨励は、正之の会津藩政における善政の一つであります。

如黙が「稽古堂」の堂主となったことについて、当時、私塾でありながら免税などの藩からの加護があることを非難する者もあったといわれますが、その非難に如黙は、一篇の漢詩で応えています。

何用偶然居暗窟　　何の用か偶然、暗い処に居す

安身元是在人間　身を安んず　もとこれ人間に在り
念頭動處山嫌我　念頭動くところ　山我を嫌う
脚底活時我笑山　脚底活時　われ山を笑う
肥馬高車千載苦　肥馬の高い車は千載の苦
瘦筇破笠十分閑　瘦筇破笠　十分の閑
一心既巳為形役　一心既に已に形の役となる
雲自去来鳥自還　雲は自ら去来し　鳥は自ら還る

詩の大意は、山中に身を安んじていたが、思うところがあった。豪奢なことは無縁、市井の人として、破れ傘のような貧しい竹の家での時間が私の仕事になった。あとは自然のおもむくままだ。如黙の二〇年にわたる稽古堂での活動の仔細は残されていません。それは、その後の思想弾圧事件によって、抹消されたのであります。

如黙は漢詩集『扇ヶ峯』に三五〇篇、『謫居随筆』に和歌百四十余首のほかに遺書のなかにも漢詩二〇七首、和歌七七首を残しています。それを見ると、如黙は近世の時代の会津の、すぐれた漢詩人と歌人であったのであります。

その如黙が、稽古堂の教師であり、俊益の義兄でもある藩医服部玄年とともに、貞享二年（一六八五）八月九日に突然、藩吏によって逮捕され、耶麻郡真木村（現、喜多方市慶徳）に流罪になるのです。が、その理由については「不届き是有り」とされただけで、明らかにされていません。

会津史談会の泰斗、山口孝平氏は、『横田三友先生年譜』（元禄二年の条）で「如黙遂に放逸して学堂を己の有となし、日に俗客と会し遊宴地となす、以って政事に妨げあり」から、と、その理由を推測しています。

両氏に共通するのは、正之が逝去し、会津藩における朱子学に対する評価の変化と、寛文年中に会津若松の医師が京に上り、淵岡山《ふちこうざん》に学び、故郷に帰って、喜多方地方を中心に心学（藤樹学）を広めたことです。豪農や肝煎などの農民層にたちまちのうちに広まり、塾生が一〇〇〇人を超すまでに広まりました。朱子学と心学の思想的関連と相異については後述しますが、会津藩はその心学を、天和三年（一六八三）に、家老保科民部（正興）の名で「心学禁止令」を出しています。そこには「大いに不届き」「心学の学び堅く相止め」と書かれています。その家老正興は、翌々年の貞享二年（一六八五）に「勤方不良につきお役召し上げ蟄居」となり、「心学禁止令」も解除になっています。その「解除令」には「怪しき所行これ一切無く」「考悌忠信の教えは四民一日も怠るべからざるの道に候」と書かれています。「禁止令」は、いったい何であったのかですが、一説には、「禁止令」を出したところ、藩士のなかからも批判が出て、それが正興への批判になったからといわれています。

相田氏はそれを朱子学（藩学）と心学との関係で、また山口氏は（物語「木枯」）で、それぞれに、この一件の背景を藩内における権力抗争と推定しています。俊益はこの事件の前に、如黙に対して、「学派の問題や僧侶の驕慢に対して、批判をしたり、また非難めいたことなど、慎まれることが肝要」と「稽古堂」での如黙の活動に自制を求めています。これは「稽古堂」の隆盛に対する讒言を、言外に込めたものであります。

如黙とともに「稽古堂」でもっぱら医学を講じていた玄沖の流罪の理由も、如黙と同じ「不届き是有り」ですが、玄沖の流罪地は小川庄馬取村（新潟県東蒲原郡鹿瀬町大字豊実）で、如黙より遥かに遠いところでありました。しかし、元禄五年（一六九二）に、玄沖は藩主松平正容から罪を赦され、若松の旧宅に帰っています。流罪蟄居の期間は八年でありました。が、その後、玄沖は父の名を襲って壽慶と号して、医者として過ごし、元禄十二年（一六九九）に、藩医として召し抱えられて、正容に仕え、宝永元年（一七〇四）に没しています。

一方、如黙（無為庵）は、赦されることなく、元禄四年（一六九一）に、幽閉七年目にして、流罪先の耶麻郡真木村の高畑家でその生涯を閉じています。如黙が玄沖の赦免を願う遺書が残されていますが、玄沖の赦免を知ることなく如黙は逝去しています。玄沖の赦免の理由は、判然としないと相田氏は記しています。推測するなら、学問的には自由人であった如黙や俊益は、藩学である闇斎の朱子学の教条的な狭隘さに気づいて、ひそかに会津の心学支持者（藤樹学派）と交流していたのではないかと思われます。

八、保科正興事件の真相と『庚辰紀行』

如黙（無為庵）の流罪事件とは直接的には関係がないのかもしれませんが、会津藩における「心学禁止令」を出した家老保科正興（義常ともいう）は、すでに記したように貞享二年（一六八五）に「勤方不宣候付」を理由に、お役御免となり、その翌年、知行を没収され、二〇〇俵の扶持米で小川庄水沢村に、家族とともに流罪にされています。その後、家族（母、妻、娘）は赦免されますが、正興は元禄三年（一六九〇）病のために流罪地で四十一歳で死去した。と『家世実紀』には書かれています。流罪の理由を、塩谷七重郎氏は『保科正之公と土津神社―其の影響と治蹟』で次のように述べています。

「正興は二代藩主正経の生母聖光院様のご実家、京都上賀茂神社祠官藤木弘増の娘、聖光院の姪にあたるふりを、聖光様のすすめで後妻に迎えた。さらにふりの兄、小隼人を藩に仕官させ、千石の石高を与えて家老にせんとした。正経公が病気のために天和元年（一六八一）に隠居し、三代藩主に、異腹の弟、生母が栄寿院（沖氏富貴）の正容公が就いた。その年の十月に正経公が亡くなり、藩の流れが変わった。かねて聖光院一派の専横を憎んでいた正容公は断を下された」

また別書には、正経の後見人であった稲葉丹後守正往《まさみち》が、正経の死後、正容が藩主になった時に、正之の遺訓に従い、この処断を行ったとされています。

いずれにせよ、これは会津藩のお家騒動ですが、これには、その前史があります。正之は寛永十年（一六三三）二十三歳の時に岩城城主内藤左馬之助の娘、菊と結婚しますが、菊は寛永十四年（一六三七）に二十歳で他界します。

正之は天皇の中宮、東福門院（正之とは異腹の姉、和子）に仕えていた京都上賀茂神社の祠官藤木弘之の長女万子を、東福門院の計らいで後添いとします。このお万の方の出自について、「身分の低いにもかかわらず」という言い方がされているのは、万子が藤木氏の実子ではなかったのか、それとも、有力大名の娘ではないということからなのかは、判然としませんが、女中から側室として入り、正頼、媛《はる》、中《なか》（媛以外は早世している）は側室として生み、四人目の将鑑から正室になり、将鑑が早世し、その翌年に生まれた五人目の正経が二代藩主となります。それだけに正経に対するお万の方の溺愛は特別なものがあったのであります。

正之とお万の方の間には、四男五女がおりますが、正之には、三人の側室がおります。正容の母おふきの方は、神氏の娘で、お万の方より二十五歳年下で、正容は、正之が五十二歳の時の子であります。

前史というのは、お万の方は、万治元年（一六五八）に、自分の産んだ娘、媛姫が米沢藩三五万石の上杉綱勝に嫁いだというのに、側室であるおしおの方（正之没後、徳性院）の娘、松姫が幕府の命によって加賀藩一〇〇万石の前田綱紀に縁組が決まったことに嫉妬し、ひそかに松姫の毒殺を企て、松姫の婚礼の前日に、江戸の会津屋敷において、松姫のお膳に毒を盛ったのであります。それに気付いた松姫の老中（付き人）野村が、媛姫は松姫の姉上だからと、松姫の上座に媛姫の座席を変え、そこに松姫のお膳が運ばれ、それを食した媛姫はその三日後に亡くなりました。（『家世実紀』にはそう書かれています）

その事件の後、正之は正室お万の方を遠ざけ、藩政に口出しすることを諌めました。正之は最晩年に病床にお万の方を呼んで、「牝鶏晨するは古賢の戒しむ所」と遺訓したと、小川渉氏著『志ぐれ草紙』には書かれていますが、その性分は、その後も変わることはなかったとされています。

正之が「家訓」十五ヶ条の四条に、婦女子の言は一切聞いてはならない。と言い残したのは、そのことに由来します。正之没後も、聖光院は血縁から登用した者と図って、しばしば藩政に口出しをし、その一族によって藩の権力を握ろうとしたとされています。家老たちはそれを「家訓」の第四条をもって断ったとされています。聖光院は天和二年（一六八二）江戸、目黒行人坂大崎に屋敷を造り、そこに移封されて、元禄三年（一六九〇）七十一歳で没しました。

この媛姫事件とお万の方については、会津史学会『歴史春秋』第八一号において、大場美弥子氏が「保科正之の妻 お万の方の実像」で、その信憑性に疑義を呈しておられます。このことについて書かれるいくつかの書状の相違点や矛盾点を丹念に検討され、また小川渉氏著『志ぐれ草紙』の「鬼々婆様」の記述にも触れ、その結論として、それが事実であったかどうかは疑わしい。後世になって毒殺ということで「加羅先代萩」の芝居話などの影響を受けて、悪女のイメージが増幅されて付加されたのではないかと、述べておられます。たしかに『家世実紀』は文化八年（一八一一）に編纂されたものであり、事件が起きたのは万治元年（一六五八）ですから、五三年も過ぎてからであります。しかも編纂の目的は、僅か三歳で藩主となった七代容衆のために、会津藩の初代正之からの歴史を教育するために、時の家老田中玄宰によって編纂がなされたものであります。それが文化三年（一八〇六）までの一七六年間にわたる会津藩内の万般にわたる記録となり、『松平会津藩の正史』となったものであります。したがって、お万の方の媛姫毒殺事件冤罪説もあながち荒唐無稽とは言い難いのであります。大場氏の指摘するように毒殺に関わったとされるお万の方の老女たちがこの件で処罰されたという記録がなく、その後もお万の方とともに生存し続けているからであります。お万の方が病弱なわが子正経のために、自分の身うちの者を周囲に置いて、守ろうと目論んだことが、結果としては、正経の早世によって破綻し、側室おふきの子正容が養子となって三代藩主となります。正之の死後、お万の方とその一族がその正容によって排除されたという事実を正当化するために、この毒殺事件は付加されたと見るべきかもしれません。真相は闇のなかであります。

正興流罪の一件にも、謎めいた話があります。『家世実紀』（巻七三）には、正興は元禄三年（一六九〇）八月七日に流罪先で病没したと書かれるが、別の書には病没ではなく誅殺とも射殺であったとも書かれています。

しかし、正興の娘である源が書き残した『庚辰紀行』が、福岡女子短期大学の前田淑教授によって世に出て、それを昭和六十二年に「会津会々報」第九二号に柴桂子氏が「保科正興の娘、源と『庚辰紀行』」として寄稿された一文には、著者である壽源院は、「奥州会津藩の家老保科民部の娘源である。民部は致仕のあと京に出た。したがって娘も京で育ったらしい。そして一四歳の冬に久留米藩の重臣、有馬氏の養女になり、重臣の岸貞知の嫡子に嫁いだ。『庚辰紀行』はその折の旅日記である」と書かれています。

私は塩谷氏の著書よりの引用でこのことを書いていますが、塩谷氏は、柴氏が「民部は致仕のあと京へ出た」というところに注目して、『家世実紀』の記述の病死は、事実ではなかったのかと、正興の流罪地、新潟県鹿瀬町に調査に入ったが、その確証は得られなかった。と、記しています。

柴氏が引用された前田氏の文をよく読むと、それは前田氏の推定とも読める文脈で、確証のあるものではないのですが。正興の妻ふりと娘の源は、その後、時期は判然としませんが、赦免されて流罪地から聖光院のもとに預けられ、そこから生家である京の藤木家に戻ったとされています。正興の死因はともかく流刑地で没したのは『家世実紀』の記述の通りとも読めます。いずれにせよ、正之の正室、聖光院にまつわる話は、執拗で暗いものばかりであります。それは「家訓」第四条の理由づけに、意図的に付会されたからと読めなくもないのであります。

話のついでに、菊池重匡氏著『続会津資料叢書』の「松平小君略伝」には、

「元禄三年（一六九〇）に聖光院が目黒の大崎屋敷で亡くなって、その御遺骸礼拝に藩主正容が訪れ、礼拝を終えて立ち去ろうとするとき、棺のなかから聖光院の手がのびて、正容の袴の裾をつかみ、棺のなかに引き入れようとした。驚いた正容の側用人杉本源五佐衛門則直が正容の袴の裾を切り落として難を逃れた」

と、書かれています。この話など、あきらかに創作でありましょう。

九、正之の「家訓」十五ヶ条と朱子学思想

寛文八年（一六六八）に正之は、家老友松勘十郎（氏興）のすすめもあって「家訓」十五ヶ条を示して、城代家老田中正玄に渡しました。「家訓」は、その時から会津藩においては、歴代藩主にとっては絶対的な教義となり、毎年一月十一日は「家訓」拝聴式が行われ、大目付か学校奉行が読師となり、藩主以下家老など役就き家臣は正装で平伏低頭して拝聴しました。また藩士は役に任命されると、その順守を誓紙に血判を押して誓ったのであります。

正之は「家訓」の制定の五年前の寛文三年（一六六三）に幕府の「武家諸法度」十九条の改正を、殉死の禁止やキリシタンの禁止、忠孝者の奨励と不孝者の処罰など、二十一ヶ条に改正し一万石以上の藩主に布告しています。会津藩の「家訓」も、それに準拠したものでありますが、会津藩独自の問

題に対する対処方針という性格を持っています。

会津藩の聖典となった正之の「家訓」について、見てみたいと思います。（現代文に読み替える）

第一条、大君（徳川将軍）の儀は一心に大切に忠勤をする。他の藩の例によって処してはならない。もし二心をいだいたなら、わが子孫ではないので、家臣は従ってはならない。

第二条、武備は怠ってはならない。士を選ぶの本（基《もと》）とすべきで、上下の分を乱してはならない。

第三条、兄を敬い、弟を愛すべし。

第四条、婦女子の言は一切聞いてはならない。

第五条、主人を重んじ、法は畏れ守らなければならない。

第六条、家中では、風儀を励むべし。

第七条、賄いを行い、媚びを求むべからず。

第八条、それぞれは、依怙贔屓してはならない。

第九条、武士を選ぶには、便辟《べんへき》、便佞《べんねい》の者を採用してはならない。

第十条、賞罰には家老以外の者を参加させてはならない。若しその地位以外の者がいたならば、厳しくたださなければならない。

第十一条、近侍の者に、人の善悪をつげてはならない。

第十二条、政治は利害を以って道理を曲げてはならない。会議には私意をはさんで他人の言を拒んではならない。思うところはかくさず争うべきだが、いくら争っても我意を交えてはならない。

第十三条、法を犯す者を許してはならない。

第十四条、社倉は領民百姓のために置き、将来にわたって永く利益となるものである。凶作のとき倉庫の米を出して民を救済するのであるから、他に使ってはならない。

第十五条、もし、志を失って遊楽を好み、驕奢に流れて、武士と領民とに安住の地を失わせたなら、何の面目あって封印し領土を領していられようか、必ず藩主の職を辞し、隠退すべきである。

右、十五条の精神を堅く守り、その後同職の者に申し伝うべきである。

寛文八年戊申四月一日

会津中将　　印

家老中

これは藩主に対して、つまり、母に溺愛されて育った正経に対して書かれたものと読めます。もちろん、会津藩の藩主となる者の守るべき精神として、また、その重臣たちに対して藩政の基本として示したものであります。が、同時に、これは正之自身の体験と会津藩において起きている極めて具体的な現実の問題に対しての処方箋として書かれたものであることも読めます。

第一条から第三条までは、徳川政権における権力闘争からの教訓、前段で触れているので割愛しますが、いささかでも反抗的なことがあれば、即刻取りつぶされるという危機意識の反映です。それを朱子学的名分論、『資治通鑑』（『通鑑』）にいう「天子の職は礼より大いなるはなく、礼は分より大なるはなく、分は名より大いなることはなし」に従い、天子（藩主）は礼、つまり綱紀を守ることがもっとも重要で名分はそのなかにある。為政者たる者は義（物事の道理）を明らかにし、朱子学においての義は「格物致知」すなわち宇宙と人間とを一つのものとしてとらえ、万物に内在する理を窮めることによって、人間の性の本質である善に至る（性即理）。そこに為政者の進むべき道がある。という考え方であります。「家訓」はその思想によって書かれています。

第四条は会津藩にその時起こっていた聖光院一派の一連の事件に対する対処であります。事件についてはすでに述べたとおりですが、これを女子に対する蔑視の思想とするのは必ずしも正確な理解ではないのであります。そこから十三条までのうち、第六条の家中では、風儀に励むべし、を除いて、家老友松勘十郎（氏興）からの進言に基づき、藩政の規範とともに会津藩内に惹起している問題に対して、改善の方途を示したものであります。

第六条にいう風儀は、しつけ、あるいは日ごろの行儀作法を指します。したがって一般論としても意味は通るが、ここでは、その時会津藩で起こっている問題の原因に深く聖光院が関わっていることと、その聖光院の正経に対する教育の在り方を指弾するものとも取れます。

第十四条、社倉制の制定については、正之の領民、とりわけ農民に対して取られた善政であります。当時の農業は凶作などによってたびたび餓死者を出すほどの災厄に見舞われていたが、この備蓄方式によってそれに対応して危機回避が図られました。同時に正之は加藤時代の平均免（税率）五つ四分九厘九毛であったものを五つ二分五厘に引き下げています。

この社倉制については、もう一つの見方があります。それは幕府の回米政策によって、山間地では飯米を奪われ、それを補充するために取られたという見方であります。幕府は全国に直轄地を四七ヶ所領し、およそ四〇〇万石の米を幕府の蔵に収蔵していました。そのうち関東、奥州地方の米は江戸に廻され、幕府の費用として使途されました。会津の御蔵入と呼ばれる直轄地は五万五〇〇〇石の石高だが、山間地に加えて豪雪地帯のため、領民の食米にこと欠いていました。社倉制はそのための対策であったという見方です。したがって平坦地においての救済には、僅かしか使用されなかったということであります。近世において会津に起きた百姓一揆は後述しますが、この回米制度の運用に関わって起きています。

第十五条は藩主に対する訓戒で、家臣や領民の生活に責任の持てないような者は、何の面目あってか、即刻その職を辞せ、というきびしいものです。

この「家訓」十五条は、初めに述べたように、会津藩の教典になりました。たしかに、その後においても聖光院一味の陰謀や専横をはじめ、さまざまな事態に対しても、この「家訓」によって乗り切っています。寛文八年からおよそ二〇〇年間、「家訓」は、会津藩の精神の依り処であったことはゆるぎのない事実であります。しかし、多くの識者が容保は、この「家訓」の第一条を頑なに遵守したために、戊辰戦争の悲劇を避け得なかったともいわれます。それは「家訓」の教条的な信奉が招いた愚直な悲劇であって、「家訓」第一条は第十五条によって収斂されるのであります。

たとえ京都守護職を引き受けても、老臣の意見を用いる度量が容保にあれば、会津が戦場となり、残虐非道の殺戮の場になることは避け得たのであります。どのような大義名分があろうとも戦争は避けなければならない。そしてそれは決して不可能ではない。「家訓」が示す「利害をもって道理を曲げるな」という利害は、狭義にいえば私的な利害を指しますが、本当の利害は道理とともにあると正之はいいたかったに違いないのであります。それが朱子の思想の本質であります。ここで説く道理は、観念的な心情論ではない、あくまで客観的でその成否の合理性を冷静に考慮した理性的な判断に基づく理でなければなりません。だが、容保と家訓読みの家訓知らずの教条派は、大義という幻想のなかを走って、陥穽に落ちたのであります。会津人はその結果を、幕末と第二次世界大戦の終末において、二度、歴史的事実として体験したのであります。

十、正之没後の会津藩の騒動と思想的背景

正之は寛文九年（一六六九）に隠居し、家督を正経に譲っています。そして四年後に没していますが、最晩年まで朱子学の研究に没頭し、仏教の客観的観念論の教義を忌避し、朱子学の主観的観念論と神道の合一を図る吉川神道に帰依し、その総統となり、土津《はにつ》の霊号をもらっています。また多くの著作、会津三部書、五部書のほかに、『会津風土記』、服部安休に編纂させた『会津神社志』、向井新兵衛吉重に編纂させた『会津旧事雑考』九巻、『会津社寺縁起』二四巻などの貴重な史書を残しています。

さらに、和歌については、寛文十年（一六七〇）八月十七日に、儒者服部安休に『日本紀神代巻』を講義させ、その感想として、聴講者に和歌を読ませた『日本竟宴和歌集』があります。正之はこれを会津の四社（伊佐須美神社、諏方社、塔寺八幡神社、慶徳神社）に奉納しています。これが会津近世における和歌文学の基礎となりました。また茶道についても石州流の奥儀を極め、松平不昧、井伊直弼とともに天下の三茶人といわれました。俳諧、囲碁にも精通し、当代きっての文化人でもあったのであります。

正之は寛文十二年（一六七二）に、成瀬主計重次親子とその一味の処罰を行ったが、それが生前の最後の裁断でありました。それについてはすでに述べているので触れませんが、その年の十二月に正

之は亡くなっています。

その後を継いだ正経の藩主としての期間は延宝九年（一六八一）までの一二年間であります。この間の動向は前半の成瀬事件と、正之の土津神社の造営、その経営維持のための水田開発などとともに、会津藩には直接的には関係ないが、山鹿素行の赦免があります。正之と山崎闇斎が山鹿素行を江戸から播磨の赤穂に配流したのは寛文六年（一六六六）であります。が、その前年に素行は江戸で『聖教要録』で朱子学を批判しました。それは羅山から闇斎へと、武断政治から文治政治への転換期に、新しい政治体制のイデオロギーとして台頭した朱子学を、素行が御用学として批判したことによって起きた思想弾圧事件でありました。

素行は「夫れ我を罪するものは、周公孔子之道を罪する也、我罪す可、而して道は罪すべからず、聖人の道を罪する者は時政之誤也」と、『聖教要録』のなかで、権力におもねる朱子学による時政（幕府の政事）を批判したのであります。その大要は、

「朱子学は儒学の異端である。それは自己の内部に道徳的な本来性を認めるために、主観的なものを絶対化してしまう。それをもって民衆の道徳を実現するという空論に陥りやすい、それによる政治論は非現実的なものになる。素行はそれに対して、自己の内部にある本来性は、客観的な『条理』を認識するための能力であるとして、その認識の方法を『格物致知』、つまりは経験によって、その能力が発揮されると説いたのである。そして民衆の道徳的教化は、日常の生活規範である『仁』

と『礼』によって行い、それが平和時における治政であると、朱子学の主観的な観念論ではなく、現実から問題意識をもってその改革を行うという政治論こそが、儒学思想の根本である」と、説いたのであります。これは会津の藤樹学の思想にも底通するものであります。

朱子学思想に立つ家光が行った改易は、一四一家、一三八万石に及び、仕官の道を失った武士たちが浪人となって巷にあふれました。その反映として過激な行動が起こり、幕府打倒の「慶安の乱」が起きるのであります。その当時、山鹿素行は兵学者として名高く、門下生三〇〇〇人を擁していたといわれます。当然のことながらその動向は幕府の治安対策の対象となりました。流罪となった播州赤穂で素行は、大石良雄らに素行の主張する古学思想を教えたのであります。

山鹿素行は会津の生まれでありますが、早くから江戸に出ています。『日本思想史辞典』によれば、「牢人の子として会津に生まれ、九歳で林羅山に学び」と書かれます。牢人は浪人と同義語ですが、山鹿家は蒲生氏郷の家臣として会津入りした町野長門守幸和の重臣であったが、蒲生家断絶にともない町野幸仍《ゆきより》も浪人となりその食客としていた山鹿貞以の子として元和八年（一六二二）に生まれています。素行の幼名は佐太郎、通称甚五佐衛門といいました。寛永四年（一六二七）に、一家は町野氏とともに会津から江戸に出ています。寛永七年（一六三〇）素行は七歳で林羅山に就きます。儒学と同時に、兵学者木幡景憲と北条氏長にも就いて兵法を学びました。そして山鹿流兵法を編みました。景憲は甲賀流兵法ですが、氏長は「国家護持の作法」として北条流兵学を創始します。それは「方円神心」という論理で戦時の軍の統制と平時の治政のための技術を、また道徳を総合的に体系化する兵法でありましたが、とくにオランダの測量の技法を兵法のなかに取り入れたもので、鉄砲による戦術には不可欠のものでありました。素行はその氏長の兵法から、平時における武士の倫理とそれによる民衆の風俗教化を重んじました。すでに述べたように、素行は、初めは羅山について朱子学を学びましたが、朱子学の観念論的な修養説に疑義を覚え、有用実益な学問を目指して、「後世の注釈による儒学ではなく、原点に回帰して儒学を学ぶ」古学（実学）を主唱しました。武士は武にすぐれることは当然として、知識人としての教養をもってその本文としなければならない。そのために儒教思想の原典に立ち還って、その倫理を全うすることを説くもので、結果として支配のためのイデオロギーと化した朱子学を批判するものとなりました。寛文五年（一六六五）に、素行はその論理を著書『聖教要録』を刊行しました。そのことによって危険思想とみなされ正之によって、その翌年、江戸から赤穂に配流されています。

素行の流罪は、老中板倉内膳正重矩が幕府執政の正之の学風について訊ねた時、素行は風聞で申し上げるのは失礼と断ったが、重矩に風聞でも聞かせよ、といわれて、聖人の教えとはいささか筋目が違うのではないかと、暗に闇斎の朱子への偏狂を批判したのが原因とされています。

素行については、生誕三六〇年を記念して、会津史学会の『歴史春秋』第一七号で特集されていますが、素行の思想について述べられた田原嗣郎北海道大学教授の記念講演のなかで、素行はなぜ朱子学を批判したのかを解明しています。素行は二つの理由で朱子学を批判しています。一つは朱子学も仏教と同じ観念論のイデオロギーである。人間関係をすべては主観的なものとしてとらえ、実際の社会における人間関係からは切り離された立場から、真理を探究する。したがってそれは日常の実際の生活とは矛盾する。それでは天下国家は治められない。その例として、中国の宋の場合、学問が観念的になり、人々は抽象的な議論を好むようになり、日用の実際知を疎んずるようになった。学者は書物を読み、世を謗り、人の非を改めさせることをせず、自らは隠棲してしまう。誰も君主を助けて良い政治を実行することに携わる者がいない。その結果、宋の国は、元に滅ぼされてしまった。二つに朱子学の論理は、人も物も「理」と「気」からなっているとして、「気」とは身体やそこから発する感情などの物質的存在であり、「理」とはそれらの存在の根本原理としての宇宙であるという。そして、その「理」を自己の内面に求めて、他者との関係性を見ない。それは仏教と同じ論理で、空論である。万物はそれぞれに異なる存在であり、人間関係もその異なることを前提とした差別によって成り立っている。そこに秩序の原理がある。また人間の欲望を朱子学においては、修業によって浄化することを説いているが、人間の持つ「欲望」を否定してはならない。「欲望」が善悪にかかわらず世の中の進展の原動力なのである、と述べています。そこから素行は「誠」という倫理概念を説きます。そしてその原型を親子の情愛とその孝心に見ます。そしてそれこそが作意なき「天地の理」即ち人間関係における「至誠心」と見て、「孝は百行の源なり」と説いています。

素行が赤穂にいたことから、赤穂浪士の事件との関係がいわれますが、事件は素行の死後に起こっていて、素行の思想的影響はなかったと田原氏は述べておられます。しかし、吉田松陰は赤穂浪士の討ち入り事件は、素行の「武士のあるべき姿」としての思想的影響があったと見ています。

素行は会津藩の治政には、直接的に関わることはなかったのですが、素行の思想は、道徳と兵法、即ち「文武の一致」を説き、「武は文を伴うべきよりも、むしろ武は文に根底をもつべきである」と主張し、朱子学批判を通して、幕府の武断政治を批判し、その時代の社会の矛盾を反映したものであったといえます。

その素行は延宝三年（一六七五）に、突然赦免されますが、それについて、作家の八切止夫がその裏話を書いています。それは五代将軍綱吉の母、於玉の方は、八百屋の娘とされているが、済州島出身の朝鮮美人であったので、水戸光圀や時の大老酒井忠清らが、綱吉の将軍職に異を唱えて、御所の有栖川宮幸仁親王を徳川の養子にして将軍家の後継者にしようという動きをしました。それに対して、春日局（於玉は春日局の部屋子であった）の孫やその一族が、上州館林一〇万石の藩主となっていた於玉の子、綱吉を家光の遺言をたてに、五代将軍にし、大老、忠清を罷免しています。その時、綱吉側に加担して、「関東であって、彼の地の血脈なれば、貴種である。よって王たらんとするも先遣の教えに反せず、正しい」と、素行は『配所残筆』のなかでいって、その翌年に素行の九年にわたる流罪は赦免されたのでありましょう。真偽のほどはわかりませんが、それは正之が死んで四年目のことでありました。

当時の江戸庶民はそれを「山鹿の太鼓持ち」「山鹿流の太鼓たたき」と揶揄し、実際には音を立てない夜襲で行われた赤穂浪士の討ち入りを、歌舞伎の「忠臣蔵」では、山鹿流の陣太鼓が、ひびきわたったことになったのだと書いています。

江戸に戻った素行は、赦免されて六年目に『中朝事実（録）』を著わしています。「中朝」とは日本国のことで、『日本書紀』をもって、皇統連綿を説き起こし、日本国こそ世界（当時としては中国、朝鮮）の中心であると論述しています。それは仏教、あるいは儒学も外朝（外国）の思想であるが、それをわが国においては、皇統のなかで統一し、仏教も儒学もわが国独自の思想として位置づけ、自説を発展的に展開しています。換言すれば、それは外朝の思想や学問の単なるわが国への適用ではなく、今や、わが国、固有のものであることの主張であります。ナショナリズムの原基的思想であり、土着論でもあります。素行は、その原郷を会津の風土に求めました。

素行はその著作の二年後の天和三年（一六八三）に、会津藩の向井新兵衛吉重を介して、若松の諏方神社に金一〇〇疋（一疋は二五文）を奉納しています。これは素行の古学（古義学）が会津においても、素行、伊藤仁斎、荻生徂徠の系譜のなかでひそかに支持されていた証左だと推察されます。朱子学の持つ観念論の問題点を見極め、孔、孟の思想としての仁を、またその「理気一元」の、唯物的な自然観を思想の核心に置く古学的儒教思想が、藩学とは異なる思想として、会津のなかには、当時会津随一の識者といわれた向井吉重らによって、正之の時代にも脈々として存在していたのであります。その一つの状況証拠が天和四年（一六八四）に書かれる佐瀬与次右衛門の『会津農書』だと、私は考えます。それは後述します。

正経の藩政のなかで、延宝四年（一六七六）見祢山社司である服部安休の蟄居があります。これはその理由については記されていません。五年後に安休は死去し、正之の信任の厚かった格別の者として、正之の廟内に末社「進功霊社」として祀られましたが、これはキリシタン禁止令の実質的な遂行は、宗門改めによって行われ、仏教宗派の藩政に対する影響が復権してきて、安休への批判がその背景にあってのことか、それとも正之の葬儀にあたって友松勘十郎氏興との確執があってのことかは不明ですが、正之は自らの葬儀についての大奉行は友松勘十郎に、副奉行は戸枝彦五郎にと遺言しました。安休に対する藩内の批判は、「会津神社志」の編纂の過程で、合祀されて廃社になった膨大な寺社の抵抗が考えられます。いずれにせよ正之の死後、会津藩内の儒教思想が新しい展開を見たことは疑いありません。

十一、正之の死後、会津藩の儒教教学の変化

正之の死後、二代藩主正経は延宝二年（一六七四）に、会津藩の藩士の教育所として、郭内講所（藩

校日新館の前身）を設立しました。そこでの最初の講義は吉川惟足が神道を、山崎闇斎が『大学』を講じたといわれます。しかし、すでに時代は移っていて、僅か四年で正之の信奉した朱子学と神道の講義は終了します。代わって天和三年（一六八三）に仙台藩士岡四郎左衛門という者が若松の城下に来て、王陽明の「心学」を、熊沢蕃山著わすところの『翁問答』『鑑草』をテキストにして庶民に広めたと書かれます。稽古堂の如黙もそれに呼応するものがあったと推定されます。それに対して、家老の保科正興がその年の十二月に「心学禁止令」を出しました。これは先述した会津藤樹学派と、この仙台藩士岡某による心学の講義という話は、どう関連するのか、それとも、しないのかは、不明ですが、どちらにせよ、藩士や家老のなかにも藩学の朱子学ではなく、心学を奉ずる者もいる始末で、「禁止令」は二年後の貞享二年（一六八五）に取り消しになりました。会津藩における教学としての朱子学は、幕学に準じて支配階級に取り入れられましたが、被支配階級にはそれほどの思想的影響は浸透しなかったのであります。

元禄元年（一六八八）三代目の藩主となった正容は、その年七月、江戸から会津に入り、藩の講所に一〇〇石、稽古堂に五〇石を寄附して再興を図ります。稽古堂は町講所として庶民の教育所とし、郭内講所は、藩士の教育所として、その中心施設としての日新館に孔士廟を建て、そこに正之所蔵の孔子像を安置して、藩祖、正之と孔子信仰の意気込みを示しました。

しかし、正之、闇斎の朱子学的思想では、現実に起きている藩の諸問題の解決に必要な改革を行うには、不適合な思想になっていました。

その時の最大の課題は、藩財政の逼迫であり、累積する債務であります。それは、ただ年貢の引き上げによって解決する問題ではなく、年貢の源泉である農業生産の安定化と農家の生活安定という抜本的な改革が必要であったのでありました。

寛延二年（一七四九）には、ついに強訴による全藩一揆が発生します。一揆については別項で後述しますが、その窮状に登場したのが田中玄宰であり、古屋昔陽《ふるやせきよう》であります。それは、朱子学批判において、山鹿素行に連なる萩生徂徠の徂徠学であります。

会津藩の借金は安永元年（一七七二）には、総額五七万両に達しました。享保（一七一六～三六）の改革の失敗から、累増して、当時の一石は金一両に相当しましたので、藩の借金額は、藩の石高の二倍を超える額となったのであります。改革断行は一刻の猶予もありませんでした。

玄宰は十三歳で父玄興が死去し、早くから俊才といわれましたが苦労人でした。江戸で古屋重次郎（昔陽）に儒学を学びました。昔陽は熊本の藩校時習館の主任、秋山玉山の弟子でした。表向きには、官学である朱子学を唱えましたが、朱子学や陽明学にも共通する学問を神聖化すること、つまり象牙の塔のなかにいて、あれこれと論ずることよりも、学問の目的はそれをもって、民を安らかにし、世を救うことにある。聖人といわれる人の説く道は、政務の筋に入用であることを第一とする。という、萩生徂徠の説く徂徠学を信奉する人でありました。玄宰は師でもある昔陽を会津藩に迎えて、衰退している藩学を立て直し、会津藩の窮状を打開するための三つの改革を断行しようとするのであります。しかし、会津藩の要職にある者たちは、藩祖正之が奉じた朱子学とは、対極にある山鹿素行の古学派の一派である徂徠学をもって藩学とすることは、まかりならんと、玄宰の提案する昔陽の会津への招聘の申し入れを拒否するのであります。玄宰は、それが入れられないなら、改革は出来ないと、病を口実にして職を辞して、一介の浪人儒者に戻るのであります。

それは天明四年（一七八四）玄宰三十四歳の時でした。しかし、その翌年、玄宰は、藩主のたっての要請を受けて再び家老の職に就きますが、改革には徂徠学が必要であることを就任の条件としたのであります。

玄宰の改革案の第一は、藩内農業の振興と農民の格差是正にあるとしながらも、改革を行うのは家臣団であり、その意識改革こそ肝要であるとして、まずは藩内の行政に現場主義を持ち込みます。

第二は、天明八年（一七八八）に設立した藩校である。東講所、西講所を整備し、十一歳から十八歳までの藩士の子弟の就学を義務化し、その教育項目のなかに産業開発、農業土木の技術の習得を入れ、実務に役立つ人材育成を図ったのであります。そして徂徠学による実学的学問講所として、藩校を活性化させたのであります。

寛政三年（一七九一）に、その藩校の校長として、徂徠学の儒者、昔陽を招いたのであります。藩財政の再建のための寛政の改革については、別項で触れますが、玄宰の改革は、畢竟、藩の財政再建は、人づくりにあるということであります。人づくりは、藩の教育の方針にあります。そこでの知識が藩政に活かされてこそ、藩の窮状は打開され、展望を開くことが可能となる。という信念のもとに徂徠学が実践されたのであります。

これまでともすると、正之の朱子学が会津藩のすべての象徴のようにとらえられてきましたが、その朱子学の闇斎的観念論が招いた財政破綻を克服したのは、皮肉にも正之と闇斎が流罪に処した山鹿素行の実学の流れをくむ徂徠学によってでありました。

玄宰がすすめた学風の改革には、昔陽とともに、安部井鱗（澹園）、沢田英（泰蔵）、上田文長（冬蔵）、上田伊賀（伝治）、日向忠（梅山）、今泉伊衛門、佐瀬湊、岡田定直、広瀬惟鞆、角田官平、今泉元次郎、今泉延蘭、松本西湖ら徂徠学の儒者が藩校の教授となりました。藩校は一般庶民の入校は禁止され、藩士の文武の教育に特化し、東西の講所のほかに南北の講所も設置され、寛政十一年（一七九九）には東西講所が改築され、新しくなった講所を藩主松平容頌は「日新館」と名付けました。そして享和二年（一八〇二）には江戸表にも二つの藩立の学館が設置され名実ともに会津藩の武士階級の教育体制が整備されたのであります。

ここで徂徠学とはいかなる儒学思想なのかについて触れておきます。

荻生徂徠は寛文五年（一六六六）に館林藩の徳川綱吉（将軍家綱の弟）の待医の二男として生まれています。十四歳の時に父方庵が追放の身となり、上総の辟村で、父が赦免される元禄四年（一六九一）までの一二年間を過ごしています。その間、父を師として独学で『大学』を学び、二十六歳の時に江戸にのぼり、私塾を開きますが人も来ず、貧窮のなかで卯の花（おから）を食って暮らしたといいます。元禄九年（一六九六）に柳沢保明（後の将軍綱吉の側用人となる吉保）に儒者として仕官します。徂徠が六経（先人の道を知るための拠りどころとする書、そこにはその時代の文物や制度が具体的に書きしるされている）をどう解読したかなど、学術的な功績といわれるものについては割愛しますが、徂徠のすごさは学問の多面性に応じて、広汎な分野の学問的知識をその枠を超えて会得し、さらにそれは国学から蘭学にも及んでいるスケールの大きさにあるといわれます。その影響は大きく、幕学である朱子学の林門にも及んでいます。

寛政二年（一七九〇）に幕府は「異学の禁」令を出しますが、その対象はもっぱら徂徠学であったのであります。

岩崎允胤氏著『日本近世思想史序説』からの引用になりますが、徂徠学の学問的特徴として、岩崎氏は次の三点を挙げています。

「一は徂徠の儒学思想は、アンシクロペディック（百科全書派）である。この言葉は十八世紀に刊行されたフランスの『百科全書』の執筆に参加した啓蒙思想家、ディドロやグランベールらを指すが、合理主義的精神に立って、旧体制を批判した思想である。益軒のように本草学に傾注して、そこからの自然観とそれにもとづく理を思想の根本に置いたのとは異なり、徂徠はその時代の社会、経済、庶民の生活の実態に眼を向け、理の在り方を中国古代と日本古代の詩文や歴史の変遷に求めた。そしてその知を備えた仁をもって、その理念として江戸中期、つまりは現実の経世救民を政治に求めたのである。

二つに徂徠が吉保を通じて、将軍吉宗に提出した『政談』は、その冒頭で『総じて国の治と云うは、たとえば、碁盤の目を盛るが如し、目を盛らざる碁盤にては、何ほどの上手にても碁は打たれぬなり』として、まず国を治めるための綱要が国になければならない。現代風にいうならそれは憲法とそれによって体系化される法であろう。筋目という言葉も規範と同義で、換言するなら、現実の諸問題を解決するにあたって、対処療法的に解決するだけでなく、問題の根源を解明して、道理にかなうものにしなければその解決にはならない。

三つに徂徠は、いかなる現象も事実は事実として扱い、それを理屈でかたづけてはならないとする実証的観点である。これは朱子学の観念論的な名分主義を批判したもので、先人の道に対する言葉は、抽象的に語られたものではなく、個々の出来事に具体的に語られている。それを学ぶ者は現実の出来事に即して、それを活用するために読まなければならない」

と、したのであります。

徂徠が『弁道』において、己の学問の体系として六経は何か、その義の、解釈とは何か、と問い、「六経は、その物なり、礼記・論語はその義（その精神を説いたもの）なり、義は必ず物に属き、しかるのち道定まる。すなわちその物をすてて、ひとり、その義をとらば、その汎濫自肆《はんらんじし》（主観的な、あるいは恣意的な解釈）せざる者は少なし」といって、それを戒め、あくまでそれが書かれたその時代のなかで、その原典の言葉に即して理解することを主張しました。

「述べて作らず」という孔子の言葉は、孔子も先人の言葉を主観的にあるいは恣意的に解釈することをしてはならない。と述べています。まして、その後の者が、それをご都合主義的に解釈してはならないと戒めたのであります。

そのなかで、徂徠は朱子学について、水戸学派の安積澹泊《あさかたんぱく》への手紙のなかで批判しています。その詳細は省きますが、宋儒（中国、宋の時代の儒者、朱子学を指す）は、「述べて作らず」といいながら、六経を主観的に解釈している。それは誤謬なのだが、例えば、「格物を事物の理に窮め到ること」と、いっているが、これは窮理のこじつけである。窮理のもともとの意味は、先人が「易」を作ったことを讃えたことで、学者が事物の理を極め得るということではない。天下の理を人間が窮めることは出来ない。また宋儒は、めいめいが修養して聖人になることを求めた。それは空言である。人はそれぞれにその資質に従い、才能を上達させて、徳を成就し、それをもって国家国民のために役立てればいいのである。

当時の官学である朱子学を批判することは、素行と同じ身に危険のともなうことでありましたが、徂徠はあえてそれを行っています。

とくに、徂徠は乱世の原因は、生活の困窮にある。衣食住が民生の基礎であり、治政とは経済と不可分であるという立場から、そのための民政の改革を訴えたのであります。

体制維持という封建思想の枠内であり、当然歴史的限界はありますが、当時としては、体制の変革をめざした安藤昌益の思想とは異なりますが、もっとも合理的で客観性を持った思想であったといえます。玄宰はその思想によって会津藩の寛政の改革に着手しました。（農政改革については別項で述べる）

玄宰は機構の改革とともに、殖産振興と商業の発展にも積極的に取り組み、漆器の海外輸出のために中国やオランダへの貿易を試行しました。

こうした、会津藩の徂徠学思想に依拠した改革に対して、幕府は寛政十年（一七九八）に、「儒者は林家（羅山の朱子学派）の学風に拠るべし」、という布令を出します。そして文化二年（一八〇五）に、会津藩は藩校の教学を、再び林家の朱子学に変えます。それは玄宰の改革によって、世襲的に数代にわたって、その地位とともに独占してきた既得権を失う藩内勢力と、幕閣の勢力との連携による巻き返しであったことは明白なことであります。

玄宰の改革は、決して封建体制を否定するものではなかったのですが現代的にいうなら、現場主義に立つプラグマティカルな改革思想であったのであります。それは結果としてではありますが、民主的な方向性をその基底に内在するものであったのであります。

そうした藩の変化に連動する動向として記録されるのは、文化九年（一八一二）に、御蔵入領の蝋漆改め方役人、川島与五右衛門による会津藩役人の不正販売に対する「存寄」（意見書）による幕府への直訴事件があります。いわゆる内部告発と同時に制度改善への現場役人の要望書であります。

幕府の役人だから越訴の処罰は出来ないので、幕府は、与五右衛門を会津藩に預け、会津藩は不正に加担した役人を罷免し、その翌年に与五右衛門を会津藩の牢内で、役人の「役目不届き」として斬殺し、その役職の世襲権を断絶しました。この川島与五右衛門の一件を農民は忘れることなく、五〇年が過ぎてから建主不明で碑を建てて供養しています。それはあとで触れます。

玄宰は、文化四年（一八〇七）幕府から会津藩に命ぜられた樺太出兵という新たな難題に立ち向かいます。文化五年（一八〇八）会津藩は宗谷、利尻島に一二〇〇人、樺太、函館に一二〇〇人、総勢二四〇〇人を北方警備に出兵させます。そのさなかの八月、玄宰は享年六十一歳で逝去しました。

昔陽は、その二年前の文化三年（一八〇六）に没しています。

玄宰の死後、会津藩内の徂徠学派の儒者は、藩校から一掃されます。が、それを行ったのは徂徠派として会津に来た儒学者の子弟たちでありました。安部井帽山、松本寒緑らは、幕府の教学である林学、朱子学を、玄宰が没すると幕府の命に従い、藩学の中心にしたのであります。官僚として身の保全を図るために、それを善としたともいえます。

そして、その三年後の文化七年（一八一〇）に、藩の学風として定着しつつあった徂徠学を全面的に改定しました。しかし、その教育組織形態は玄宰の改革が踏襲され、藩校は、武士のみの学校として、その武士を四階級に分け、そこに厳格な階級性と能力性を導入したのであります。第四等を初級として、第三等は三〇〇石未満の長男、三〇〇石以上の次男以下、第二等は三〇〇石以上、五〇〇石未満の長男、第一等は五〇〇石以上の長男によって級が編成され、第一等の者が試験に合格すれば、さらに大学に進むことが出来るというもので、第二等以下の者には、徹底した能力主義を適用したのであります。この玄宰の教育改革について、『会津藩教育考』の著者、小川渉は、「学事に貴賤厳重なりしは、片腹痛きことぞ」評しましたが、小島一男氏は「会津藩の教学」のなかで、玄宰の教育改革のねらいは、藩士の教育により一層の厳格さを求めるとともに、一般庶民への教育を、郷学や塾、寺小屋などによって、広く普及させることにあり、貴賤を厳重にしたことによって、かえって藩内に貴賤にかかわらず、広く有能な人材を求めたものであった。と、評しています。玄宰の塩川代官、斎藤民弥の登用はその一例であります。

しかし、玄宰、亡きあと、会津藩の教学は、正之の家訓と、その藩祖正之を神格化する観念論的な朱子学思想が、再び会津藩の教学となりました。

それによって、幼少期から教育、薫陶された藩士たちが、幕末の時代の会津藩士として歴史の激動と向き合うのであります。

第三章　会津藤樹学と『会津農書』について

一、会津藤樹学について

保科正之と山崎闇斎の朱子学に対して、会津の領民のなかに中江藤樹、熊沢蕃山、淵岡山《ふちこうざん》らの心学（陽明学）を学ぶ者が、天和二年（一六八二）に藩が禁止令を出すほどに広がっていました。その中心は喜多方方部でありました。

発端は寛文年中（一六六一～一六七三）に若松の町医者、大河原養白と荒井真庵が伊勢を経て京に上り、淵岡山から心学の教えを三、四年にわたって受けて、会津に帰り、それを喜多方小荒井村の矢部惣四郎（惟方）に教えました。秀才の誉れの高かった惣四郎は、養白と真庵のすすめで上洛して淵岡山の門に入り、数年にわたって心学を学び会津に帰りました。そして喜多方に心学の私塾を開いたのであります。しかし、惣四郎は身体が弱く延宝五年（一六七七）に夭折してしまいます。

惣四郎の教えを受けた小田付村（喜多方市東町）の五十嵐養安、上岩崎村（岩月町）遠藤謙安、上高額村（関柴町）の東条長五郎の三人は上洛して淵岡山の門に入り、心学を学び、帰郷後、喜多方を中心に、村落の支配層に心学を広げていったのであります。そして郷頭、肝煎などの末端支配の知識層にそれは深く浸透し、その血縁と子弟によって門弟一〇〇〇人ともいわれる会津心学の基礎が確立されていくのであります。

心学がどのような思想であるかについては後述しますが、すでに触れたように天和三年（一六八三）に会津藩は心学禁止令を出していますが、それを出した家老保科民部の失脚もあって、二年後の貞享二年（一六八五）に取り消されています。

禁止の理由がどのようなものであったかを『家世実紀』巻六二、天和三年十二月二十七日の条で見てみると、

「近来、心学を学び、その類多く党を結び、密かに集まり執行し、その類にうちに死者是あるときは、尋常の葬にこと替わり、仏者を離れ、取定の仏事、施僧の営みをも一切仕らざる由、ほぼ相聞候、御大法をも憚らざるかくの如き所行、大いに不届きなる仕方に思召候、自今以後御禁制に候、侍は申すに及ばず町在々に至るまで、此の旨を存じ、心学の学び堅く相止め候」

と、記されています。文脈から仏事によらない葬儀についてのようにも読めるが、むしろ藩の狙いは党を結び、ひそかに集まり執行するということの禁止にあったと思われます。禁止令が出て二年後にすでに記したように「怪しいことは何もなく」むしろ欠くべからざる教えである。として「心学禁止令」は解除されています。そこに「存寄」次第とあるのは、すでに心学は庶民だけでなく、武士、つまりは藩の役人にも及んでいて、そうした者からの存寄（意見書）によって、禁止が解かれたことを示しています。

会津の歴史家、山口孝平氏の『会津藤樹学の研究』（歴史春秋社）によれば、

「この心学の系譜は中世の土豪につながる者が多く、また、医者を生業とする者、米沢街道に心学蔵という質屋を営み、その財力を京都の岡山の会所に献上するなどをしている。当時まだ会津藩には藩校はなく、若松では朱子学を教学とする如黙の稽古堂があり、実質的には横田俊益がかかわり、藩からの援助のもとで、庶民への教育が行われていたが、喜多方方部においては、地方の土豪的支配層によって、藩学（朱子学）を批判する心学の教学が行なわれていたのである」

と書かれています。

とくに、この心学を山口氏は、あえて会津藤樹学と呼ぶのは、その教学の指導書（教科書）として使用されたのが、『孝経』、『感応篇』、『六論衍義』、などで、ほかは藤樹の『翁問答』『藤樹先生華翰俗解』『藤樹先生議論覚書』など、中江藤樹の著書を中心に行われて、陽明学そのものに遡ることはなかったということからであるとしています。

教学の中心は孝悌を主とする倫理で、とくに親に対する孝行、年長者に対する尊敬で、朱子学のように君主や支配のヒエラルキーに対する絶対的な忠誠は説かれないもので、それを山口氏は郷村の教育としての面目であり、享和三年（一八〇三）に会津藩が藩校日新館において編纂した『童子訓』とは、著しい対照をなしていることを指摘しています。

しかも、そのカリキュラムは、農閑期の一ヶ月間の夜間に行われ、講席（会場）は郷頭や肝煎の家を巡回し、学力に応じ、四書（礼記の大学、中庸、と論語、孟子の書の総称）や孝経（孔子が門人の曾参に考道について語ったのを記録したもの）を中心とする平易な初級編まで行われていました。宝永二年（一七〇五）の、その「会約」は次のようなものでありました。

会約

一、凡そ学友の集会は謙虚をもって主となし、任的をもって要となし、輔仁の益を元無べし

二、雑話、戯語はこれを禁ず、若し議論絶えれば、即ち黙示して存養すべし

三、飲酒は三行を過ぐべからず、献酬するなかれ、これを強えて大盞におよぶべからず

宝永二年乙酉四月　　会陽　諸生これを記す

清座と呼んだ講義の場は、厳粛なもので、清座の始まりは、全員で孝経を読唱しました。孝経をとくに重んじたのが、藤樹学の本領であったといいます。孝経には、道教の感応編も付けられていて、それも合わせて読唱したといいます。感応編は学ぶにあたっての式で、斎戒沐浴して香を焚き、衣冠を厳整し、声を整えて気を正し、云々、と、そこには、まさに中世思想を継承する宗教性さえをも帯びるものであったのであります。この読唱が終わったあと、男と女と子供、それぞれの組に分かれて講話に入ったといいます。講話の内容は前述した原典をそれぞれの組に合わせて、手近な日常生活に即して実話や例話を交えて、無学の者にもわかるように、孝悌忠信の道理を説いて、その実践を促したといいます。

庶民の教育として、身近な先人の人格を通して、勧善懲悪的な倫理思想と、その実践行動を重んじ、指導層は率先して、そのための精神修養に精勤したのであります。

会津藩校の前身ともされる稽古堂における、如黙による二〇年にわたる朱子学についての記録は抹殺されて残っていませんが、喜多方方部に起こった心学（藤樹学）の史料が今に残っているのは、その指導層が結社として結ばれ、累代引き継がれてきたからであろうと思います。如黙もまた、藩学である朱子学から神道へという方向とは異なる庶民の立場からの教学を行ったから、稽古堂の閉鎖と流罪という処罰を受けたのではないかとも思います。もともと如黙は諸国を行脚して会津に辿りついた禅僧であります。俊益との邂逅によって稽古堂の堂主になりましたが、正之のように朱子学オンリーではない。禅僧として諸国を旅し、儒学を学問として学んでいたので、思想としては藤樹や素行などに近いものがあったのではないかと思います。

ちなみに会津における心学（藤樹学）の当時の主だった方々の氏名《うじな》が残されています。養白、真庵、惣四郎についてはすでに述べましたが、五十嵐養安、遠藤謙、東条方秀の前三子、井上安貞、矢部湖岸、中野誉義都の後三子（初期の指導者を前三子、中期の指導者を後三子と呼んでいる）、ほかに若松の藤田幽仙、森雪翁、笈川の磯部源佐衛門、藩士の落合与後右衛門、牧原市郎兵衛、内田二郎右衛門、大原左近衛門、桜井半右衛門、など、五十数名が挙げられています。が、いずれも郷頭、名主、肝煎、医者といった人々で、地縁というよりも血縁関係によっているといわれています。

会津藤樹学の隆盛には、享保二年（一七一七）に耶麻郡高額村（現、喜多方市）に藤樹学者、東条清蔵（次賢）の長男として生まれた貞蔵が、淵岡山の子息、半平に後継ぎがなく、篤学徳行の士である会津の貞蔵が、淵家に見込まれて、半平の娘の婿になり、淵家の第三代当主となりました。そして名を淵惟伝《のぶただ》と改め、京都に岡山の学統を継いで学館を主宰し藤樹学を講じています。それも会津藤樹学が興隆した要因として挙げられるのであります。その惟伝は、天明六年（一七八六）に六十九歳で没しています。

会津藤樹学も安永八年（一七七九）ころになると、島影文石（家老西郷近張の長男）らの影響で、それまでの「良知は己の分内に在り」という教義を「良知は天に在り」というようになり、修養目標の高度化と藤樹の神格化の方向が強められるようになったと山口氏は指摘します。それに後三子といわれる会津藤樹学の後期の指導者の一人である中野義都が吉川神道の信奉者であったことから、その神学的な観念論がその論理のなかに入ってきて、心学思想は天保年代に入って、藩学である朱子学に接近し、その独自性を失い、急速に衰退していったのであります。

ここで会津藩が藩学とした朱子学と心学、つまりは王陽明によってたてられた陽明学とはどのような相異があるのかについて、岩崎允胤氏著『日本近世思想史序説』や松島栄一氏著『国民の歴史』「元禄文化」に即して見てみたいと思います。王陽明は朱子よりは、三〇〇年ほどあとの明の時代、一四七二年に生まれた儒学者であります。朱子学は周敦頤の「大極図説」から論を起こして、形而上から形而下までのスケールの大きな大系を作り上げましたが、その末流は観念的になり、形式主義に堕したといわれます。

陽明は精神的な遍歴を経て、かつて朱子と論争した陸九淵（象山）の「心即理」説を継承して、「知行合一」「致良知」すなわち心の修練をもって倫理を会得し、それを実践することによって、世に良知を及ぼしてゆくこと、実生活の日常において倫理的行為を実践するという、儒学本来の精神に立ち還ることを主張したのであります。岩崎氏は朱子学の体系が客観的観念論とするなら、陽明学は主観的観念論といえるとして、朱子学はむろんのこと、陽明学にも、社会体制の変革という思想はないが、陽明学の自己の良心に基づいて、つまりは良知による判断に従っての行い（実践）の一致という思想は、その後、大塩平八郎の乱や幕末の西郷隆盛、高杉晋作、吉田松陰、佐久間象山など、変革への思想に影響を与えました。その思想は、批判精神とその批判を実践することを促すものであったと述べています。

先に触れたように、仏教排撃論者として近世の思想界に出て、儒学思想による武士社会の支配体制のイデオロギーとした羅山は、幕府に取り立てられ、御用学者として家康に重用されます。それを、「林氏、髪を剃り位を受くるの弁」を著わして、儒者にあるまじき曲学阿世と痛烈に批判したのは、ほかならぬ若き日の中江藤樹でありました。

藤樹（慶長十三年〈一六〇八〉～慶安元年〈一六四八〉）は近江国高島郡小川村の生まれで、祖父は武士であったが、父は土着し農業を営んでいました。藤樹は初め米子藩に仕官しますが、寛永十一年（一六三四）二十七歳の時に、儒学を学ぶために、武士の身分を捨てて小川村に帰って来てしまいます。そして村民に説いたのが『翁問答』であります。平易な語り口で、正しい心を持っていれば、学問の形式になど捉われることはない。と主張しました。それは形式や格式を重んじ、人間の自然の要求を抑えて、報恩孝行をもって秩序維持を図る朱子学とは、対照的な禅的な自由を内在する思想であったのであります。

『翁問答』とともに藤樹は『論語郷党啓蒙翼伝』『孝経啓蒙』といった著作を著わしていますが、『論語郷党啓蒙翼伝』は、孔子の郷里での日常生活を講じた『論語』郷党篇を解設したものであります。が、「心」の主体性を確立した聖人のゆったりとした自適の生活と、それでいて人間関係を含めた周囲、自然との調和した関係を重んじて生きることを、観念としてではなく、実生活において実践することを説いたものであります。喜多方地方においては『翁問答』が教科書として使用されたといわれますが、その大要は、人間の心には霊的な実体（現代的にいうなら、人間性、ヒューマニズムと解される）が内在する。それを藤樹は「天下無双の霊宝」と形容して、万人がそれに従う時、天下は治まると説いたのであります。その「霊宝」の実体とは「明徳」であり「良知」である。具体的には「孝」の「徳」であるが、それは単に親子や上司に対する「孝」ではなく、あらゆる生命の根源に対する「孝」である。そして、それは「太虚の皇上帝」の子孫としての自覚に至ることだと説いています。さらに、聖賢（偉大な先人）に学ぶということは、その「迹《あと》」をなぞることではなく、聖賢の「心」を心として行うことだと説いています。したがって訓詁・記誦の学問、これを戒めています。これは藤樹が羅山の朱子学を念頭に置いたものであるといわれています。

したがって藤樹の思想の本質は、権力体制の埒外にあって、村民からは近江聖人と呼ばれた民衆の思想家であったのであります。弟子の熊沢蕃山にその思想は引き継がれますが、蕃山はその才能を見込まれて、三〇〇〇石をもって池田藩の経済担当の番頭《ばんがしら》に任用されます。しかし、幕府の教学である朱子学を批判したために排斥され、下総の古河に流されてその生涯を終わっています。

会津藩領における藤樹学（陽明学・心学）は、藩学である朱子学を正之が闇斎を師に、また神道を吉川惟足と服部安休に習って始めた時期と、ほぼ同時期に始まっています。朱子学を批判する会津藤樹学の持つ意味は、会津の近世思想史においては、幕末まで、被支配層の民衆、とりわけ農民の思想のなかに深い影響を残していることは自明であります。

藤樹は慶安四年（一六五一）四十一歳で死去しています。三十三歳はすでに晩年とされますが、代表的著書『翁問答』で講ずる「太虚神道」は、道教の神観念の影響を強く受けたものといわれます。諸書にも藤樹の弟子、淵岡山の思想は『考経』、道教の善書（倫理、道徳の教典）である『太上感応編』を教典とするもので、それが会津では北方において民衆思想として根付いたと『神道辞典』にも記載されています。

会津の近世思想史において、とりわけ民衆思想史の視座から会津藤樹学の果たした役割を見る時、その影響は支配階級の朱子学思想を凌ぐほど、少なくともそれに対等する民衆の思想として存在したのであります。

会津藤樹学の指導層の一人である森雪翁は宝永七年（一七一〇）に大坂から『会津孝子伝』を出版しています。大坂から出版というのは、森は商人でもあったので、大坂商人との交流があったからでありますが、この森雪翁は『会津孝子伝』に『会津農書』の佐瀬与次右衛門など、六人の農民を孝子として挙げています。そのことは次の項で触れますが、『会津孝子伝』はその「序」に書かれるように、京洛の藤井懶斎翁の編集した『本朝孝子伝』に倣ったものであります。

『会津孝子伝』は、正之が会津に入って行った孝子（藩が理想として期待する人間像）を表彰し、米や金子を与えた褒賞制度の受賞領民のなかから三四名について、その業績を記録したものであります。正之によって制度化されてから、およそ六五年に及びましたが、その間に延べにして、百有余名が表彰されています。

『会津孝子伝』に収録された三四名の内訳は、武士一人、村長《むらおさ》三人、一般農民（本百姓）一〇人、貧農（水呑、名子）四人、盲人一人、僕（譜代の武士に仕えたしもべ）二人、女性六人、商人（町人を含む）六人、僧侶一人であります。

いずれも、忠孝、貞節、勤勉、といった儒教的倫理思想に照らしての模範として、であります。ほぼ全階層にわたっていますが、とくに女性や貧農や僕や盲人などの最下層からの表彰者を挙げているのは、雪翁の孝子観が武士や村長などの支配層よりも被支配層にあることを示すものであります。そこに藤樹学の面目があります。藩としての孝子基準は「親に仕えて孝行、兄弟に対して親しく、友に交わりて信に、衆人にも睦まじく、公事露怠らず、年貢よく納める」であります。「公事露怠らず」は、一般的なもめごとと同時に、お上に対する異議は露ほどもないことを指します。これは会津藩の「家訓」に基づくものであり、「慶安の御触書」に準拠するものであります。よく引用される「御触書」の基本は「この条例をきちんと守り、年貢さえ完納すれば、百姓ほど心易きものはない」ということであります。

ここに封建支配者の農民観が集約されています。『会津孝子伝』はその会津藩版であります。その農民観の枠内ではありますが、雪翁は、そこに次のような孝子伝を載せています。没落した武士の兄弟が、年老いた親を養うために、兄は弟に、私の兄は御禁制であるキリシタンであると密告させ、その賞金で親に孝行したという話であります。これは受賞の事実があったにせよ、この孝子観は兄弟に対して親しくという基準とする倫理観とは矛盾します。これは、たとえ兄弟といえども、お上への忠誠こそが、忠孝の第一義ということなのか、密告の賞金三両が目当ての兄弟の謀議での親への孝行であったなら、藩のいう孝子とは、そのようなものなのかという、雪翁の婉曲な朱子学批判がそこに込められている、とも読めるのであります。

近代初期における会津自由民権運動が、奇しくも喜多方方部と会津高田（現、会津美里町）方部に拠点を持つのは、近世期に会津高田を中心とする大沼郡を商圏として栄え、小荒井（喜多方方部）まで、その市場権域を拡大して、藩の御用商人梁田氏と騒動を起こし、梁田氏の藩への訴願によって、藩命で抹殺された高田の商人義原左京義元の存在と無縁ではないのではないかと思います。

義原氏は、もともとは会津藩の商人司である梁田氏の連尺頭（番頭頭）として、会津藩の御用銀山である軽井沢銀山の搬送や物資の取り扱いを担いますが、当時二〇〇〇人ともいわれた銀山関連の労働者とその労働者の出身地域である大沼郡一帯を商圏にして勢力を拡大しました。その義原氏の拠点地が当時の会津高田邑でありました。義原氏は、会津高田に来ては、義原を吉原と改名して、吉原商人として会津の西部にその勢力を拡大しました。西部から北方に向かった元和九年（一六二三）に、小荒井村（現、喜多方市）で、梁田氏と商業権益で騒動が起き、会津藩の商人司である梁田氏の藩への提訴で、吉原氏は取りつぶされます。その後、一族は吉原を芦原という名に替えて、農民として会津高田の地に生き残ります。

その吉原氏が、文安元年（一四四四）に、高田邑に一遍上人の唱導する浄土宗の一派である時宗の寺、長光寺を建立しています。開基は一遍時宗僧、長阿弥によってなされました。長光寺の名称はその開祖、長阿弥に由来します。時宗の遊行僧は中世の後期から近世期に、商業の情報を伝播する役割を担っていたといわれます。商人義原氏と時宗の遊行僧との関係は、詳らかではありませんが、長光寺境内には延享五年（一七四八）に建てられた巳待供養の宝筐印塔が残っています。それは四基壇、二重蓮座、一〇尺の巨塔で、その願文は、「天下和順、日月清明、風雨以時、災属不起、国豊民安」と、刻まれています。巳待供養塔は道教の巳待信仰であります。

道教は、孔子、孟子の思想ではない。老子、荘子の思想で、藤樹学（心学）とも底通する思想であります。近世後期に高田組郷頭田中太郎佐衛門（重好、俳号は博山）は、近世後期に私塾「継声館」を開いて、男女共学の庶民教育を行っています。「継声館」の塾名は、寛政二年（一七九〇）に重好の父である高田郷頭田中東昌が申請して、会津藩家老田中玄宰から賜ったものであります。「継声館」は、徂徠派の儒者、古屋昔陽の思想を継ぐものであります。東昌は、郷頭という藩の役人でありましたが、早くからその役職を長男の重好に譲り、諸国を旅しています。また月歩、再児などの俳号を持つ芭蕉の門人でもありました。時宗の寺、長光寺の住職、天眠は月歩の愛弟子であります。月歩の死後、その句集『袖塚集』に序文を寄せたのは京都の桜井梅室ですが、梅室の句碑は喜多方市松山町の湯殿神社の境内にあります。月歩は喜多方や坂下の俳人たちとの交流がありました。したがって、その「継声館」の教育内容は、読み書き、算盤といった庶民の基礎的教育が中心で、藤樹学や徂徠学と銘うってはいませんが、会津における教学が庶民においては、必ずしも藩学である朱子学と同一であったとも、言い難いのであります。尚、「継声館」については別項でも触れます。

二、『会津農書』の思想

貞享元年（一六八四）三月、幕の内村の百姓、肝煎佐瀬与次右衛門の『会津農書』が書かれています。藤田五郎氏は「江戸時代前半期の農書としては、農業の技術書であり、経験主義的、合理主義的、客観的叙述を行っているので、近代的農業書出現への先蹤をなすものである」と、高い評価をしています。

わが国の農書は元禄九年（一六九六）に、筑前福岡藩士であった宮崎安貞が帰農して、自ら開墾して作物を栽培して書かれた『農業全書』が著名ですが、安貞の『農業全書』は、中国の明の時代の徐光啓の『農業全書』に倣って書かれています。安貞の師は貝原益軒の兄である楽軒で、安貞は楽軒から添削を受けているともいわれますが、益軒は当時の御用学であった朱子学を批判した『大疑録』を著わした儒学者であります。それは朱子学を学んでその朱子学に疑問を呈しました。つまり朱子学の持つ観念論を批判し、実証性と合理性に重きを置き、自然観察やその研究によって、「本草学」や作物栽培技術にも精通して、その自然観をもって農業全般について論じたのが、安貞の『農業全書』であります。その『農業全書』は、わが国の近世農書の教典的存在であります。

『会津農書』は、それよりも一二年も早く、しかも、当時、辺境とされていた陸奥国、会津において書かれたことから、農学者、小野武雄氏をして「東北農村の文化の後進説を修正せられるに至った」と、いわせています。

『会津農書』は上中下の三巻からなっています。上巻において、水田と水稲栽培について、中巻において、畑作物の栽培と土壌について、下巻において、農家事益部として、農家経営と租税納入をもって藩に貢献することが書かれています。

『会津農書』を著わした佐瀬与次右衛門は、中世会津領主佐原義連の家臣で、葦名氏とは縁戚にあたる仁科太郎光盛を祖とします。

仁科氏は天正十七年（一五八九）葦名氏が伊達氏に敗北したあと、農民として幕の内村に土着しました。

寛永二十年（一六四三）保科正之が会津に移封して来た時、光盛は仁科を佐瀬に替えて、代々村長《むらおさ》肝煎役として勤めました。会津には中世の時代に、葦名四天王としてその名を残す佐瀬一族がいますが、それとの関連はないとされています。しかし、佐瀬若狭や佐瀬平八郎など、中世武将との何らかの縁によって佐瀬姓を名乗ったものと思われます。

与次右衛門は寛永七年（一六三〇）に生まれ、寛文十年（一六七〇）に家督を継ぎ、天和二年（一六八二）に、高四三石の肝煎役、与次右衛門を襲名しました。

『会津農書』は、与次右衛門の『会津農書』『続会津農書』『会津歌農書』と婿養子である林右衛門の『幕内農業記』をもって、その総称として呼んでいます。ちなみに『幕内農業記』は与次右衛門の『会津農書』の二代目与次右衛門こと林右衛門による村内での農書の実践とその検証の記録でありま す。

『会津農書』は、寛文年間から正徳年間（一六六一～一七一六）までの、およそ五四年間の会津の平坦地における農作物の栽培及び経営の記録であり、作物栽培の指導書であります。原本は、すでに佐瀬家にはなくなっていますが、その写本が数ヶ所に残されています。それをもとに、戦前、小野武雄氏がその概要書『会津農書』を刊行され、戦後になって、昭和四十三年に佐瀬与次右衛門顕彰会代表長谷川吉次氏が与次右衛門の十五代目佐瀬伝治氏とともに、定本となるべき『会津農書』を発行されました。私はそれによって『会津農書』を拝読しています。

昭和五十七年に農文協から、それをもとにして『日本農書全集』第一九巻、二〇巻、『会津農書』『会津歌農書』が発刊されました。

その「農書」の特徴は、宮崎安貞の『農業全書』のような、外来の農書などからの引用などもなく、会津のそれまでの農法の検証と、与次右衛門が実験的に試みた栽培法の大系化を図ったもので、前述の通り二代にわたって行った実証的な研究の記録であります。

尚、『会津農書』として包括されていますが、『幕内農業記』は、与次右衛門の養子林右衛門が正徳三年（一七一三）に書いたもので、畑作物の栽培が主とされています。その思想には、米以外の地域特産物の生産と販売という視点があります。会津藩の農民に対する租税は、「半石半永」であったために、換金作物として野菜などのほかに、瓜などの果菜作物にそれは及んでいます。会津若松が城下町として発展していくとともに、その供給地として商品経済が活発化し、それに対する対応であります。

それを会津では菜園場《さいんば》と呼んで、換金作物の多様な栽培が行われていますが、城下町周辺の地域など今でもそう呼称されています。

佐瀬与次右衛門が肝煎をしていた幕内村は、近世から戦後まで、周縁農村の野菜や果菜苗の育苗と販売の拠点として存在し、その地が市街地としてのみこまれ、農地がなくなる近年まで続いていたのであります。

しかも、与次右衛門は、それを農民に説くにあたって、難解な理論としてではなく、集会や祭りなどでも農民が唱和し、覚えられるように、五七五・七七の歌として上、中、下の三巻に、総数一六六八首の和歌及び里謡をもって編んでいます。さらに『会津農書附録』においては、八巻の「序」に「鍬入れより刈り取りに至るまでの業、或は花実の形、農器の品、田畑に災いをなす昆虫、飛虫、禽獣の容まで絵図に顕し、書、集《あつめ》て附録三巻となしにけり」と記しています。今日、その「絵農書」は、残念ながら現存していません。

農業の栽培技術や経営を、広く農民に普及させようとして、歌や絵にした与次右衛門の才能は驚くばかりであり、当時としては画期的なことであります。与次右衛門が農業技術者として果たした会津藩内における農業振興への功績は、ほかに類を見ないものであります。『会津歌農書』は作物栽培の技術的な歌の随所に農人としての心得や生き方が歌われています。その歌の文学作品として価値も決して低いものではありません。

近世期の会津の農村を歌った歌人としての与次右衛門の才能も極めて優れたものでありました。先述しましたが、これは、会津中世の土豪的武士集団が帰農して、土着した者は高い文化水準にあったことの、それは証左でもあります。『会津農書』の原本はなく、写本『初瀬川本』が残されていますが、初瀬川氏もまた葦名氏の最後の当主義広の付け家老の家臣として常陸から会津に来て帰農し、旧本郷村の村長を勤めています。

与次右衛門は『会津農書』の序文で、「憖らくは幼きより学に懶けて倭漢の文も見ず、卑劣の口談を以って是を書す」と、書いていますが、解題をした長谷川吉次氏は「この一文は与次右衛門の謙遜だが、その人柄を示すとして、『会津農書』のなかには大陸農書の引用と見られる用語も散見するので、倭漢の文も見ずというのは信じ難い。それらの知識を十分に消化して、なお且つ、儒学の思想である智、仁、勇の倫理観によって書かれたものである」と述べています。会津藤樹学の系譜のなかに記される長谷川良仙と吉次氏との関係は今のところ不明ですが、吉次氏は与次右衛門と同村の幕内村の人であります。

与次右衛門は『会津歌農書』の「序」を書いていますが、その文は、なかなかの名文であります。少々長文だが思うところあって掲載します。

尚、写本の過程で原本は「王楨」と写されていますが、それは「王禎」の誤りであるという研究者の指摘で「王禎」として記載しました。長谷川本、農文協本でも「王禎」に直されています。

「序」

夫農耕の事は我朝神の古、天照皇大神の御時より有来、唐土にては、神農氏始めて耕を教えたまいしにより、神農と号し奉りしとなり、堯帝の御時、后稷稼穡の事に達しぬれば、農師となしたまふこそ。元朝に至りて、東魯の王禎といえる人、農書を撰し今の世に伝わり侍る。農は四民の其の一つ、其の業もまた、闕べからざるものなり、予元より賎の男にして、不知不才なれば、唐の倭の古き書の事知るべきやうもなし、たまたまものしれる人の物語したまふことなど、なま覚えながら書き付け置き、かく記し侍ぬ。すべて農業は、やすふして難く、かたふして成安きものなり。我畎畝の中に生まれぬれば、少より、老いにいたるまで、農事を営み、昔より云伝へし諺の数々朝な夕な試みぬれども、さのみに自得したる事もなく、徒に老農ていわれしのみなり、漢土の大聖孔夫子に農稼を学びんことを問う人有り、夫子是に答へたまふに、我は老農老圃にしかしとのたまふと聞伝れば、年久しく農稼に心尽くせし者には、少しくはその功もありなん。

唯農は気候正ふして土地の肥たるに適し。しかあれど、其の国其の所により、寒のはやきと、暖のおそきと、土地に応ずると、応ぜざると、風雨の時を得ると、得ざるとにより、五穀の熟不熟あることなれば、其のさかひをよく弁へ知りて勤め行ふこそ肝要たるべけれ、まのあたり田畑の諸作天地雨露の恵みを得て成長すること当然の理なれど、又農民培養の力をかちされば、実ることを得ず。是三方並び育るるところ顕然ならずや。よく農事を勤め五穀豊饒にして田畑の貢物を国君へささげ奉り、其余分を以って家人を養ひ、飢渇の苦みを知らざる者は、堯舜の民の井を掘りて飲み、田を耕して食ふと、原鼓を打いひしも、異世同情のためしならんか。予年月試み置きし事、くさ反畝の裏に書き付け置きしまま、終には破れ障子をふさがんもあたらひ事とおもひ、日々手にすきくわをたづさえ、田畝を枕とせし暇、会津御領内山と里との農時、春耕し、夏転《くさぎ》り秋の蔵めに至るまで、其の業すべて三巻の書集、会津農書と号し、家に隠し置けるを、いつとなく、一邑一郷の人の見聞に及び、終に官府にのぼり聞へ、此書諸有司の御一覧に侍り、御褒美として米など給わりけり。家の面目身の冥加きことに有り難きこといづれか是に過ん。或人予に云えらく、吾子の農書件々の文言一読き、永々しく見る者そらんじかたく倦むやすし。願は大和歌につづりなば、見る人覚えやすく、或は感発これありてをのづから是を習ひ其子うまる、農家同志の益にもなりなんといひし程に、予も亦実にもと思へど歌の道しらず、其習ひなければたやすくよみぬべしとも覚えずといへば、或人又云えり、むかしは花に宿る鶯、水にすむ蛙まで歌を読みしとなり、いわんや人間おいておや、心を糧とし萬の言の葉となれるとなれば、農家に生まれ付きし郷談を以って歌よまば、里々農事教訓にもかなひなんとすすめしまま閑の日、老後寝覚めがちの折からひたすらよみし程に、農歌積みて一千六百七十余首に及べり。全三巻となし、会津歌農書と名付侍る。見る人言葉を以て心そこなはず、農談の一助。

『会津農書』はもともと、与次右衛門の私的な研究書で、初めは家に隠し置いたものであったと見られます。藩の要請や指導によって書かれたものではなかったのであります。したがって、その原本は『会津歌農書』の一部を残して、散逸してしまって現存していません。

しかし、上農層に写本されて、初瀬川本、佐瀬本、杉原本、角田本、それらから写した小野本、小川本、会津図書館本などがあります。わが国の近世時代に書かれた農書では二番目に古いもので、東北ではもっとも古い農書であります。近世時代に会津において書かれた農書としては、寛政元年（一七八九）に会津藩士高嶺慶忠が猪苗代地方の稲作と男女別農作業の実態などについて調査し、『会津鑑』一〇〇巻のなかに「農民之勤耕作之次第覚書」として収録したものと、文久二年（一八六二）に耶麻郡熱塩加納村（現、喜多方市）の郷頭、三浦文右衛門が調査報告した『地下掛諸留置書』が農事書として扱われています。三浦もまた、会津藤樹学派の一人であり、自由民権運動に登場し、加波山事件で刑死した三浦文次の系譜であります。

三、『会津歌農書』について

すでに述べたように『会津歌農書』は『会津農書』の「歌謡版」であります。その「序」には、前掲した与次右衛門のほかに四人の跋文がつけられています。その一つを引いておきます。署名はありませんが、これを編纂した長谷川吉次は、会津藩の神道学者諏訪方祐のものだと注記をつけています。

「豊葦原千五百秋瑞穂国は天地と共に開け、七五之神、天照大神の御代に至り、天熊人、奉進之五穀物者、顕見蒼生可、食而活之也、乃以、粟、稗、麦、豆、為陸田種子以稲為水田種子、始殖千天狭田及長田其秋岳顱、八握莫然、甚快也。秋之水穂の国号、誠ある名の豊年の民の栄へは、むへ、神勅の仰くに高き恵みにそあめれ、かくれは天益人、永く蒙神恩、稲の命のね、米は神霊をこむるの和訓にして、是を耕し作程に、農夫をして、天か下の百姓とは名つけたり、干、此会津幕内之村長与治右エ門佐瀬某、壮年より心農稼にひたし、其のくわしく叮嚀なる歌農書先人之序跋にあり、平素稼業を要とするの閑暇、農歌一千六百七十首を綴りて六冊となす。其の言葉たらす、すかた賤しきは、田夫にあひにあひたる心を種とし云出せる成るべし、凡歌はうたふるの訓なれは、唯己か情を述べるにはしかし、これやこの農書、四つの時をわかち、春は四方の氷も解けて水の引々鋤き返す。千町田に折立田子の、夏は土さえざける日ねもす耘り、早苗取りしか、いつの間にか稲葉色つく、秋は小田守袖に置あへぬ露より霜の小筵に苅納めたる冬こそ、猶いとまなき業をなんあわれにもつゝしり侍ゐ物ならし。昔時、天暦之帝の我衣手は露にぬれつゝと、民をあわれみ給ふ有りかたき御心を思いわかて、無貴無賤粒粒の辛苦をあくまでに喰い、慢りに其の本をわすれは今も畦を毀ち、重播種子の罪人ならまし。且此農事に力をつくすのみかは、会陽孝子伝にも善行を称せり。此書衆民至宝として之習之学は五穀豊穣神の随意、子孫の富栄へ窮りならん事を、干時、下官巻首に仮名序つかふまつれと」

「序」の詳細な解説は、いずれも省略しますが、与次右衛門は、その「序」で、『会津農書』は、家に隠し置いたが、いつの間にか知れてしまいました。そしてもっと覚えやすく、大和歌にしてはと、いわれたので、歌の道は知らないが、すすめられて、老後の暇に歌にしました。「見る人言葉を以て心そこなわず、農の一助。」と、その「序」を結んでおります。

一千六百七十余首の歌は全三巻、六冊に編纂されています。

上之本、九〇項目、上之末、九四項目、中之本、六一項目、中之末、五六項目、下之本、一〇五項目、下之末、五三項目、に分類されて、それぞれの項目に数首から数十首の歌が詠まれています。内容的には『会津農書』の内容に沿ったものですが、その特徴は数量的把握を極めた科学的なものであります。また農人に〝ものつくり〟と、ルビをふっており、ものつくりこそすべてのもとであるという思想に立っています。

一六七〇首の歌は、例えば、

一、土　体、

本来の土体は黄色方四寸　世の中央に位するなり

二、真　土

草も木も持たぬ性のままにして　よく育つるを真土とはいう
上中の名つけし土におのつから　真土の性のこもらぬはなし

といったように、土壌学の基礎的なところから入っています。

作物栽培には、自らの耕作地の土質をまず知るところからは始まることを説きます。そして水稲栽培から畑作物、さらに換金作物まで詳細な栽培技術が歌われます。水稲栽培には適苗を植えるために、結依《ゆい》によって行うことをすすめています。さらに農人の心得が説かれます。

その項目は、総数で四五九項目にわたっています。

数首の歌を引いてみましょう。

四十二、種子浸時

里の田の種子の浸しこそ二月中　山郷にては十日後也
たねひたす時さえさらに違えねば　稲の実りはいつもよろしき
定法にかしたる種子の甲斐有て　みのりし時そおもいあはする

四十五、種子蒔き時

種まき時知らずば桃の花にきけ　半ば咲きする折かよきなり

畑作苗植道

菜たねこそ秋海棠の花を見よ　ひらきはしめは八日蒔なり
藍苗の植えしはいつも芍薬の　花のひらける折とこそいう
牛蒡たね二月彼岸のうちよりも　三月節句にかけて蒔くべし
桜枝の花咲きそめしその折に　きうりのたねをふせて置きたし
紅花は雪ふり際たねおろせ　春まく花は屈むとぞいう

農の道
農人《ものつくり》いさみて勤めはたらけば　牽牛星のもとに叶へり
いやしきと誰がいふとも農業は　庶人の尽くす孝の本なり
農の道しらずは人に聞かせよし　かしこきふりは見るもはずかし
老いぬれば娵《よめ》もり手にかかる身ぞ　おもひ合わせていくつしめかし
何人のとなえ置けむ山田もる　僧都の鹿のをぢ坊主とや
古歌　やまだもる僧都の身こそ悲しけれ秋はてぬれば問う人もなし

この古歌が、どこから取られたものかは不明だが、僧都とは僧侶の位で僧正につぐ地位である。山田もるとは、山田守《やまだもり》の方言?、別名だが、近世において武士が、中世の領主制の名残りとして地方官であることの印として、肥後守とか、何々の守と称した。それに懸けて案山子を山田守と揶揄したとも読めます。諧謔に富んだ歌であります。普及のためとはいえ与次右衛門の歌は、歌としてもすぐれたものであります。

この『会津歌農書』は、与次右衛門が五十五歳の時、貞享元年（一六八四）に『会津農書』を書いてから二〇年後の宝永元年（一七〇四）に書かれたものであります。『会津農書』の「序」は、与次右衛門のほかに会津藩士三沢某と藤田祐詮（幽仙）が書き、『会津歌農書』の「序」は諏方方祐、野崎謙甫、独空実応がそれぞれに書いています。三沢は『会津農書』の目的を「其の趣向二つあり、一つは其の農を子孫に遺さんが為也、一つは処作を隣里に教えむが為也と言えり、因玆、居村五拾余竈区に拘わらず、累年具を納て倦す、且父母妻好子を養うに足れり、遂に畔を争ふ人なしと聞ゆ」と書いていています。

藤田祐詮は佐瀬与次右衛門について記したあとに、

賛

農天下本々立道生孝也　弟也治而教正。

その意

賛に曰く、農業は天下国家の基本であり、基本が確立してこそ天下国家の道も生まれる。佐瀬氏が孝養と兄弟愛の手本を示したことにより、一村は治まって教えが正しく行われている

論

子、衛に適く、冉有僕たり、子曰く、「庶きかな」と。「既に養なわば即ち礼儀を治むるに暇あらず」と。然らば即ち農は其れ本か。

その意

論（論語）にいわく、孔子が衛国におもむいた時、弟子の冉有が共をしていた。孔子が「衛の人口は多いね」といわれた。冉有がいった。「これだけ大勢の人民を養うことが出来てから、初めて礼儀を懸命に教え込まなければなりません」。こういう話もあるのだから、農は天下の基本といえよう

祐詮の賛（文章のあとにつける短い褒め言葉）も、論（文章の最後につける評）も、いずれも論語からとられています。

また宝永七年（一七一〇）に編まれた森守次（雪翁）の『会津孝子伝』には、与次右衛門ほか藩内六人の名を挙げ、「其農功衆に優れし」「この六人の功は大方類せるをもて書き入れけり、或人の云う、ここには孝子のたぐいのみ載するものならわし、農功のものまでつらぬるは何ぞや。曰く、農は天下の本なり、かつ天の道を用ひ地の利により節にして、父母を養ふは庶人の孝也とあれば、職分の農業を能する下民の孝にあらずや、さればかくつらねり」と書かれています。

藤田祐詮、森守次は、いずれも、会津藤樹学の中心的メンバーであります。

会津藩が藩学とした朱子学とは異なる。藤樹学のメンバーが『会津農書』に関わっていることにな

ります。この項の冒頭に藤田五郎氏の『会津農書』の評価を載せましたが、この書が「経験主義的、合理主義的、客観主義的叙述を行っているので近代的農業書出現の先駈をなす」としています。

近世における儒学思想は朱子学が幕藩体制のイデオロギーとして台頭しましたが、それと同時に抽象的な論理でなく、実際の経験をもとにして実証的に事物を考察しようとする学派が儒学のなかに発生しました。それが心学（藤樹学）であり、古学（素行や伊藤仁斎・荻生徂徠）であります。先にも触れましたが、朱子学の倫理観は、人には生まれながらにして、その徳を備えている。それは先天的な本生として存在するものであり、自主的な研鑽によって人は道に至る。と、説くものでありました。換言するなら、身分は先天的なものであり、それを守ることによって、秩序が保たれるというもので、それを先人の言葉をもって論理化する。典型的な覇者のための御用学で、その教条をもって成り立つものでありました。その背景には、中国や朝鮮における科挙の試験によって官吏に登用されるという制度が、中国の宋の時代に、朝鮮では李朝の時代に盛んに行われて、それに対応するという意味を持ったといわれます。中国や朝鮮においては、儒学的知見は官吏としての必須条件であり、「実学」（朱子『中庸』）であったのであります。

しかし、わが国においては、近世初期における政治の実権は、武力を専有した武士階級が握り、同時に行政に携わる官僚をも兼ねました。儒者や僧侶は、そのシンクタンクとして、また実務に役立つことが、その存在価値であり給分の根拠でありました。そうした現状のなかで儒者が日本古来の神道思想に儒学を融合させることに向かったのは、ヒエラルキーの頂点に天皇制をつなぐことによって確保される知識人としての権威と地位であったといえます。したがって、専制政治において朱子学的観念論が被支配階級の実証学思想と乖離するのは当然のことで、それを学問的に批判した心学（藤樹学）や古学（素行や仁斎・徂徠）が、被支配階級（領民）の思想となったのは、会津においても当然の帰結なのであります。

日本農書全集『会津農書』の「解題」で、引用された藤田五郎氏の『会津農書』が会津藩の藩主の指導下に、あるいは財政的支援のもとに編まれたと見るのは、正鵠を射ていません。むしろ『会津農書』を貫徹する思想は、会津藩の教学である朱子学とは対峙する思想として、会津の民衆のなかに存在した会津藤樹学（心学）思想であったのであります。

会津藩において、正之は寛文六年（一六六六）に「風土記」（寛文風土記）を編纂していますが、その編纂のために藩内郷村の郷頭に対して、書き上げ帳（郷内の調査帳）の提出を求めています。そこに作物ごとの作付けや播種期や収穫期などの栽培について記載されていて、検地による耕地面積の把握、年貢の賦課徴収に必要な資料は把握しています。したがって、『会津農書』は藩が関わる行政的な研究書ではなく、農民の自主的、自発的な研究書であったといいます。

附け加えておくなら、近世前期、農書としては、『会津農書』のほかに『清良記』がありますが。『清良記』は農民の書いたものではなく、地侍である一領具足の郷士が書いたもので栽培技術というよりも農業の経営論としての色彩の強いものであります。それに比して『会津農書』は近世初期の本百姓（検地において、検地帳に土地と結び付けてその名を記載され、その土地に対する耕作権を公認され、それに対する租税負担の義務を負わされる農民、名田地主ともいう）によって書かれたものであります。

ちなみに、与次右衛門家は家族二二人、下人一四人、馬三匹、総持高六四石一斗七升五合、推定するに七町歩余の耕地を有する百姓でありました。二代にわたる佐瀬家、与次右衛門の寛文から延宝の時代は、まさに正之の治政の時代であります。農民に対する善政が行われた時であります。会津において、ようやく農業生産が新田開発などによって拡大される時期にあたっています。会津藩が行った農村政策は、村を治め、年貢を徴収する役目を担う肝煎職と本百姓の身分について明確化しました。肝煎給分（手当）は村高（村の米生産量）を基準にして支給されたのであります。また、年貢が滞る農民については、村としての年貢の徴収責任から肝煎が立て替えも行っていました。そのために肝煎に、潰地の買い取りが発生し、農地の集中が起きつつあったのであります。農民のなかにはその集中による弊害を防止するために「内ならし」の要求がありました。それで、もっともその対象者としての条件を持つ肝煎の場合には、藩に届け出て許可を得なければならない許可制にしました。つまり蓄積される資金を既存の農地買いではなく、その資金によっての新田開発を促したのであります。肝煎については世襲制を取っていたので、佐瀬与次右衛門家も手作経営が大規模化し、作子（使用人）を擁していました。その作子との関係は、地主制への発展の萌芽を内包していましたので、藩の政策としては、村の生産量が増大するのにともない、肝煎の給分が血縁的な村知行的（血縁関係による村支配）なものへ偏った拡大になることを恐れ、血族関係ではない地縁的な作子への農地の分与を奨励し、作子の自立を求めたのでありますが、与次右衛門は、その藩の政策には批判的で、村の諸経費のために肝煎給分として年貢から除かれている耕地を、弟、半左衛門に総持高一九石（地積にして約八反歩）を下人四人とともに分与しています。

それは、会津藩の近世初期において、土地条件や水利など、いくつかの条件を具備した地域の農村においては、すでに剰余が発生していて、それによって血縁による豪農的農家が形成される条件が整いつつあったのであります。それへの意欲が与次右衛門をして、藩の政策とは異なる血縁への農地の分与を行ったとみられます。しかし、それを藩が処罰をするということは行っていません。年貢という租税を完納すれば、当時、上農層は比較的自由に農業が行われていたのであります。会津の盆地においては、すでに収穫量の増加と安定によって、定免の年貢でも、上農層には剰余が発生し、経営的感覚が芽生えていたのであります。「農書」はそうした社会的条件の反映として生まれた増収の農業技術であり、換金作物の導入などとともに、農人《ものつくり》の倫理を説いた農業経営の指南書であると、大石慎三郎氏は「近世の社会と農業」のなかで延べています。

四、『会津農書』が今、現代の農業に新たな光を与えている

『会津農書』が書かれて、すでに三三〇年以上も過ぎていますが、今、その稲作栽培に、もっとも先進的な研究者たちが注目しています。それは『会津農書』の上巻三八項に、「田冬水」という、冬期間水田への水張りをもって、地力の肥沃を図ることを記しています。

「山里田共に掛る田へは冬水掛けて良し」、これは「田養」つまり、水田の肥沃化のために、冬期間、水を掛けて、春になったら湿田の状態で田植をする農法であります。その時代は手作業が中心で、代掻きだけを牛馬によって行う農法でありましたから、湿田でも支障がなかったということではありますが、近代以降、牛馬による耕起が中心になり、乾田化が進み「冬水田」はなくなりました。それが、今究極の稲作栽培法として研究されています。それは、冬期湛水と不耕起によって、水田にイトミミズを発生させ、それを肥料とする水稲栽培法であります。「耕さずに、化学肥料も農薬も一切使わない農業」として、またそうして栽培によって生産された米は、活性酸素量が少なく老化を抑える健康米ということであります。

東北大学の農学部の研究のテーマとしても取り上げられ、宮城県や千葉県でも、実行に移されています。数年前に、私もその実践者の一人である千葉県成田市の岩沢信夫氏の著書『究極の田んぼ』を

拝読し、その書評を、ある新聞に書いています。その時に、この究極のエコ農業は、戦後、日本農業が工業産業の廃棄物を肥料として大量に使わされてきて、土壌の有機物を減少させ、おしなべて痩地状態になり、加えて残留農薬や除草剤といった毒性無機物によって、安全性さえも脅かされる状態にあることへの警鐘であり、食の安全性よりも経済性に重きを置く現代農業に対する再考と農業の本質的な再興を意味するものでもあるといえます。

与次右衛門が、行った「冬期湛水」は、今改めて現代から未来に向かっての農法として見直されているのは、偶然とはいえ、不思議な因縁を覚えております。

さらに、今、この『会津農書』をもとにした農法を会津美里町において実践しています。農業法人自然農法無の会（代表児島徳夫）によって、会津の里を、その世界農業遺産（GIAHS）に認定しようという運動が起こっています。そこには次のように書かれています。

「会津は、四方を世界最大のブナの原生林に囲まれ、世界でも稀な地帯です。篤農家・佐瀬与治右衛門は、貞享元年（一六八四）会津の多雪環境に合致した日本最古の農業指導書『会津農書』を著しました。『会津農書』では、ブナ林と多雪から生みだされる微生物、山土（ミネラル）・有機物を活用し、土地を肥沃にすること、そして作物の緻密な観察、更に、自然への畏敬と信仰の重要性を説いています。現在でもこのシステムを発展させ、高品質、高収量、安全、安心な農産物を生産しています。私たちは、世界に類を見ないこの最古の農業を（『会津農書』に基づき脈々と営まれている多雪型循環型農業）と名付け世界農業遺産の認定を目指します」

今から三〇〇年も前に、まさに実学の科学的視点から実証的に研究し、しかも、さまざまな現象と技術を数値化して体系化し、そのうえ普及のために膨大な数の歌にした「歌農書」は、まさしく会津の農民の至宝であり、誇りであります。

中巻の畑作についての歌には、藍、大麻、からむし、牛蒡、胡瓜、瓜類など、七三品目の換金的な畑作物の栽培法が記されています。今ではなくなってしまった作物も多く、『会津農書』はまた、極めて貴重な民俗的資料でもあります。

第四章　会津の農民一揆の史的展開の概括

一、会津農民の一揆とその思想

近世会津の農民一揆についての史料は昭和五十三年に歴史春秋社から刊行された田代重雄氏の『会津農民一揆』上下があります。この記念碑的著作によって、天正十九年（一五九一）から、明治八年（一八七五）まで、二七四年間の愁訴、越訴、強訴など、およそ一四一件の会津の農民の闘争の全容が網羅されています。それを基本に、その他の関連する諸兄の著作を参考にして、その思想について考察したいと思います。

近世会津における百姓一揆は、全国七四藩を藩別に見た場合、その発生件数は全国一であります。二位は信濃であります。

それは昭和十三年（一九三八）に黒正巌氏が調査したもので、「黒正年表」と呼ばれる調査表ですが、戦後になって、昭和五十年（一九七五）に青木虹二氏が調査した『百姓一揆総合年表』によれば、その発生件数は「黒正年表」の約二倍の三二一二件にのぼっています。それによって見れば会津藩内においては、二四五件が挙げられていて、そこには一揆の形態には至らなかった不穏も含まれているので、一揆を結んで訴願及び強訴の形態を取ったものは九〇件とされています。

会津における農民騒動の特徴は、加藤嘉明の時代は、逃散が主でありましたが、保科正之の時代以降は、愁訴、越訴など合法的な訴願形式が大半であります。強訴については後述しますが、南山一揆、寛延一揆など、数件に過ぎません。それはすでに触れてきましたが、会津の農民（領民）の中世的伝統と知的水準の高さの反映でもあります。

わが国において、一揆は一四世紀から一六世紀、つまりは中世時代後期に始まりました。したがって、その時代を一揆の時代とも形容されます。

その発生は、荘園の農民が領主に対して、賦課の軽減を目的に結ばれた「荘家の一揆」でありますが、近世時代の農民一揆などとは、権力に抗するということでは共通しますが、多様なもので近世の一揆と同じ性質のものではありません。中世の一揆の特徴は、例えば、在地領主たちが相互の紛争を解決するために結ぶもの、武士たちが戦場において戦功を挙げる手段として「見継ぎ見継がれる」関係設定のために結ばれるもの、あるいは信仰によって共通する意識とそのことによって発生する目的のために結ぶもの、などでありました。

鎌倉幕府が成立し貞永元年（一二三二）に「御成敗式目」という法が制定され、諸問題を評議会の「理非決断」、つまりは、公正な判断によって解決するということから、私的なことからやがて公的なものへ、あるいはそれまでの武力によるものから合法性と倫理性によるものへと移り、そこに起請文が発生し、一味徒党として誓約する一揆の形態が確立されたとされます。起請文は「神慮」、神の意志として書かれ、それに賛同する者は「一味同心」として、神に誓って、したためた起請文を燃やし、その灰を水に溶いて一同で飲むことをもって、一揆をむすぶのであります。

こうした一味で神水を飲むという儀式的な方法だけではなく、土一揆と呼ばれるものは、鎮守や寺院にその一味同心が集まり、一同で「百姓申状」（起請文）を確認し、鐘や鈴、あるいは鰐口、太鼓など、音を鳴らして神に報告することをもって一揆成立を確認したのであります。

そもそも一揆という言葉は、孟子の「先聖後聖、その一揆なり」から採られているもので、揆《みち》を一つにするという意味であります。一致するという言葉と同義語なのであります。

近世においては、権力者の残虐な弾圧に対して、「一味同心」であるから「一揆に張本人なし」として、首謀者を隠匿するために、傘《からかさ》連判状が各地で行われました。が、会津では享保五年（一七二〇）の南山御蔵入騒動の時に一部行われたのみであります。

一揆の作法は、要求書を出先の下級役人に提出する愁訴に始まり、それが聞き入れられない場合に、郷頭や代官に、あるいは藩または江戸表の評定所に嘆願する越訴を行う。この場合は一揆を結んで行うが、それでも聞き入れない場合には強訴、いわゆる直接的な打ちこわしなどの実力行使に至るということであります。

中世の会津においては、領主と領民ということではなく、佐原一族の権力内部の抗争の性格を持つものが多かったので、それらは謀反ということで武力による戦闘が行われ、敗者は誅殺されました。

近世になって、その初頭に会津において起こったのは、一揆ではなく、農民と武士との壮絶な殺傷事件であありました。

天正十八年（一五九〇）八月に、覇者となった豊臣秀吉は白河から勢至堂峠を越えて会津に入って来ました。八月九日に黒川（若松）の興徳寺で「奥州仕置」を行い、会津を伊達政宗から奪い、蒲生氏郷に与えました。そして翌日、奥州各領国に検地令を出したのであります。いわゆる太閤検地です。秀吉は検地にあたって、奥州検地奉行浅野長政に手紙を出しています。その手紙の末尾（意訳）は次のように結ばれています。

「この赴きを、国人並びに百姓共に納得させよ、これに従わない者については、城持ち国人ならその城内で相談のうえ一人も残さずなで斬りにするように申しつける。百姓共の不届きについては、一郷、あるいは二郷でもことごとくなで斬りにせよ。日本の国のすべてをそうするのだから、出羽、奥州もそうするのは当然である。その結果、たとえそこが荒廃してしまっても苦しくはない。山の奥、海は櫓櫂の続くまで、それに専念せよ。そしてすべてを服従させせよ」

天正十九年（一五九一）七月、豊臣秀次の家臣、細野主馬（光房）ら一六人の検地役人が、会津下郷松川の赤岡村（芦の原集落周辺）に入りました。赤岡村は、山間地で水田からの収穫は年貢として納め、焼畑に蕎麦や雑穀を作って暮らしをたてていました。その焼畑を検地の対象にして、その地積の三分の二に年貢を課すという役人に、村長の雅楽《がらく》らは、焼畑は、収穫量も少ないので、従前通り免税地として欲しいと嘆願しました。

役人は、秀吉の手紙の通りに、素手で嘆願する村長を一刀両断のもとに斬り捨てました。それを見た村人は、百人余が集まり役人と戦い、村人三〇人が斬殺されましたが、役人一六人をことごとく撲殺したのであります。

そして焼畑の検地を阻止しました。その後、村人六三人が補縛され、杉原村（田島）で全員が切り殺されましたが、焼畑は検地から除外されたのであります。しかし、そのことの公式の記述はありません。山内吉右衛門の「無枕雑補家宝記」という私文書にありますが、そのことを庄司吉之助氏著『史料東北諸藩百姓一揆の研究』や『田島町史』が記載しています。

また、その異説として、村人同士が境界争いをし、その仲裁に入った役人が一方に加担したとして、農民間の争いに巻き込まれた一件で、検地には関係ないとされ、その真相は闇に葬られています。青史と呼ばれるものの大方は、支配者の都合で書かれますので、異説は後世の付会に過ぎません。会津の山間地においては、類似の太閤検地に対する農民の抵抗は、各所であったといわれますが、まさに中世的な領地に対する一所懸命の思想であります。もちろん、これは、突発的に起きたもので一揆の作法に則って結ばれた一揆ではありません。しかし、不服従の思想による農民の抵抗であることには相異ありません。

天正十九年（一五九一）六月に出された秀吉の「刀狩り令」は、出されたばかりで、まだ末端までは浸透していなかったから、農民もそれなりに武器を持って、武士と互角に戦えたのであります。会津においてはことのほか中世戦乱のなかで、農民は刀や槍を保持していました。秀吉は農民の抵抗を抑えるのには、武器を持たせないことだとして、「刀狩り」を先行させ、武力を背景にして「検地」を徹底したのであります。

この太閤検地によって会津藩の石高は四二万石と定められます。そして会津を秀吉は蒲生氏郷に与えるのであります。当時の年貢の賦課率は、作物の基準収穫量とされたものの五割が、定免で、六割六分（三分二）を上限としました。会津に来た氏郷は、天正二十年（一五九二）に年貢を、半石半永（半分を現物、半分を永禄銭）にしました。そして年貢の半分は、城建設などの労役によるものとしたのであります。

そして文禄三年（一五九四）に、氏郷は、築城と城下町づくりの財源確保のために、領内の再検地を実施します。そして一八万五〇〇〇石の藩内石高の増加を確保します。これによって会津藩は六〇万五〇〇〇石の大藩となり、年貢は実質四五パーセントの増となったのであります。

さらに寛永四年（一六二七）に加藤嘉明が四国松山から会津に入って来て、また独自に検地を行い、従前の検地よりも、逃散や死亡などによって減少している地積を「迷い高」として、年貢の対象として郷村に賦課したのであります。

会津における百姓一揆の時系列の経緯に入る前に、思想史という観点から、一揆の形態による分類の定義について触れておきます。（保坂智氏著『百姓一揆とその作法』青木虹二氏著『百姓一揆の年

次的研究』などから）

逃散、農民が耕作地を捨てて逃亡することで、御法度をやぶる命がけの抵抗である。会津においては近世初期、加藤時代にあった。他の藩に移るということではなく、行方をくらますことである。

愁訴、文書による役人への嘆願で、手続きを踏んでの合法的な闘争である。

越訴、訴訟の手続きのさいの順序に従わずに、本来、代官に行うべきものを直接領主に、あるいは藩を超えて、幕府の役人に訴えるもの、これは御法度破りなので、処罰を覚悟のうえで行う。村役人が村人を代表して行う場合には代表越訴と呼ぶ。

強訴、打ちこわしなどの実力行使のともなうもの、一藩、あるいは全領規模での闘争を強訴、蜂起としている。

このほかに門訴があります。これは示威的行為のともなった集団的訴願であります。幕府は明和八年（一七七一）に、この門訴の禁止令を出しています。会津においては、そのほかに、役人による「存寄」（意見書）あるいは建議書があります。内部告発的な役人による制度改革への訴願であります。

二、近世初期、加藤時代の会津藩の農民の逃散

田代重雄氏が『会津農民一揆』に入れなかった農民一揆に、逃散があります。寛永四年（一六二七）に加藤嘉明が会津に移封されて、逃散が続発しました。それには二つの理由があります。

一つは重税です。二つは過酷を極めたキリシタン弾圧です。

加藤嘉明、成明の時代の逃散の記録が残されていますが。猪苗代、岩瀬、安積地方から、三一〇人、喜多方方部三郷から四〇〇人が米沢へ、河沼郡金山谷から四百余人が越後へ、南郷、下郷、上郷から三百余人が白河、宇都宮へ、伊南、伊北から三百余人が越後へと、僅か数年のうちに、総勢二〇〇〇人（『会津歴史年表』）の百姓が走ったのであります。

すでに述べたように、必ずしもこの逃亡は、脱藩をしてほかの藩にということではありません。会津の地理的条件である広大な山間地に身を隠した者が大半であったといわれます。いわゆる「神隠し」による耕作放棄であります。伊南の農民は翌年、越後から戻っていますし、その多くは正之の時代には戻って来ているのであります。

近世の初期においては、これは全国的な傾向といわれますが、会津の山間地には隠れキリシタンがその後も、弾圧を逃れて転々として生きましたが、逃散した農民はもとの地に戻っています。

加藤成明の時代の寛永十六年（一六三九）に、成明が改易される堀主水事件が起きます。

前述していますので、そのことについては繰り返しませんが、この加藤時代の逃散が、近世における会津の農民一揆の端緒なのかというと、かならずしもそうとは言い切れないものがあります。たしかに逃散も農民の抵抗であることには相違ないのですが、消極的な方法で状況の打開という展望のない逃亡であります。近世における会津の農民一揆は、初期においても、そこに不服従という農民の意志が明確に存在する抵抗の事蹟があるからであります。

慶長年代（一五九六〜一六一五）と元和年代（一六一五〜一六二四）までの記録されている五件の愁訴は、上荒井村の給人（役人）の苛政に対する藩への訴えのほかは、検地にともなう境界確定など、農民間の権利調整の問題であります。が、慶長年代は上杉景勝から蒲生秀行の時代で、豊臣政権から徳川政権に移る動乱の時代でありました。とくに慶長四、五年は石田三成と上杉景勝、直江兼継らが徳川家康と対抗して、家康に会津征伐を決意させるという情勢にありました。慶長五年の関ヶ原の戦いのあと、家康は勝利し、徳川政権が樹立され、景勝は米沢に移され、蒲生秀行が会津に入りますが、慶長十六年（一六一一）会津は大地震に襲われ、民家二万戸が倒壊し、死者三七〇〇人という甚大な被害が発生します。同時に阿賀川下流の山崎地区の山崩れによって、川がせきとめられ、山崎湖が出現します。そのさなかの慶長十七年（一六一二）に秀行は死去し、藩主はその子息忠郷に引き継がれます。

元和三年（一六一七）に再び、会津は大地震に襲われます。さらに元和六年には、大雨のために河川の氾濫や沼の決壊が起き、田畑が流失します。天災に翻弄されたこの期間は農民の抵抗があっても、記録として残されなかったものと思われます。

近世初期の農民一揆として、記録されるのは、幕府領（南山御蔵入地）の越訴で、寛文三年（一六六三）に、古町組山口村（現、南会津町山口）の百姓甚右衛門、孫兵衛と盲目の休意の三人の名義で行った公儀勘定所への訴願であります。御蔵入奉行、関藤右衛門、郷頭外記の悪事を甚右衛門が三十八条、孫兵衛が八ヶ条、休意が六ヶ条にわたって暴露し、それによって村内農民が蒙っている飢餓の惨状を、克明に記して訴えているものであります。これは会津藩の領内での一揆ではありませんが、正之の会津への移封の時に、もともとの藩領を幕府直轄地として分離し、南山五万五〇〇〇石として、会津藩との半ば共同管理とした、会津山間地域での越訴であります。この地域は中世の時代の河原田氏の領地でありました。五七年後の享保五年（一七二〇）の南山御蔵入全領一揆のこれは発端となるものであります。

その訴願文（『家世実紀』巻二四所載）の要旨は、おおよそ次のようなものであります。

一条及び二条は、これまでにもお願いをしていたことであります。

三条から奉行藤右衛門と郷頭の悪事の具体的な内容になります。三条で、これまでは普通作柄のところは、五つ（五割）の年貢ですが、不作のところは、勘案して四割五分八厘八毛に引き下げていました。それが何年も不作が続いても、そうした配慮はなくなり、加えて、さまざまな負担金を上乗せして賦課しています。それを滞納すると、その滞納金に利息をつけるということを行っています。また、年貢の量目を、目減りを理由に増やして、それで私腹を肥やしています。その結果、村内はどのような惨状にあるのかを、村名とそれぞれの名前も明記し、五条から具体的に述べています。

例えば、ある村（村名は明記されている）からは、一〇〇〇人の百姓が年貢が払えなくて、野州の足尾銅山に出稼ぎに行っているが、そこで病人（名前が明記されている）になる者もいて、その地が売られ、妻子や下人は村内に奉公に出されている。そこにも容赦なく年貢が課されている。六条では、そのために幼い子を川に捨てる者、年寄りを山に捨てる者があちこちの村で起こっている。十条から十五条までは、村々のことが書かれているが、ある村では身売り六〇人、餓死一五人、乞食二一人、またある村では、男女二九二人、馬三九八疋餓死、またある村では乱心して人を殺して首をくくり、などと、三十八条にわたって記した後に、奉行藤右衛門及び郷頭の吟味を幕府評定所に願い出ています。

幕府は、それを「預かり地」として共同管理をしている会津藩にゆだねます。『家世実紀』にはその逐条ごとの吟味の結果についても記しています。吉田勇氏の『ふくしまの農民一揆』にも、逐条ごとの吟味の詳細が記載されています。会津藩の吟味では、三人の訴えを藤右衛門本人にその真偽について ただしています。そして次のような決定をしています。

「甚右衛門、孫兵衛、休意と証拠人どもは、藤右衛門の噂を種々申し立てたが、藤右衛門は私欲のためにやるようなことは少しもなく、自己の借方、好色、遊興などの過失も一つもない。常に百姓のことを考え、末々までもよくなるように取り計らい、依怙はしていない。もっとも三人の申し立ても、証人の申し口も一致はしているが、そのような事実はなく、前もって三人は談合しているようである。これに対して藤右衛門の申し開きは、一々相立ち、三人の陳述は偽である。その上、万治三年、寛文元年伊南、伊北の飢饉で、藤右衛門が百姓どもを救済したやり方は、米金を貸し付け、それによって餓死者もなく、貸付者もはっきりしている。三人は百姓が困窮していると申し立てたが、それは虚偽である。御蔵入のうち、伊南、伊北は特別に百姓の風俗が悪く、不道で生得強気で、自己の過失をも顧みないで、将来のことも考えないで申し立てている。このような者たちは、教え諭すよりは、厳しく申しつけた方がよい。藤右衛門にはこれまで通りに御蔵入の支配を命ずる」というものであったのであります。

その結論は先述したように、奉行藤右衛門のことは根拠のない噂であり、三人の申し立ては、「事実に是無し」と、されたのであります。百姓どもの越訴は、ご法度であり、しかも虚偽を謀議したものであるから、三人は磔、梟首（獄門）、孫兵衛の子、次郎と弥太郎は親の罪をもって、在所で打ち首、梟首（獄門）、甚右衛門の子彦太郎は大納戸大村清右衛門のところに奉公しているので江戸で誅伐、という、裁きがなされたのであります。

吉田氏はその裁定がいかに不合理であったかを、次のように指摘しています。

「三人と証人の陳述が一致した場合には、制度上の問題は触れられないと審議されず、その他の場合についての是非は判定を下さない。しかも審理を通した最終決定は、陳述が一致した場合は、事実ではなく三人が前もって談合をしたと断定する。子を捨てて殺したり、妻を他人にとり持って祝い金を取り、年貢に当てたり、年貢納入のために身売りし、仕事にありつけない者は自殺をする(三人の申し立て書)、こうした場合は、数の不一致で事実さえなかったことにしようとする。しかも訴えの事実があっても、そんなに多くはないとして、多いという主張を虚偽として取り上げないことで事実を覆い隠そうとするのである。－中略－こうした審理は、ひとり当地方の判定のみでなく、権力がどち側にあるかを考えれば、封建権力の貫徹した揺るがぬ寛文期では、このような処刑がなされたのである」

これが歴史に残る幕府直轄地、「会津南山御蔵入騒動」の発端であります。それから五七年後に、三年にわたって会津の農民が幕府を相手に代表越訴という合法的な方法で戦います、それが南山御蔵入全領一揆なのであります。

三、南山御蔵入領騒動

会津における三大一揆の一つである享保五年（一七二〇）の南山御蔵入領騒動は、何故一揆なのに公記には騒動と書かれるのか、騒動とは農民間の争いということですが、それは幕府の故意であります。この農民の合法的な愁訴から代表越訴へと展開した全領一揆を、幕府評定所は領内農民の郷頭と名主肝煎との内紛として処理し、その首謀者として六人の農民を打ち首獄門にし、越訴のために江戸に向かった代表九名全員を牢死とし、村に残って一揆に関わったとされる総勢三七五名の村役一人ひとりに、首謀者に騙されたというわび状を書かせて、その役儀と財産を召し上げて一件落着とさせたからであります。

その詳細は、関係文書とともにさまざまな書に書かれていて、それだけでも膨大なものになりますので、その大要を要約して記載します。

寛永二十年（一六四三）に保科正之の会津移封に際して、幕府はほかの譜代大名との均衡から、明成の四〇万石から一七万石を削除し、会津藩二三万石として正之を移封しました。そして南山五万五〇〇〇石を幕府直轄地、御蔵入領として、その管理を幕府の役人と会津藩との協力関係において行うことを命じたのであります。

そのために郷頭の上に、改め方役人を置き、杉原村（田島）の代官所に代官を置いて仕切りました。直支配としましたが、境界など藩領との関係で起きる問題解決のために、実質的には藩預かりとなり、問題が解決すればまた直支配するということでありました。

会津西南部の広大な山岳地帯で、その地一帯は中世の時代に、山ノ内、河原田、長沼の各氏が鎌倉幕府からもらった配領地で、その後、北条得宗に安堵された土地でもあります。もともとこの地は豪雪地帯で約五ヶ月は雪に閉ざされています。水田が少なく飯米にこと欠くことも多く、藩領の時代から平場からの貸し米を受けていました。

直轄地になって約一千石が江戸への廻米となり、それが最大の負担となったのであります。廻米とは関東、奥州の直轄地の年貢米約一万俵から一万五〇〇〇俵の米を浅草に運び、そこから幕府の蔵に収蔵されるのですが、最初の直支配（依田五兵衛代官）の宝永元年（一七〇四）には、会津南山御蔵入からは一〇〇〇石が五里づけ（南山御蔵入の蔵から五里までは、領民の負担で運ぶ）で、行われました。しかし、会津の山岳地帯からの搬送は容易でないということから、翌年は六〇〇俵にし、残りは金納にしたのであります。

そしてこの二回で廻米は中止されていました。しかし、その後も、廻米は対象地域を特定しながら続けられ、それに対して元禄十七年（一七〇四）にも、滝谷組郷頭山ノ内吉衛門、冑組郷頭金田権七が廻米廃止の嘆願書を提出しています。宝永二年（一七〇五）に、御蔵入が会津藩預かりとなり、その時もまた、永井野組郷頭白井作十郎、古町郷頭佐野半左衛門が廻米廃止を嘆願しています。それから七年が経過した正徳二年（一七一二）に、御蔵入は、直支配（中川吉佐衛門代官）になり、また江戸廻米が行われることになったのであります。

それに対して正徳三年には、御蔵入の郷頭五人が幕府に、廻米廃止と御蔵入の会津藩預かりを嘆願していています。しかし、聞き入れられることはありませんでした。

正徳四年（一七一四）南山御蔵入領二七〇ヶ村の村民が、廻米の廃止と食米（夫食米）の拝借、租税の引き下げを訴願します。正徳五年（一七一三）に滝谷大谷組が郷頭の勤務に就いて愁訴をしています。

次いで正徳六年（一七一六）には南山御蔵入地に幕府の巡見使が来まして、そこに廻米廃止と食米拝借を野尻組八ヶ村、和泉田組十四ヶ村が直訴をしています。

その後、代官として赴任した山田八郎兵衛は、その惨状を見て、享保四年（一七一九）に江戸廻米の過酷な実態と飯米もこと欠く窮状を、「江戸廻米の廃止」の建議書として、幕府勘定所に「如何に仰せ付けられ候や伺い奉り候」として提出しています。その要旨は、次のようなものであります。（元文は漢文なので現代文にして記載します）

「会津領村々のこと、山中難所多く、その上、野州（栃木県）悪久津までの運搬の道のりの平均は三十五乃至六里ほどあり、厳しい登り坂であります。年々九月、十月より大雪が降り、翌年三月ころにようやく平地の雪は消えます。そのころより運搬をすれば高い山の峠は五月ころまでも堅い雪は残り、そのようなところは多くの人を動員して雪を掘り、一俵づつ背負い、難所をいくつも越えなければなりません。一日に二～三里しか進めず、近郷の馬も在り次第集め、商人の荷も一切とめて、廻米だけを運ばせても、天気が悪ければはかどりません。阿久津川岸まで一駄（二俵）十四、五日から二十日ほどかかります。千石を運ぶのには四十日ほどかかりますので途中の欠米も多いです。その分百俵程余計に運んでいますが、米の品質もよくなく夏場にかかればことのほかふけ米も多くなり、なおもって欠米が増えます。俵も損傷が多く阿久津でその入れ替えも百姓はしなければなりません。もちろん五里づけのほかに駄賃もいただいてはおりますが、百姓の負担は多くことのほか困っております。百姓がお願いするのは、その廻米の分千石とそのほか延べ売りのうちの千石、あわせて二千石を、古米の値段と勘案して金一両に米八斗の相場をもって、すぐにも代金を納めますので、年々千石の廻米を御免くださりたくお願いいたします。はじめのころよりは費用もかからなくはなっておりますが、それでもよんどころのない経費がかかっています。そのために百姓は大変な苦労をしております。この願いを聞き届け願いますならば、米二千石分の代金もすぐにもお支払いができます。運搬の経費も必要でなくなり、お上にとっても為になります。大小の百姓の大方を救うことにもなります。何分にも百姓の願いである江戸廻米千石を御免くださいますことをお願いいたします。

そのことにつき、如何が仰せ付け下さいますか、お伺い奉ります

享保四年亥正月

山田八郎兵衛

幕府、御勘定所」

現地に派遣された役人も、その惨状に驚き、農民の要求を幕府の勘定所に、建議書として提出したのであります。

しかし、幕府はそれを黙殺しました。黙殺したうえで、幕府は直轄支配地代官としての職務に専念することを、山田八郎兵衛に命じたのであります。

享保五年（一七二〇）に入って、叶津村、黒谷組九村の愁訴が続き、同年の十月二十五日に下郷の百姓が田島の田部の原に集まり、不穏な動きをし、それを取り締まっています。そして、十一月二十四日には、五〇〇人もの百姓が再び、代官所に対して門訴を行い、その際に火を焚き、気勢を上げて示威行動をしているので取り締まったところ、二十六日には近郷の百姓七〇〇〇人が押し掛け、強訴になった。代官所役人と百姓が一発触発の状態で対峙した時に、百姓から六、七人の者が代表として、役人との交渉となり、御蔵入領、二三六人の名主と一八組の郷頭を通したうえで、翌二十七日に代官所に願書を提出することで合意し、その日は終わりました。

その夜、領内にその旨の廻状が回り、翌二十七日に願書を取りまとめて代官所に提出したが、役人

はそれを持参した代表四人を補縛して投獄しました。

そして翌日から、四人に対して強訴、暴動の詮議を会津藩の支援を得て始めました。それを桧原村の百姓片山長吉は、「会津藩の一ノ瀬伝兵衛という騎馬大将に、お目付け二人がついて、二〇〇人の侍が警護と称して百姓を取り囲んでいた」と書き記しています。

これに対して、百姓側は、代官所では埒が明かないので、直接、幕府に訴状を提出することにし、伊那組は宮床村の安照寺に、大谷組は下の湯（五畳敷）に集まり、誓紙を交わして一揆を結び、総代三五人を選び十二月五日に、先上り一五名が十三ヶ条の訴状を携えて江戸へ向かったのであります。

享保六年（一七二一）の一月二十四日に、一行は江戸に到着していますが、当時は旧暦ですから、丈余の豪雪と酷寒のなかのいのち懸けの峠越えであったのであります。江戸に着いてからの行動は不明ですが、二月十三日に幕府地方奉行水野伯耆守宅に至り、用人伊藤仙右エ門に会い訴状を差し出しますが、越訴はご法度だと断られます。いのちを懸けて来たのを、封印は忍びないので預かっておくといわれます。そして二月十六日に仙右衛門の計らいで、訴状は受理され、二十一日に勘定組頭坂本新左衛門によって審理されるのであります。

坂本はその審理にあたって、十三ヶ条のうち六ヶ条は幕府の制度に対する批判であるから、取り下げを命じ、残りの七ヶ条は百姓と郷頭の問題なので、それについては幕府が仲裁として関わると、訴願の趣旨をすり替えて取り調べることを決めて、勘定奉行大久保下野守忠位に移しました。

しかし、百姓は六ヶ条こそ訴願の主題であると、取り下げには応ぜず、三月には、さらに五十三ヶ条を追加訴条として提出したのであります。

この追加訴状の目的は、幕府が訴願を分割して、問題を農民内部の対立にすり替え、評定をわざと長期化させ、代表者の江戸滞在の費用を絶って、兵糧攻めと費用の追加負担で組織を分断し、弱体化を図ろうとしていることが明らかになったので、それに対して年貢の納入高、廻米の貸付金、雑税の納入額、借金の年次的な累積額、郷頭の給米の累積数量、郷頭の公用費用の金額、廻米代金の農民搬送分の額と支払の額など、具体的な金額を明示し、制度の運用が適切に行われているかを尋ね、そこから郷頭らの不正の実態に、迫るという戦術転換にあったのであります。

四月になって幕府は、審理の担当を勘定奉行駒木根肥後守政方に移して幕府の制度に関わることに対する批判要望は、ご法度である。地下（百姓）の要望は、郷頭において、その回答と対策を検討すべきだと、十三ヶ条の訴状に対する返答書を郷頭に書かせ「五万五千石願書」として勘定所に提出させたのであります。（十三ヶ条の訴状とその返答書として書かれた「五万五千石願書」の双方の要旨の意訳を載せる）

「恐れながら書き付けを以って願い上げ奉る御訴訟」

山田八郎兵衛様御代官所

会津奥州郡御料所惣百姓

第一条
会津御領は山郷の狭い地方で、石高よりも人数多く、そのうえ、明きは九月（旧暦）より雪降り、春は四月まで雪消えず、田畑の稼ぎは半年で、あとの半年は薪取りで金にはなりません。田畑の作は一毛作で年によっては雪や霜にあい、作物の実が入りません。このお願いは、百姓どもが生活が続けられたためのお願いであります。

郷頭の返答
会津御領の総代といって、江戸に上って御訴訟申し上げた十三ヶ条の件をわれわれ郷頭が吟味するようにいわれましたので条ごとに返答申し上げます。この段はその通りであります。一毛作ですが、この一〇年は特に毛違い（不作）もなくやっておりますが以前の不作の時の年貢の残債があります。

第二条
当年の年貢を滞納していますが、夫食米（食い米）の値段で五年払いの金納にしてください。滞納の月述べ（延期）をお願いしましたが断られましたので、百姓の身代（財産）を整理して支払っています。

郷頭の返答
この条のようなことはありません。滞納している百姓は、われわれがその実状をよく調べて督促をしています。なかには徒党を組んで滞納を進めている者もありますので、それについてはよく調べて下さい。

第三条
代官が変わって免相（税率）が年々上がり、生活が成り立たなくなっております。御滋悲をもって慶長年間の免相に引き下げ、それを定目にしてそれ以外の割高を減じていただきたい。御物成（本税）だけならなんとかやっていけますがそれに郷頭からの上乗せがあります。調査をして下さい。

郷頭の返答
免相についてはわれわれ郷頭のおよぶところではない。すべては毎年の御決済五勘帳面の通りでありますので照合して下さい。

第四条
小穀割（大豆、小豆などへの課税）は、新しい負担のうえ、不時取り立てられ、御囲籾（備蓄米）も半分にさせられ、そのうえ夫食米（飯米）の貸付も減らされ、しかも三分の一は郷頭の望みのところに持っていっています。さらに高値米といって平年よりも二斗八升も高値に売り渡してその代金を厳しく取り立てています。この米を百姓どもの飯米にするようにお願いします。蓄えている粟や稗にも二割の利息をかけていますが無利子にお願いします。また飯米は下値で直接百姓に御目録（貸付帳簿）とともにお渡しいただき、安身をさせて下さい。

郷頭の返答
小穀割は百姓のいう通り午年（正徳四年）から始まり、小豆や荏胡麻は申年（享保元年）から課税しています。飯米は前年よりも貸し高を増やしています。三分の一をわれわれ郷頭が自由にしているということはありません。高値米などということは覚えもありません。

第五条
当御領は遠いところなので、郷頭どもが支配する百姓を押掠し、上納日限九月上旬より取り立て、そのほか不埒の割り方（不当な賦課）が多くありますので調査して下さい。これはお上のためにもなりませんのでお願いします。

郷頭の返答

われわれ郷頭は御上様のお触れによってやっています。秋成金は八月に賦課し、九月中より取り立てをしていますがそれでも滞納が起きます。そうなれば郷頭が不働きといわれます。百姓を押掠しているなどとんでもありません。竹村代官の時に郷頭の給分が百姓の負担になったのでそういっているのだと思いますがそんなことはありません。

第六条

拝借物（享保二年に幕府は金量の少ない金貨を鋳造したために物価が高騰したので、その後、幕府は金量の多い金貨を鋳造した。そのために新しい金貨と古い金貨に格差が生じ、古い金貨で借りている百姓の借り金を新しい金貨で支払う場合、支払い額を古い金貨の額で郷頭は請求している）については、郷頭の介入の必要はない。

郷頭の返答

古来から幕府からの諸拝借物は郷頭によって百姓に貸し渡している。新金貨と旧金貨との関係で支払いが倍になったが、それは次の年からは是正される。郷頭に不正などはない。調査をして下さい。

第七条

御年貢の上納を九月五日から支払わせられたので、青刈りをして売り、それで米が不足しています。やむなく麻や雑穀も下値で売り払い、それでも不足する分は家財やわが身を質権（金を借りて奉公する）にして完済しています。しかし、昨年はそれもゆき詰まりました。上納期を以前のように十一月にしてもらえればたすかります。早く集めた金は郷頭が勝手に使っています。直接支払いをお願いします。

郷頭の返答

もってのほかであります。郷頭は年貢を納期までに完納するために大変な努力をしています。集めた金を七日か十日押さえ置くことはありますが、手回し（勝手に使う）などはありません。われわれの給金は一人につき五斗五升より七石までで、内半分は米、半分は金子一両に三石二斗替えであります。

第八条

郷頭の役は有り難いことですが、事ある毎に出し代官所に詰め、その負担も大変であります。地下（百姓）どもの為に働いているのに無益などとは不届きであります。御領地は雪国で、田島代官所までは七、八里もあり、遠いところは一四里もあり、高い山を越えなければなりません。わけても十月からは雪が降り、雪踏み人夫も必要であります。また、その旅籠代もかかります。仔細は組の帳簿を見て御調べ下さい。

郷頭の返答

当御領地には郷頭が一八人いますが、このために百姓の負担は二千五百石余になります。そのうえこの二、三年は他島に長詰して経費がかさみ、負担も増えています。恐れながらそのことを御公儀においても御検討を願います。

異議あります。われわれ郷頭の作り高（給金）は六四四石一斗五升四勺のうち七九石三斗一升二合を人足役として組下の村々に負担してもらっています。また三一石四升八合二勺は以前から諸役分として負担してもらっているものです。余荷《よない》（その他の負担）としては、五三三石八斗九升三勺であります。二五〇〇石になどはなりません。田島詰めが多いのは、地下（百姓）どもの公事出入り（訴願など）が多いためであります。

第九条

五万石総割（領全体の賦課）について、昨年はそのうえに唐人（朝鮮使節）の賄い御用として、あとから御公儀から出るからと、郷頭一人につき四〇両、名主一人につき二〇両を村々から取り立てられました。それは本当でしょうか。

郷頭の返答

そのことについては、郷頭、名主が寄りあいの上、郷頭一五両、名主一〇両、百姓八両を取り立てました。この件の勘定が終了次第、御公儀からいただいた下給金は、百姓に渡すことを約束しています。

第十条

御廻米一〇〇〇石を御領地から江戸浅草の御蔵に納めていますが、当地は山郷ゆえに青米が多く、指し米（搬送の途中で減少した量目を補填する米）が多く入ります。とくに山王峠、高原山は高く険しい峯で道のり遠いものがあります。

農作業の時節は、農作業に支障が出て本当に困っています。恐れながらお願いいたしますが、廻米を御赦免いただきたくなにとぞお願いいいたします。

郷頭の返答　御廻米の件はわれわれ郷頭からもお願いいたします。これまでもお願いをしてきましたが、以前には一〇〇〇石のうち四〇〇石を金納にしていただいたこともあります。金納になれば飯米よりも高くなりますが、その代り御廻米の費用がかかりませんので、地下（百姓）もわれわれも大変に助かります。

第十一条　見取り新田（新しく開田してまだ収穫が安定しない水田）が、子の年より本田と同じ御物成（収量）とされましたが、当御領地の新田は深い山の奥、旱損地、水損地、あるいは山沢、溝、掘、河、沼などを埋めた、一、二歩より、一畝までの田は霜にやられて収穫皆無の年が多いので、それに年貢をかけられては、荒らすほかはありません。田を荒らさないためにも、見取り新田の年貢を軽減して下さるようにお願いします。

郷頭の返答　このことは亥の年に郷頭全員が代官所に呼び出されて、神文（誓文）いたしましたように、依怙贔屓のないように、その実態を報告するようにいわれましたので、その通りに行っています。ご案内をいたしますので御検分下さい。

第十二条　去る子の年に年貢が金納から米納になりました。米がなくて、金納と半々に納めていたところには、反割米（余升米）を納めろという御触れがきました。代官所に伺いましたところ、そのことについては、郷頭の承諾書が出されていました。このような大事なことをわれわれ百姓に知らせずに、郷頭の一存でやるようでは、御領地内の田畑は一畝一歩たりとも耕作する百姓はいなくなりましょうぞ。

郷頭の返答

米納が大変なことは、われわれも承知している。これまでもそれを数回にわたってお願いしてきた。とくに今年は困っているので米ではなく、今までのように半分は金納にしてもらいたいとお願いしようと、名主たちと相談していたところである。相談がまとまったら地下に知らせる考えであった。

第十三条

郷頭のことですが、この役人は百姓のためには必要ありません。とくに近年は御上納のための御金米を勝手にし、御貸し物なども我儘にして、百姓どもを押掠しています。そのためにお上様の御滋悲も下に通じず、下の嘆きも上に達しません。御滋悲をもって他の御領地と同じように直接名主に仰せ付けいただきたくお願いいたします。

（結びのところは原文を掲載する）

結

右之通以、御滋悲被為仰付被下置候ハバ永々御百姓相勤地下之者共相助難有可奉存候

以上

享保六年丑二月十二日

奥州南山惣百姓代

古町村伊佐衛門ほか三四名連書、連判

郷頭の返答　郷頭の役については、何度も御免の願いをいたしておりますが、村々の数も多く山谷もあり、辞めさせていただけずにおります。それでやむなくお役に就き、その職務に精勤して、村々の地下の暮らしの立ちゆくように図っています。

年貢の滞納のないように、あるいは忠孝善行の者、また村むつまじく実直のところはお上に申し上げ、御褒美をいただいております。ところが近年になって、われわれ郷頭を心よく思わぬ者がおりまして、われわれは心を痛めながら凶事のないように、裁判での問題解決をはかってきております。九年前にも同じことを御巡見様に書きつけをもって申し上げています。当時の御代官中川吉左右衛門様は八ヶ組の名主百姓を調べましたが、そのようなことはありませんでした。この度もわれわれに不届きがあるかどうかを御調べください。また、これがすべての百姓の総意なのか、一部の者の申し立てなのかについても調べていただければわかると思います。右、十三ヶ条について、各条について仰せの通り御返答をいたします。

（郷頭の返答の結びは長文なので、最後のところだけ掲載する）

徒者共之噂悪敷様御訴申上候、此段乍恐御詮議被為遊被下置度奉願候以上、

享保六年　丑　五月十五日

一八組郷頭

滝谷組郷頭

山ノ内吉右衛門

他一七名署名連判

山田八郎兵衛様

御吟味役　御立合

松平九郎左右衛門様

この詮議は六月から、幕府の勘定所で始まり、各村の名主の代表八人、組頭六人、郷頭全員が江戸に呼び出されました。そして正徳六年（一七一六）からの諸帳簿とその実態についての点検調査が行われたのであります。その結果、一五〇〇石の米の流用が明らかになったのであります。そのことは、ただちに村々に連絡され、それまで越訴に消極的であった村も一揆に加わり、南山御蔵入五万五〇〇〇石の全領民が参加する越訴一揆となり、幕府に対して、一歩も引かぬ武力によらぬ対決となるのであります。

幕府は幕政に対する申し立ては御法度だから棄却だが、郷頭の問題は、不正は許さない。願書にはその件では、改善の余地があるものもあるので、双方の申し立てを吟味して仲裁をする。と、審理を七月まで引きのばし、その間に、ひそかに郷頭に、配下の名主たちを分断させ、あの訴状は百姓の総意ではなく、一部の者が扇動して行っているもので、われわれ郷頭はそれに加担することは出来ない。という趣旨の願書を出させ、やがてそれが郷頭全員の署名連判で幕府の評定所に提出されるのであります。

（郷頭の願書、この願書によって、幕府は一揆の頭取（首謀者）を決定しますが、その根拠は示されていません。界村は寛文三年に磔になった山口村の隣村であります）

郷頭の願書は次の通りです。

「恐れながら書き付けをもって願い奉り候御事」

「この度、訴願の頭取（首謀者）を探索されていることは承知いたしておりますが、頭取の者は界村兵左右衛門、布沢村孫右衛門、黒谷村喜兵衛、只見村儀右衛門、新遠路村久治右衛門、滝沢村喜左衛門の六人の名主に相異ありません。あとの一五人、さらに追訴に加わった一八人は、その罪の軽重によって処罰してください。

さらに、大石組川口村新左衛門、水沼村忠兵衛、小栗山村喜四郎の三名は、組中百姓の代表といって江戸に登って、五万石（領地）の百姓一同の願いなどという書き付けを御公儀に差出し、これによって郷頭や名主が江戸に呼び出され、数日にわたって詮議をうけております。三人どもは村々に廻状を廻して、さまざま偽りのことをいい、役人の行動を妨害しております。そのために御用に支障が出ております。例えば御納金も九月の二十日までに納めるように指示しましたが、いまだ納めないものが多数出ております。また、御用につき百姓判形（了承の同意）を申し付けましたが、喜四郎が江戸から帰って来て、幕府勘定所の水野伯耆守様が代官所や郷頭の費用については、判形を押さなくてもいいといった。などといい、それで判形を押さない村が多数出ております。

この公事（訴訟）のために、われわれ名主の出費が増えて困っています。これを百姓どもに負担させて下さい。大変に迷惑をしておりますので三人の所業を御吟味下さい」

また、江戸に上った大石組小栗山村の栗田喜四郎が名主でなかったために、幕府は大石組に焦点を合わせて、一四人の名主全員の連判をもって、「小栗山喜四郎断罪お願い」を幕府に提出させています。その願書でありますが、それを証拠として残さぬために、幕府が取り調べのなかで、口頭陳述をさせたものが残っています。

「頭取（首謀者）喜四郎は廻状をもって江戸表のことをいろいろと偽りをもって愚かな百姓どもを騙している。その張本人をそのままにしておいては、われわれは御役目を勤めることはできません。なにとぞ御詮議のうえ、御命令下さるよう御願致します」と、訴願が頭取に百姓が騙されたことによっているごとを述べさせられています。何故、述べさせられたといえるのかは、この願書によって幕府の評定所は、これは頭取らによる幕政への謀反と決定し、そのあと、各村々の名主に幕府への「詫び状、赦免願書」を提出させているからであります。そしてこの一件を「お上を恐れぬ立ち難き発願」として、享保七年（一七二二）七月、頭取とされた六人、うち一人はすでに牢内において死亡していたので、残り五人を江戸において打ち首、小栗山喜四郎は田島代官所において打ち首にし、田島鎌倉崎の獄門台に、百姓への見せしめのために、その首を晒したのであります。

そして訴状によって明らかになった一五〇〇石の年貢を不正に流用した三人の郷頭をお役御免にし、代官山田八郎兵衛を所替えにし、訴願に関わった百姓三七五人を、牢内拷問によって六名、牢内病死によって三名の死者とともに、全員を有罪に処したのであります。

幕府への訴状は、農民間の騒動として棄却され、南山御蔵入領の二三六ヶ村（五万五〇〇〇石）は、再び会津藩への預かり地として管理されることになったのであります。会津藩主松平正甫は、預かり地を藩祖保科正之の立てた祖法（水田の等級を三段階にし、年貢を定免とする）に基づき軽減し、江戸廻米を廃止して金納にし、郷頭の不正のもとになった御救い夫食米制度を廃止し、新たに御蔵入領内の米を、飯米にこと欠く者に現払い米として払い下げる制度に改めたのであります。十三ヶ条に書かれた百姓の要求は年貢率の引き下げと郷頭の廃止という幕府の制度を除いて、ほぼ達成され、郷頭については、その権限を縮小し、藩内と同じ扱いとなったのであります。

この一揆の特徴は、領内全村で延べ一〇〇回を超す百姓寄り合いがもたれ、それまで各村で出されていた要望を整理し、十三ヶ条にまとめて一揆を結び、嘆願書を以て提訴したもので、周到に準備して代表越訴を敢行したことであります。

しかも、それまでに数十回に及ぶ愁訴を行い、さらには代官をもその要求実現に参加させて建議書を提出させ、それでも埒があかないので、止むなく命を賭しての幕府勘定所への越訴を行っているのであります。

しかも、そのオルガナイザーとして、無名の百姓が領内を縦横に飛び回って、情報とそれに対する幕府の対応を伝えて組織の拡大強化を行っています。驚くのは江戸との連絡網が作られ、江戸における訴願の情報が、逐一、広大な領内二三六ヶ村に数日のうちに伝達されていることであります。

当時は徒歩であり、山岳地帯の南山御蔵入領内の伝達は、関所を通らずに行うことは容易ではないのですが、おそらく関所のない裏街道を通ったものと思いますが、それを為しえたのは数十名に及ぶ、伝達に関わる担当者が百姓のなかにいたからであります。しかし、その組織は秘匿されて、小栗山村の喜四郎ただ一人が代表して、打ち首獄門になっているのであります。

さらに、首謀者とされた名主の六人も、郷頭たちがそれと名指しをした者が打ち首獄門になっています。三ヶ月間にわたる幕府役人の詮議によっても、「我らは一揆を結んだ一味同心である。したがって全員が首謀者である」といって、首謀者の特定を百姓はさせなかったのであります。

江戸に上った者は、一人も村への帰還もなく全員が牢内で拷問によって殺されています。

この享保六年（一七二一）の時は、幕府はまだ一揆禁止令の処罰規定を法制化していなかったのですが、このあと、享保九年（一七二四）に、「享保度法律類寄」によって、次のように明記されます。

「御朱印を似せ、奉行所の裏判或は主人の判形を似せ、巧企て候重き謀書判、徒党の強訴を、企頭取、その類都て（すべて）磔、獄門」

しかし、ここでは一揆強訴は独立条項の規定でない。が、南山御蔵入騒動にあたっては、すでに幕府は、この規定の先取りによって斬首、獄門を行っているのであります。

今日の時点で、それを歴史として俯瞰するなら、後半の経緯に「郷頭の嘆願」、「一部の名主によるわび状、赦免願書」などがあるので、あたかも一部の者の扇動による暴動という見方をする人もいますが、寛文三年（一六六三）の古町組山口村の百姓甚右衛門、孫兵衛、盲目の休意が三十八ヶ条にわたって行った越訴訴願と基本的には変わっていないものであります。

その時頭取二人の親子と休意五人が磔死罪になってから五九年が過ぎていますが、南山御蔵入領の百姓たちは三五名の生命と引き換えに、自らの子孫の存続のための条件を合法的に戦い取ったのであります。これこそが会津の農民のなかに深く潜在する中世的在地領主の思想、権力者を恐れない不屈の気骨、不服従の思想であります。

十三ヶ条に示された経済的要求から政治的要求への発展という展開は、自らの経済的要求の実現は政治的な要求の実現によってのみ達成される、という認識にほかならないものであります。

この「南山御蔵入百姓一揆」について、参考までに、史家といわれる二人の方の相対する見解を載せておきたいと思います。

大正十一年（一九二二）に、大沼郡役所が編纂した『大沼郡史』を、校訂した帝国大学資料編纂所の花見朔巳氏は、

「彼らが称して郷頭の私曲と云い、若しくは代官の非を唱えるところのもの、その理由頗る薄弱にして、願意一つも貫徹するところはなく、一々郷頭等の反駁にあい、却って思わざる惨禍に遭う。特に彼らが夫食米法の行わるるは、徒に郷頭などこの間にたちて不正の利を貪るに過ぎずと曲解し、近年、夫食米減少し、且つ賦課の甚だしく高まりたるは、皆彼ら不正浪費のいたす所なりと妄断し、郷頭の廃止を請うが如きは、実は思わざるの甚だしきものしなり」

とし、小栗山喜四郎をこの騒動の首謀者の一人などとはとんでもない。まして義民などとは、「いまだその可なる所以を知らず」と書いています。

時代を考慮して読まなければならないとは思いますが、あまりの支配者史観には、驚きを覚えます。しかし、このことを論拠にして、「南山御蔵入百姓一揆」を名主と郷頭の争いで農民内部の紛争であったという史家もいますが、それは、歴史の真実とは異なるものであります。

昭和五十五年（一九八〇）に発行された民主科学者協会歴史部会員林基氏の『百姓一揆の伝統』（上下）上巻で林氏は、

「会津御蔵入騒動は農民階級の政治的成長のほどを示した。彼らは十三ケ条からなる長文の訴状

を提出し、地理的条件から説きおこしてこの地帯の農民の一般的窮乏を論証し、今年の年貢の延納、最近年々引き上げられている租率の復元、目録以外の賦課や郷頭の臨時課税の廃止、現代官になってからの新税の廃止、飯米給与の減量や代価引き上げや郷頭の中間搾取の廃止、廻米の江戸廻漕の廃止、新田の租税地編入の中止などを要求し、去年金納を米納に変更されたが、これほど大切なことを百姓に相談もなく郷頭だけで承諾するようなことでは田畑一畝一歩たりとも作る百姓はいないと迫り、郷頭のさまざまの不正を摘発と、かかる機構を廃止し、名主、百姓に直接交渉してもらいたい。そうすれば費用が省けるから代償として金銭を上納してもよいと述べている。そして彼ら農民はこれに対する幕府の回答や郷頭の弁明書に反駁して追願書を出し、いっそう数字的論理的に自己の主張を展開し、どうしても評定所が入れられないなら将軍に直訴するぞと脅かしている。当局が取り合わぬと農民はそれでは耕作がすたって年貢がとれなくなるぞといわんばかりの態度に出ている。もはや、かつての一揆のように追徴や新税の復旧の要求というような消極的なものではなく、郷土の具体的条件から自分たちの積極的要求を打ち出し、聞かれるまでは屈しないという強硬さが見え、単なる経済要求から人民の役に立たない行政機構の廃止という政治的要求へと一歩進んでいる。以下略」

こうした識者の所見とは別に、当の農民はこの強訴一揆をどう見たのか、を記した百姓文書が、郷土の歴史家海老名俊雄氏によって発見されています。

滝谷組遅越村の百姓、奥太郎が「郷頭答弁書」の余白に書き付けたものですが、それは次のような一文です。

「右発端人と言うのは、大石組小栗山恵比寿神主栗田喜四郎と申す仁なり、もっとも秋春二度宛に、五万五千石（南山地方）の村々を節々に廻っていて、再三、人に勧めていたと聞いている。これは如何にと言えば、惣檀中及び困窮に候を嘆き、右の企てを致したのである。この仁は御蔵入のなかの鎮守と言うべきあると、愚案被存じ候」

さらに、滝谷組籤の檜原村名主長吉は「訴状と郷頭答弁書」を書き写した末尾に、「これより長吉浮世への書置」として、次の一文を残しています。

「右御詮議、つまりは郷頭どもが勝った公事になり、百姓どもの負公事になった。百姓どものうち頭取と見られた者ども六、七人が仕置きになり、伊北のなかの名主も百姓に一味いたした者一両人が仕置きになった。そのなかに小栗山の喜四郎と言う者は、江戸には上らなかったけれども、この地方にいて所々に徒党を結んだということで仕置きになった者である。

村末代の心得のために、あるがままを印し置くものである。

この吟味のつまりは、坂本新左衛門という御仁を詮議役として、そのほか大勢が田島にきて、五万石（南山地方）の百姓残らず呼び出されて調べられたところ、百姓どもが言うには、私どもはそのような出入り公事のようなことは考えていない。と、皆々一同に口書をそろえて言い、江戸に上った者どもは、大偽りでこんなことになったと言ったのだが、大勢のことだから、つまるところそうなることは世の常である。浮世の子孫たる者、この紙面を朝夕に心に納め忘却してはならない。我は不思議の悪縁をもって、時に折ふしに生まれ逢い、江戸表の御公儀まで出かけて、実際に身にしみたので書きしるして置くのである。他に見せるものではない。よくよく秘して自分一人の心に納めおくべきものである。

右死罪に会う者なればこそ、その身をひとつにして加わった願いなのだが、この地内でそのような惣檀はなかったと言われ、身抜けにされてしまっては、誰に言い分を言うことも出来ずに、その身を罪に落される定めとなった。五万石中では力優れた□□（虫喰い）の者であったのだが、その上に立つ郷頭どもには、するりと言いのけられてしまった。

このような仕合にあって油断をすれば、人は自分の知識によって、その身に災の及ぶことを忘れることは哀れなことだ。すべて人は、われより上に立つ者は、必ず知識のあるものと常に心得ることだ。これらのことをかくまで言うのは、浮世の子孫に、人のためなどと仮にもことを興すことのないようにと思うからだ。何事も末の世の無難を思うばかりだが、それを書き置くのは恥ずかしいことだ。

檜原片山長吉書置」

この二人の百姓の書き置きは、地方史編纂の過程で発見されましたが、滝谷組の百姓、奥太郎は小栗山の栗田喜四郎を鎮守と畏敬しています。神官といっているが、喜四郎は村々を廻って、春秋二回、恵比寿信仰のお札を売っていたといわれています。恵比寿信仰は、わが国の民間信仰で中世の時代に漁民から始まっているといわれますが、近世では農神や山神が春に来て、秋に豊作をもたらして帰って行く、大黒神とセットの福の神として信仰されています。

恵比寿講という講中が組まれ、現在でもその名残として恵比寿講祭りが行われています。が、そこには庶民の願いを具現するための福の神への祈りが込められています。

また、大石組の名主、長吉の書き置きは、会津では書き置きという場合、遺書のことを指すので、これは長吉が子孫に残した遺文とも読めます。

一味同心としての一揆が、郷頭との争いにすり替えられ、また、取り調べに際しては、その一味同心に裏切られたことを嘆き、わが子孫は決して人のためになどと、事を興すな、と言い残しています。長吉は江戸に上ったことを記していますが、訴願代表としてではなかったと推測出来ます。詮議のために南山地方の全名主が江戸に呼ばれているので、その時の体験と思われます。

長吉は子孫の無難を思うからだといったあと、書き置くことは恥ずかしいといっています。恥ずかしいという表現は、支配者の狡猾によって農民がやられたことに対する無念の意に取れます。それは農民のなかにある単純ではない複雑な倫理意識でもあります。

しかし、その思いは、近世から近代に至るまで、会津の農民のなかに、錯綜しながらも、したたかな不服従の思想として、継承されてゆくのであります。

四、会津寛延一揆について

会津藩における近世の全藩一揆は、寛延二年（一七四九）に猪苗代三城潟村から始まっています。「猪苗代金曲騒動」ともいわれる強訴であります。

もとは会津藩領であった南山地方が分割されて、幕府の直轄地となったので、そこでの一揆は会津藩内の一揆とは区別されていますが、それから二九年後に起こった「猪苗代金曲騒動」は、会津藩内では、幕末から明治への転換期に起こった「世直し一揆」に次ぐ、最大の一揆であります。

その顚末は『会騒乱記』『猪苗代一揆届書』『農騒遺事』『賎民訴政集』『万覚日記』などに記録されているが、会津藩としての、騒動に対する詳細な記録は会津藩『家世実紀』であります。それを海老名俊雄氏が著書『会津御蔵入騒動と寛延一揆』で、現代文として解題しています。それらをもとに、かつて私は長編叙事詩集『会津農民一揆考』を書いていますので、四つの項立てで概括し、その思想について考察します。

1、会津藩最大の強訴一揆の発端とその背景

この強訴の発端は寛延二年（一七四九）十二月二十一日、猪苗代三城潟村肝煎新次郎宅で行われた三城潟村蔵下一二ヶ村の肝煎の集まりで、会津藩の貸米制度についての寄り合いから始まっています。しかし、その以前に、猪苗代は河東組荒野村において、元文元年（一七三六）に、「肝煎吉三郎がその地位を利用し、年貢諸役に不正をしている。人足などに農民を使役している。それを郡奉行や代官などの役人が見逃している」という訴えが会津藩に対して行われています。それを郡奉行が取り調べて、訴えた農民の代表を、ご法度の強訴として処刑することを決定しました。しかし、訴訟に立ち合った藩の目付けが、その審議に異議をはさみ、再吟味となり、その結果、吉三郎が担当役人らに金銭を贈り、処分の軽減を依頼していたことが暴露され、訴願をした七人の農民は四人が城下四方追放という軽い罪になり、残る三人は三〇日の入牢となり、郡奉行はじめ役人たちはお役御免の処分を受けています。次いで寛延元年（一七四八）には、塩川組上西蓮村において村方騒動が起きています。

上西蓮村の官右衛門は農民に肝煎の不正を訴えて、集会を開き、団結して肝煎に抗議し、肝煎を屈服させました。さらに各村々の老百姓に呼びかけ、肝煎の上に立って郷頭の不正を正す「郷目付」を設けることを主張し、そのために村々に、その趣旨の廻状を廻しました。それが農民を惑わし、徒党を組む、謀反として処刑されました。また、遠田村でも、代田組大和田村でも小荒井組高畑村でも肝煎に対する村方騒動が起き、死罪にはなりませんが農民が入牢などの処罰を受けています。

その一連の村方騒動の延長線上で、猪苗代の寛延一揆は起きたのであります。猪苗代地方は高冷地で凶作の度合いも平坦地よりは深刻であったので、会津藩の社倉米制に基づいて貸出しが行われました。その貸付規定をめぐって、藩役人と郷頭と農民が対立しました。農民は「今年の貸し米を全量来年の暮れに返すという契約には同意出来ない。せめて作柄が回復するまで、数年間の年賦償還にお願いしたい」と、申し出たが、藩の方針で郷頭たちの承諾も取ってあるので、それは出来ないと役人は拒否しました。肝煎たちは借りるのはわれわれでそのような契約を承諾した覚えはない。それならば借り受けを拒否する。借り受けの条件は、少なくとも五年から一〇年の年譜償還でお願いしたい。ということになり、話が決裂してしまったのであります。

そのことは近隣の村にも広がり、貸し付けは蔵下一体の連判なので、どうしても飯米のために借りたいという村もあって、肝煎たちの意見も割れました。そこで山潟村の林右衛門が藩の貸し付け規定である「末書」の変更をお願いするしかないが、それには村に来る末端の役人や郷頭にはその権限がないので、その上の役人にお願いするしかないと、提案し、七ツ半（午後五時半）ころに、山潟村のおよそ六八人の農民が、猪苗代から松明を持って若松に向かって歩き出しました。その道すがらの村々の農民も加わり、六〇〇人ほどに膨れ上がってしまったのであります。

群集心理も働いて途中の村の酒屋で酒をあおる者もいて、その勢いで「追い立て」（強制的に参加を勧誘すること）も起こり（これは『会騒乱記』に書かれる）、農民の隊列は長蛇の列になったのであります。

それがこの一揆の発端であります。周到な準備があって、という経緯は記録されていませんが、その背景には、享保八年（一七二三）旱魃が続いた後に大雨が降り、大川、湯川、只見川など、藩内のすべての河川が氾濫する大洪水によって田畑はもとより人馬に甚大な被害が出ていました。そのために田畑の収穫を反畝によって計測して課税していた租税法を廃止せざるを得なくなっていました。

そこに享保十三年（一七二八）には六月から八月にかけて四度にわたる大雨によって、田畑はおろか家屋が被災し、藩は年貢を定免（五割）に引き下げています。さらに享保十五年（一七三〇）と十六年に、また大雨が降り、田畑の荒廃が増大しています。

そうしたなか享保十六年（一七三一）に、藩主松平正容が没し、僅か七歳の容貞が封を継ぎます。

元文四年（一七三九）十五歳になった藩主容貞が、江戸表から会津に入ります。が、その翌年、参勤交代のために、再び江戸へ発ちます。

延享元年（一七四四）藩内で財政困窮の打開のために、増税を主張する増税派と年貢減少の原因である藩内の農地荒廃の回復と農民の困窮に対する対策を優先すべきとする反対派との論争が起きます。

しかし、藩内主流派の増税派によって反対派が一掃されます。郡奉行中野藤太夫重教が、「農民安治策」（その内容については後述する）を建議しますが、左遷されて、増税推進派の西郷仁左衛門、並河多作らの郡奉行が実権を握り、増税によって一〇万俵に増大した藩内の社倉米の貸付運用による利益と、寛保三年（一七四三）に新しく会津藩に編入された越後魚沼郡三〇〇〇石の年貢によって藩財政を建て直そうとする政策が遂行されました。延享三年（一七四六）に越後魚沼郡会津領三二ヶ村の農民が、会津藩の秕政についての越訴を行い、幕府廻国使大久保郷七兵衛らが検察に入っています。

その翌年の七月に食うに困る農民に、社倉米一万五〇〇〇俵が貸し付けられるが十一月（当時は陰暦だから現在の一月か半月ほどの遅れとなる）に再び一万六〇〇〇石が貸し付けられます。その利払いと返済が出来ないということでの、農民の借り受け拒否であったのであります。それがこの一揆の背景なのです。

2、一揆はどのように展開し、終息したか

長年にわたる凶作と過酷な重税にあえぐ農民にとって、藩の社倉米を借り受けることで、困窮化をますます深化させることを知って、それに対する憤懣が爆発しての行動で、要求を整理して訴願するという一揆の作法に基づくものでなかったのですが、翌日の明け方、大寺村に着き、そこで一同で朝食を取ったあとに、林右衛門は各村の代表を集めて協議し、「末書」の償還期間を永年に変更をお願いするための強訴として、強訴一揆を結ぶのであります。

そしてここから若松に向かうべきか、それとも北方《きたかた》の農民を糾合するために北方方面に向かうべき

かを諮ると、大勢が「北方に廻らずして、本望これなし」となり、塩川へ向かっています。

塩川組代官中野大次郎や郷頭の栗村左平らは、

「願い筋は委細われわれが聞き、皆になり代わって御上様に幾重にもお願いする。われわれがお城から帰るまで、塩川村に留まっていてくれないか、その間の賄いは何日でもする」（『猪苗代一揆届書』に書かれる）と説得します。しかし、すでに一〇〇〇人を超す群勢となった農民は、北方に向かって進み、野営をして、翌日の二十四日には、さらに数を増やして、折り返し塩川橋を渡って若松に向かったのであります。

会津藩がこの騒動を知るのは二十三日の午前中です。早速、家老の指示を得て、この一揆を沈静化させるために「御貸付米を十年賦に申しつける」という書状を取り急ぎ、村役に通達するが、すでに騒動に入った村々の農民へ、その廻状は届かなかったのであります。

（『会津藩家世実紀』には、この騒動に対する会津藩の月番家老髙橋外記と奉行、大目付らの緊急評議の内容が記載されています）

会津藩の評議では、「百姓どもの騒動を差し止めんことを第一義とする」ということで、
一、願いの筋（要求）があるならば、上に取り次ぐので申させる。
二、大勢で御城下に入ることは、上を憚らざることで、百姓のためにならない、ことを荒立てないように百姓どもを諭して村に戻らせる。どうしても入ってくるような時は鉄砲で撃ち殺せ

という方針を町奉行神尾大蔵に下知した。

神尾は「鉄砲で撃ち殺して鎮圧をするのには、数千人の百姓に対して、配下の三〇人ほどの鉄砲隊では無理だ。私が百姓の願いを聞いて説得するので、百姓が狼藉をしないように、藩から百姓への食事を提供願いたい」といって、神尾は馬に乗り配下を引き連れて一揆勢に向かいました。

一揆勢は四つの隊列に別れて周囲の村々を回って追い出しをして、数千人に膨れ上がっていました。神尾は一揆の代表に、藩の方針を伝え、奉行の責任で願いの筋を上に取り次ぐから、要求を出してほしいと訴え、百姓にはそれぞれに食事を用意したので、それを食べて村に帰ることを下命したのであります。

そこで、すでに猪苗代組と塩川組の合議でまとめられた「願いの趣」が、七ヶ条にわたって記された、次のような書き付けが両郷頭から神尾に差し出されました。

一、御年貢を半免（収穫高の五割）にお願いしたい。
（以前の税率に戻してほしい）
二、御貸米は十年賦にしていただきたい。
三、当年は夫食米を三食分量御貸し願いたい。
四、小役（年貢以外の負担金）の取り立ては十月末に延期してほしい。
五、藩と百姓の間にいる下役人の経費を百姓に課すのは止めてもらいたい。

六、郡奉行西郷仁左衛門、並河多作を下されたき由。
（二人の郡奉行を辞めさせてほしい）
七、中野藤太夫様、横田先次様を世に出していただきたい。
（二人は農民擁護派といわれ、年貢の引き上げに反対して、役を解かれていた）

この「書き付け」は、神尾から月番家老髙橋外記のもとに届けられ、即刻、大目付たちも含めての評議が行われて、

一、当年の夫食米の貸付については、願いに任す。
二、郡奉行西郷仁左衛門、並河多作については、役をはずす。
三、そのほかのことは吟味のうえ追って下知する。

という回答が出されました。

神尾はそれをもって一揆勢のところに向かいます。

すでに一揆勢は会津全域から集まりその数二万人を超す状況にありました。神尾の報告に対して、一揆勢は「年貢の半免」と「貸付米の十年賦」こそ、われわれの要求の根本である。そのことを明記した確約書を各組宛てに貰わなければ、奉行の話は、信用が出来ないと、神尾に答え、神尾は、それではと再び城内に戻って、それを評議員に伝え、それがなければ一揆勢の城下への侵入は防ぐことは出来ない。と説得し、その書き付けをもって引き返し、一揆勢の代表に渡しました。

その時に高田組の農民に渡された半紙が残っています。

　ことしからはんめんにいたし候

有賀孫太夫
山崎三右衛門
原　源八

（庄司吉之助著『会津藩政史の研究』所載）

それでようやく一揆の城下入りはなく収まりましたが、遠方の山三郷や越後津川などは、一揆に参加しなければその徳政令は受けられないといわれ、夜通し代表が歩いてようやく翌日の昼に到着したところもあったのであります。

一揆勢の大群は城下の外で押し留められましたが、城下以外の村々の郷頭や肝煎などに押し寄せ、貯蔵してある穀物などをまき散らして暴れ回り、日頃の鬱憤ばらしをしています。数か所で足軽と農民の小競り合いがあって、数人の農民が撃ち殺され、三〇人ほどが斬られています。

『農騒遺事』にはその有様を次のように記述されています。

「高久村の□□□□□《（消去している）》の所へ、大勢乱入し、己は郡中の手始めに諸村難儀させたる返報申さんとて、家財、雑具を引き散らし、戸障子残らず踏み砕き、あたりにありたる釜、鍋一つ引きかつぎ、持仏堂へ投げつければ、釜鍋は勿論持仏堂もみじんに打ち砕きたり、若松においても、所々方々の酒屋へ乱入、大いにあばれ、酒を喰らひ、草履、草鞋、菅笠などを無体にむさぼり取り、価は西郷仁左衛門より請け取るべしと悪口し、我も我もと奪い取りけり」

寛延二年（一七四九）十二月二十一日に始まった一揆は、五日間に数万人ともいわれる農民をもって、城下を包囲し、基本的な「年貢の半免」「役人の罷免」「貸米の十年賦」の要求を達成したのであります。

3、会津藩の対応と農民に対する処罰と弾圧

この一揆の影響は大きく、相次いで三春、二本松、守山などの各藩で強訴が続発しました。会津藩においても、その後、一部の肝煎が藩役人からの手回しで「年貢半免御用捨には及ばず、上納致し度し」などと願書を出した者がいて、その肝煎への農民たちの打壊しなどが断続的に行われましたが、藩として、それに手出しをすることは出来なかったのであります。その一方で一揆によって実現された農民要求の具体化は、年が明けると、すぐに実施に移されていきました。その一つに年貢半免にともない、米一二万八〇〇〇俵、金七五〇〇両が過剰納付として、農民に返還されることになったのであります。

それには次のような文言が付けられていました。

「御上様（藩主松平容貞）の御仁政が、役人のやり方がよくないために、地下（農民）に届かなかっ

た。そのことを聞いた御上様は、御領内の皆を救う一心から、深く考えられてとられた御処置である。この御手当てを厚く頂戴して、暑さ寒さを防ぎ、老小妻子を育み子孫相計らい、家業に専念するように」

会津藩の『家世実紀』には、一揆の終息は、農民を思う藩主容貞の善政によるものと記述していますが、数万人の強訴一揆に、藩役人が危機感を感じての妥協に、これはほかなりません。同時に一部は先述しましたが、数年間にわたって続いた享保年間の大雨と、その洪水被害によって、田畑の流失が各所で起きて、その復興こそ藩財政の再建の第一の課題であったにもかかわらず、財政危機を年貢の引き上げによって図られ、延享元年（一七四四）には、定免（五割）よりも四・四一二％も引き上げられていましたので、すでに述べたように、藩内では、増税派と田畑の復興を優先させて財政再建を図るべきだと主張する農民擁護派が対立していました。

増税を主張した奉行は横山主税と西郷仁右衛門、並河多作らで、世襲官僚の主流派で、それに反対したのは、中野藤太夫や有賀孫大夫、鈴木庄左衛門らの奉行でした。

中野は延享四年（一七四七）に「農民治安策」を建議しています。

その内容は、

一、藩内の手余地（耕作放棄地）、上ケ田地（年貢の対象となる見立て収穫量よりも、実際の収穫量が低く、年貢を納められないために放棄された土地）また古未進地（滞納が累積したために放棄された土地）が年々増加している。それを解決するのには、まず農民の生活安定が先決で、それには年貢の定免への引き下げ、社倉米の無利息貸し付けで農家全員が安心して働けるようにして、耕作放棄地をへらし、さらに新田開発にも取り組めるようにすべきだ。

というものでありました。それに対して横山らは「農民がいうほどの不作ではない。年貢も引き下げる必要はない」として中野らの建議を棄却しています。

中野はそれに対して、それでは、せめて、さしあたってこれだけは農民のためにお願いしたいとして、

一、社倉米の本来の目的は不作の時に夫食米（食う米）として、農民に貸し与えられるものであったが、近年は「末書」（貸付規定）の一般的な貸し付けが適用されて、高利で返済することになっている。これを本来の目的で貸し付け願いたい。

二、割物（諸経費の負担金）は、直接農民に賦課するのではなく、役所を通して、農民との協議をしてからお願いしたい。

三、無跡（村からいなくなった者）の負債は捨て金（欠損金）として欲しい。

以上の三点を再建議しましたが、横山らは、その問題を藩内の権力闘争にすり替え、農民が困窮するのは「百姓の風俗（生活の仕方）にある」として、中野らの農民擁護派の奉行を、お役御免にして排斥していったのであります。

そうした経緯から、農民要求のなかに、増税派の罷免と中野らの復職がかかげられているのであります。

寛延三年（一七五〇）の二月に、幕府は全国で頻発する農民一揆に対する布令として「寛延三年令」を布告します。

「国々私領の百姓、年貢御取箇、あるいは夫食、種子貸などの願いの筋につき、領主、地頭城下陣屋、又は門前に大勢相集まり、訴訟致し候儀、近来まある由相聞候、すべて強訴・徒党又は逃散候儀は堅く停止に候処、不届き至極に候、自今以後、このようなことがあれば、急度吟味を遂げ、その頭取並びに差し続き事を企んだ者は、それぞれ急度曲事に可被申し付候」

これをもって会津藩は、一揆勢に約束した「年貢半免」を反故にします。寛延三年の二月二十日、会津藩はそれを郡奉行所に郷頭を集めて、次のように通達します。

「当冬百姓共、願之趣達御聴候得は、半免に致取り候様被仰出候、依之、早速、高百石に付米拾俵つゝ、返為取候、然処、今度公儀被出有之、其趣は、国々私領の百姓、年貢御取箇、或は扶食・種子貸等之願筋に付、領主、他領陣屋、又者門前へ大勢相集り致強訴候儀、近来間々有之由相聞候、すべて強訴、徒党又は逃散候儀は堅停止に候処、不届致極に候、自今以後右体之儀於有之は、急度遂吟味、頭取井差続き事を工候は、夫々急度曲事に可申付旨、御老中被渡候由、大目付衆より御順達にて被仰付、御蔵入方えは、御勘定方早川庄次郎・大塚権之助殿へ、御領国と申、百姓共へ御取ケ井、夫食種子貸其外願之儀に付き及強訴由、徒党強訴之儀者、兼て堅御停止に候処、近来右体之願を以、御代官陣屋江大勢集り、致訴訟候儀有之、不届致極に候、自今以後厳吟味上、重き罪科に可被取行候条、就中、奥州筋百姓共、別て及強訴候由相聞、不届きの至に候、只今も御吟味之上、張本人は磔、腰抔押候者は、何れも夫々之所被仰付候処、以来此所当重罪科に可被為処旨、兼々百姓末々迄入念急度申聞置、以後徒党強訴不致様に可取計旨被仰渡候、御領中之儀は訳も可有之、是に御同様之事に可有之儀候得ば、此段兼て相心得、百姓共宣申諭、我儘成所行無之様可令教誡候、若し此趣不相用、強訴等に及候者以有之は、仮令被相看度思召有之候ても、公儀之趣、如此と得と不候得止事義も可有之、仍而、百姓共強訴に任せ半免難成置候、依之、旧冬百石拾俵宛米為取候外、追て割返不申付候旨、凡而春済之義は貧民につゝまり候間、春済に相立置候者共之義と、貧民救済之為、米・金共に半収納に申付候、其内未皆済には不至、半収納を越候者之儀、差引に不及、取立申付旨、近年不作相続、地下相痛候段、顕然に候間、今年之秋より御領中一統免相五分下ヶ、定免に仰付候旨」

幕府の布令に対して、会津藩においては、郷頭や肝煎らの要望と代官神尾らの進言によって、貧民には「年貢半免」を認め、「夫食米を手当てとして支給する」こととし、その他、領内のすべての農民の年貢を「定免」にするのであります。

「寛延三年令」は、識者によれば、会津藩などの私藩に対して出されたものではなく、会津藩が幕府から預かっている「御蔵入領」に対して、幕府勘定組頭から出されたもので、頻発する奥州各地の強訴が幕府の直轄地に及ばぬようにするためであったといわれます。しかし、幕府が一揆に対して示した禁止令であり、処罰規定であります。それまでは一揆に対する取り締まりや処罰規定は公事方御定書によって行われていましたが、この布令によって、一揆禁令の五人組帳への掲載を義務付け、幕政批判の徒党の禁止はもちろん集団的な訴訟を禁止し、それらについての通報の義務を五人組に課したのであります。そしてそれらの代表者（頭取）と目される者に対しては、磔、火炙り、打ち首、獄門の重罪に処すことが決定され、明記されたのであります。

会津藩は当然、その布令によって、一揆の首謀者の探索を行い、その布令によって断罪されたのであります。一揆首謀者の探索や捕縛についても、藩役人は農民の再騒動を恐れて、周到に準備をして、別項で述べるように差別部落による別動隊を使って穿鑿《せんさく》に入っています。

農民にその情報がもれないことを第一として、領外に逃亡出来ないように関所に警備員を配置し、さらに騒動を陰で扇動した者はいないか、近年、罷免された役人との関係があるかをひそかに探り、一揆に参加した農民を油断させておいて、一気に召し取るという方針であったことが『家世実紀』に記されています。そして二月三日に八〇名の鉄砲隊と同心足軽ら合わせて二五〇人をもって、逮捕に向かい、猪苗代の者、五十数名をはじめ、総勢二百四十余名を召し取り、若松城下の牢に入れたのであります。が、そのために牢屋の増設が、急遽、行われたことが『家世実紀』に記されています。

そして八月十一日に強訴一件の判決が、下されたのであります。

判決の主文は、「五年来の不作続きで百姓共の暮らしが殊のほか痛み、だれかがことを起こせば、それに同調するといったことで起こったことで、何故といった理由はない。各地の強訴との関係もない。これはもっぱら百姓どもの至愚のいたすところで、無思慮のため国家の大事に及んだこと明白である。計画的ではないが、国家の大禁を犯したことは許せない。依ってはじめに口を開いた者、不法のことを指示した者、強訴の場所で非分の悪口を言った者を第一の罪人とする」として、

山潟村　林右衛門　　市中三日引き回しの上、山潟村で磔

々　文右衛門　　右に同じ

壺下村　弥七　　右に同じ　　壺下村で磔

金曲村　半右衛門　　右に同じ　　河原で火炙り

小平潟村　喜八　　鉄砲で撃ち殺されているので掘り起こして、小平潟村で磔

山潟村　彦六　　市中に三日晒しの上、河原（会津藩の刑場）で打ち首獄門

赤星村　助左衛門　　罪状は右に同じだが、お上の御情けにより、顔に入れ墨の上、市中に三日晒し、藩より永久追放

烏帽子小屋村

彦右衛門　　右に同じ

上西蓮村　伊三郎　　　　　　　　右に同（すでに鉄砲で撃ち殺されている）
酸河野村　清吉　　　　　　　　　右に同じ
その他、八人　　　　　　　　　　顔に入れ墨の上、永代追放
その他、六三人　　　　　　　　　一〇〇日から一〇日までの入牢及び押し込め
合計二一名（死罪を含めて）が、寛延四年（一七五一）処罰され、刑が執行されました。

この処罰にあたっての事実認定はすべて、農民の証言によるものを拷問によって当人の自白としたものであります。半右衛門の場合は、他藩に逃亡しようとしていて捕えられたことと、その態度が反抗的であったという理由で火炙りに、喜八の場合はすでに鉄砲で撃ち殺されて、埋葬されているものを掘り起こして、その骸をみせしめのためにわさわざ喜八の村で磔の刑に処しています。「強訴一件重罪の者、後を絶つために在所において刑を執行すべし」として、会津藩が行ったのであります。

一方、この強訴一揆の原因となった、奉行西郷仁右衛門と並河多作の悪政の罪については、罪状審理のなかで「知行召し上げのうえ、藩からの永久追放」の罪に処せられましたが、藩主の容貞がその年の九月に江戸において急死し、その葬儀のあと、まだ八歳の亀王丸（後の松平容頌）がその後を襲封するという事情もあって、その罪状の確定を宝暦元年（一七五一）まで引き延ばし、新藩主容頌の大赦令によって、二人とも知行の半分召し上げと、奉行から小普請役への降格という、極めて軽微な

処罰で終わったのであります。

一揆の時に、一揆の農民の立場を擁護し、その要求の実現によって、一揆の終息を試みた代官神尾大蔵は、この一揆のあと、会津藩の預かり支配となっていた南山御蔵入領の代官に左遷され、幕府の直支配への変更に名主らとともに反対する訴願をしたことを理由に、一揆から一八年後の明和六年(一七六九)に、訴願した五人の農民とともに、切腹、刎首の刑に処せられて没しています。

嘉永年代に高田組の郷頭田中重好が自著「寛延遺稿」のなかで、「佞臣が益々時を得て人々は、塗炭の苦しみを受ける。忠臣が度々諫言しても用いられない時、少民はどうしてこの佞臣を退けることが出来よう。みなこの強訴によって政治がゆるやかにかわったことは、一〇〇年がたった今に至って明らかである」と、記しています。

4、この一揆の持つ思想的特徴

この強訴一揆の特徴は、圧制に対する農民の抵抗という一般的な農民一揆とは異なる要素が二つあります。その一つは会津藩の政策についての内部対立であります。それは会津藩内部の思想的対立でありました。

朱子学的思想、つまりは体制の現状維持を前提にした農民政策に立つ、横山や西郷たち、換言するなら、正之の思想(朱子学)の後継を自認する直系譜代の重臣たちの観念論による藩政が行き詰まって、その転換が求められているのに「治政は上から下への絶対的な関係のなかで行わなければならない、上はいかなる場合においても正しい」とする崎門的（山崎闇斎の一門）思想と、それを批判する徂徠派の実証主義的思想に立つ、中野や外島や武川、あるいは神尾らの、「治政は観念的なものではなく、天災による田畑の流失や荒廃によって年貢の滞納や耕作放棄が起きている。また何よりも農民の生活困窮が深刻になっている。そうした現状を客観的に認識して、その対策を優先して行うことが大事である」という主張が対立していたのであります。

それが藩内の権力闘争的な様相をもって処理され、その過程で排除された者がこの強訴に関わっていないか、そうした陰謀はなかったかということが藩の重臣たちの危惧であったのであります。

二つはこの強訴の展開が近隣藩（桑折、二本松）に類似していることから、それらの首謀者たちとの連携はないかということに、穿鑿が注がれたのであります。その結果については、先述したとおりで何もなかったとされましたが、領外に逃れようとした半右衛門を火炙りの極刑にしたのは、そうした予兆があって、それに対する何かのみせしめではなかったかと推察されます。

それは何かということですが、全国的に発生して幕政を揺るがしていた農民の一揆暴動は、不作という天災もありましたが、儒学思想を否定し、仏教をも否定して、「自然真営道」を唱えた安藤昌益の門人が、各地に点在して、その思想的影響が起きていたからであります。

信達においては、須賀川に秘密結社が存在し、全国の門人たちと連携を取っていたことが判明しています。もちろん昌益の思想が一揆のような農民の抵抗運動としては顕在化していませんが、『自然真営道』のなかの「良演哲論」という昌益と門人との問答集で、須賀川の渡辺湛香の問いに、昌益は「不耕食の徒は上下とも遊民というべきで、国の虱である。しかし、これに心奪われては、己の業を怠る。己の業正しければ、転道（流転する天の道）にそむかず、己が真に転ずる」と述べています。

これは昌益の江戸のアジトである北千住の橋本家の隠れ家で、全国の主なる門人の集まりでの発言として残されています。

昌益は元禄十六年（一七〇三）に生まれ、宝暦十二年（一七六二）に五十九歳で亡くなっています。寛延年間はもっとも壮んな時で、秋田の八戸に町医者として居ながら、京、大阪を往来し、その独自の哲学思想を体系化し、九二冊にわたる著作を残しています。陽明学者の役人として、天保八年（一八三七）に大坂で「大塩平八郎の乱」を起こして自刃した大塩親子は、大坂の薬問屋森家を通して昌益の思想を知っていました。森家は昌益の西のアジトでありました。

昌益の秘密結社的門人は、医者に多く、また東北北部では近江商人の系列のなかに存在しています。（川原衛門氏著『追跡・昌益の秘密結社』）会津においても、北方を中心に藩学である朱子学を批判するかたちで存在した会津藤樹学に集まっていた郷頭や肝煎から、その後、江戸で医術を学び、町医者として生計を立てていた者が多数います。寛延一揆の時に一揆勢が「北方に廻らずして本望これ無し」といって、北方に向かったと、わざわざ『会騒乱記』に記しています。昌益の思想の存在を示すものかは明らかではありませんが、その後の寛政の改革も北方（塩川組）の代官斎藤民弥によって、農民の土地の平準化による農民救済政策である土地給分「内ならし」が行われます。この政策にはわざわざ中国の思想に名を借りて理論づけをしていますが、昌益が唱えていた中良（人間平等論）の思想の具体化にほかならないのであります。

昌益の会津での痕跡は残されていませんが、幕末か明治の初期と思われるころには、会津の医師、阿部玄益（会津美里町赤留の阿部良益氏の曾祖父で医者）が、江戸北千住の橋本家へ出入りをしていたことが橋本家に記録されています。

しかし、当時として、昌益の思想は、封建社会の支配体制の秩序思想を根本から否定することで、心情的な共感は得ても、あまりにも過激的で農民の行動の思想とはならなかったものと思います。しかし、地下水のようにその思想は、農民のなかを流れ続け、近代の北方（喜多方）や高田の自由民権運動へとつながっていくのであります。

この一揆の探索にあたって、会津藩の家老西郷頼母が示した七つの意見は、次のようなものでありました。

一、名前の上がった六人の百姓のほかに、原方面の百姓についても調べるべきである。

二、舟引村（現、山都町）の小助が、貸し米は中野藤太夫は八万俵と言い、西郷仁右衛門と並河多作は三万俵と言ったということを、横山伝太夫の中間、仁蔵から聞いたと言っているが、ここ

にこの強訴の真因があるので、小助をさらに究明すべし
三、仁左衛門と多作を貰いたい（百姓に引き渡せ）とは、誰が言ったかを究明すべし
四、中野藤太夫の役職復帰は、誰が言い出したのか、この三、四項の究明は、強訴の基本にかかわる。公事奉行の料簡を聞きたい
五、貸し米に上ヶ田の条件（貸し米を借りる者は、耕作放棄を認めない）を「御意」（藩主の命令）としたのは誰か
六、神尾大蔵が百姓とりなしに利八（中六日町宿主）を使い、二両の骨折り料を払ったのはどうゆうことか
七、「願いの趣」横田先次郎を世に出せという趣意は何か
まず、一項の首謀者とした六人以外に、原方面を調べろ、というのは、この一揆が寛延二年九月に発生した信達一揆との関係を示唆しています。

この年は、信達（信夫、伊達）、二本松、塙、三春の各藩で、ほぼいっせいに、全藩規模での農民の強訴が行われている。それには、封建支配に対する不服従の思想が組織的に存在するのではないかという危機感があり、これについての調査を求めたものであります。

二項は、貸し米の数量の三万俵の差についての指摘は、内部情報の漏えいであるという観点から、舟引村（山都町）の村役人（郷頭か代官）から、つまり、藩の農民擁護派役人との結託を明らかにせ

よ、ということであります。これに対して、「捕えた小助をこれ以上拷問すれば、責め殺しになる。それでは御仁政に欠ける。強訴の原因はそこにはない」と公事方の奉行は答えています。あとの裁きで、この三万俵の差は社倉米の貸し付けによる運用益を西郷や並河らが、横領していたことが判明します。

三、四項及び七項は、役人の罷免と農民からの役人推薦の要求である。会津藩内において、農民困窮の原因は風俗（生活の仕方）に問題がある。一層、倹約することをすすめ、年貢の増税と滞納の取り立てを強化すると藩の重臣派と、それに対して困窮の原因は災害により、耕地が荒れ、上ケ田（耕作不能地）が増えていることであるから、まずは減税し、災害復旧に全力を挙げて、民力の回復を図るべきだとする武川源助、中野藤太夫、横田先次らは重臣、斎藤民弥、神尾大蔵らの下級役人と栗村佐平、田中重好らの郷頭が政策上で論争し、農民擁護派の中野らは排除されていました。

四は、貸し米を借りる者は上ケ田（耕作放棄地）を認めないというのは、藩主の命令ということで、農民は耕作も出来ない状態の田に米を作ることは出来ないし、その分として貸し付けられても返済出来ないので、借り受けないということになって、藩主にお願いしようとなった。ということだが、誰が藩主の命令だと、はじめにいったのかを究明すべし

と、家老たちの、この一揆に対する総意がしめされているが、そこに農民の窮状に対する現状認識はなく、この一揆がほかの藩の農民からの扇動ではないかという危機意識と、藩内部において農民政

策をめぐっての対立と権力闘争、それは利権をめぐっての特権の保持ということだが、つまりは体制の現状維持という意識にとどまっている。それは、現実を直視しない、典型的な専制支配思想の反映にほかならない。したがって、状況を打開するための有効な効果には、何ら作用しないのであります。

そして、宝暦三年（一七五三）に会津藩の借財は、ついに三六万四六三八両となる。さらにその翌四年は、大旱魃に襲われ、藩内の亡村が一九〇村に達する事態に至ります。

宝暦五年（一七五五）に農民擁護派として、左遷されていた外島佐一兵衛を再登用して、年貢未納分の減免や手余地の公田作（耕作放棄地の共同耕作）などの、農業政策の刷新を図るも、宝暦七年（一七五七）には五月に大雨が降り、湯川、大川、日橋川などが氾濫し、六月に再び大雨が降り、流失による耕作不能地が拡大するのであります。

宝暦八年（一七五八）に、会津藩内に越後からの入植者による手余地の解消策を講ずる。などの政策を行うが、事態は好転せず、明和六年（一七六九）には年貢の滞納がさらに増加し、金一一二〇〇両、銀六六八目、銭四九九貫文、米一万三三七四俵の滞納を免除することになります。

そして明和九年（一七七二）に、藩の借財はついに五七万石に達します。財政危機の打開のために家老以下の知行の削減をするなど、さまざまな対策を実施しますが藩の財政危機はますます深刻化します。そこに天明二年（一七八二）には、冷害のために一二万石が収穫不能となり、その天災は天明四年まで続き、もともと飯米の支援を受けていた南山御蔵入地では二四〇〇人の餓死者が出のであります。

私の村にも天明三年の餓死者の碑が建っていますが、その惨状は筆舌に尽くし難く、それを描いた絵も「天明飢饉の絵図」として高田町（会津美里町）に残されています。それは餓死する人間が放置され、それを野犬が食っている凄惨な絵であります。

この一揆の鎮圧とその後の首謀者の探索などに、会津藩は町穢多、及び村穢多を動員しています。『農騒遺事』には、「城下の穢多頭小野平内が、屈強な一五〇人を選抜し、一揆勢に対峙した」また、首謀者の補縛にも「土地の穢多三二人が動員された」と記載されています。

先述したように小平潟村の喜八のように、すでに死亡して埋葬されている者を掘り起こして、磔にしているような処刑の実行行為は、彼らが命ぜられて行ったのでありましょう。近世後期における一揆に対する鎮圧に、穢多、非人と呼ばれた人々が動員されるのは、一般的な傾向で、越後頸城質地騒動、富山藩の農民騒動、福山騒動などにも同様の例がみられます。近代になっても、部落差別意識が根強く残ったのは、このことにも原因があるともいわれています。

この一揆とそれに対する会津藩の仕置きに、当時の民衆は「里謡」や「ものはづけ」など、さまざまなかたちで批判し揶揄をしていますが、前述した『会津藩政史』には、「たいづくし」や戯れ文「悪行仏像のご開帳」が収録されています。そのうちの「悪行仏像御開帳」を、再録させていただきます。作者が誰なのかは不明でありますが、これが、当時会津の民衆の農民一揆に対する所見であります。

庄司氏は「厳凶（寛延）二年十二月の大騒動を記念して、家老、奉行、役人等が農民、町人を『救済』せんとして仏像を建立し、その悪心が成就したので開帳する。年貢皆済、貸米、夫食、蝋役などの厳納を申し渡したこと、皆、農民、町人の御利益のためである。脇立に「無理非道明王」、役人のしゃくし定規の命令を『新判分限菩薩』として、その霊宝として騒動経一部、西郷への申し渡書を軸物として供える。という戯れ書だが、筆者はこの一揆で犠牲になった人々へのせめてもの供養の気持ちで書いていると思う」と述べています。

開帳

夫レ西郷仁五拾四尊の仏にて、並川多作也。本願は末世町人、百姓を救ひ拾わんとの御願也。西郷は頼母しき仏なれば、御堂建立仕、即ち各々の助力を以て此度悪心成就仕候付、極月二十三日より同二十六日迄木戸外において、開帳せしむる者也。

別当
神尾

開帳

稲穂の国ほっそり村、不作山騒動宗困窮寺の本尊やみた如来うんけい、一統散之作、右去年中晴天三十日皆済仰せ付けられ、貸米、夫食、蝋役等まで、役人積もり不足を以て弐万石の場所捨り五

万俵之御益無心法繁昌之至りなり

　　脇立

無理非道明王　是はしゃくし定井の作

新板分限菩薩　是は木戸の佐右衛門が守り本尊

　　霊宝

一、騒動経　一部　源頼仁作

一、軸之物　一軸　西郷謀士之筆

霊宝は藩主であり、家老であります。この騒動の原因者、つまり御本尊であります。その両脇に無理非道明王（過酷な年貢）新板分限菩薩（新しくなった役人）を配しての御開帳（厨子を開いて秘仏を公開すること）と揶揄しています。

会津藩は、この一揆のあと、寛政の大改革を行わざるを得なくなります。

第五章　会津藩における寛政の改革

一、会津藩における寛政の改革

天明五年（一七八五）に会津藩は、藩政の抜本的な改革を図るために再び田中玄宰を家老に任じます。家老職を拝領するにあたって玄宰は、藩政に対する思想の転換を求めます。

『家世実紀』巻一二によれば、玄宰は「細川越中守様御家中出之浪人古屋重次郎（昔陽）と申者、漢唐諸儒之説に基、専折衷を主と致候学風に而して、経学之筋秀て才力も在之者に相聞、すでに田中加兵衛（玄宰）江戸勤番之度々相招き講談等も承候」と、古屋を徂徠学としてではなく折衷学の儒者として、会津藩への招聘を求めています。

しかし、古屋は熊本藩において藩校の教授、秋山玉山の教えを受けており、玉山は徂徠学派であったので、古屋も折衷派といいながらも、その経学は、徂徠学的な実学重視であったのであります。それは寛政三年（一七九一）に幕府の方針として出された「異学の禁」令に逆らうものでありましたが、折衷派ということで、玄宰はあえてそれを断行したのであります。

会津藩においては、財政危機が慢性化していましたが、その原因には、打ち続く天災によるものだけでなく、行政機構（武士階級の世襲による）の劣化によるものも顕在化していました。それは朱子学的権威主義の跋扈であり、その思想的転換が必要だと玄宰は考えたのであります。

天明三年（一七八三）の時点で、会津藩における荒廃した農地、つまり耕作放棄された農地の石高は四万石以上といわれ、同年の冷害による減収は二八万石といわれました。二四万石の会津藩の石高を超えたものになっていたのであります。

玄宰は、財政改革の第一段階として、天明五年（一七八五）に「田地生帰法」を実施しました。これは災害によって荒廃した農地の再生復興のための農地及び河川の整備で、農民救済事業であります。藩は馬を貸し出し、再興した田の租税負担を軽くして奨励しました。

そうしたなかで、抜本的な藩政改革のために、玄宰は家老らと協議し、藩政改革を建議し、天明七年（一七八七）からその実施に入ったのであります。

改革の基本的な方向について、家老の北原采女、高橋小右衛門らの、藩祖保科正之の家訓に基づく改革を主張する。いわゆる現状維持的改革派と田中玄宰や三宅孫兵衛らの、家訓を基本としながらも、全面的で根本的な改革を主張する意見が対立しました。（そのことは、すでに先述していますので重複はしませんが、その背景には、藩学としての朱子学と徂徠学、いわゆる当時の実証的実学との思想的対立があります）

玄宰は、一、農政改革を主軸にした殖産振興策、二、学風の転換、三、行政機構の改革の三つの観点から、藩政全般に対する抜本的な改革をすすめました。

その改革にあたって、玄宰は天明八年（一七八八）までを前段として、それまでに農民に課した年貢の滞納、貸し金など、すべての過年度分の負担金を帳消しにしています。その額は米一八万六〇四〇俵、大豆一二六八俵、金一万九六五六両一分、銭一七〇貫四〇文であります。

さらに農民の要求である中間管理職である郷頭の廃止を決めましたが、農民が組の運営のために存続を要望する郷頭については、その存続を認め、その存続の決議権を農民に与えました。この第一次段階を「天明の改革」とも呼んでいます。

村における農民の職制についても、肝煎、地頭、鍬首、小走りとし、地頭以下は農民からの選出としました。肝煎についてもその役割を、人馬の増加、廃田の再興、新田の開発、年貢の完納、と明確にして、その勤務評価を制度化しました。さらに、村が組織体として機能するために、累積滞納の帳消しのほかに、次のことを定めました。

一、五人組を単位として鍬頭（組長）を置く。

二、肝煎は五、六ヵ村か、八、九ヵ村で一つの単位をつくり、定米金など必要な品を蓄え、不時に用いること。

三、一万石に一ヵ所、五穀成就の祈祷を春秋に行い響応する。

四、年貢米金ならびに諸物納は代官の手元に台帳をつくり、一ヵ年間の納入方を調整し、村を廻り怠農民を厳重に取り締まる。

五、内割のうち、蝋役、駒役などの費用は、膏血を絞る行いとの喩の通り、農村を衰微させるので、段々と行うように取り計らう。

六、代官は人数と場所を見て、二、三組を支配し、民間の強弱、田畑の荒廃の状況、人馬の増減、風俗の善悪、年貢の多少などを月、及び年計で行う。

など、そのほか、合わせて一四項目について下知しています。

これらは農業改革を行うための体制としての環境整備ですが、その観点から、玄宰は農民の身分についても五段階に分けて階級区分を行っています。

一、専業者　　本百姓

二、雑業の百姓　兼業農家

三、賎業　　居村者、農業にかかわらず商売などをしている者

四、奴僕　　居村者、此外売人奴僕と成し者（破産し農地を失った者、あるいは長男以外の者で自立せずにいる奉公人）

五、間民　　居村者としての分限を有しているが浮浪者である者

そのうえで一、二の百姓の自立経営の確立、三、四の手余地への就農、五は奉公人として雇い入れることの奨励しています。

さらに肝煎には名字帯刀、地頭には羽織袴、平民でも七十歳以上の者には羽織の着用を許可しています。が、賎民にはその着用を許可せずとしています。（近世における賎民の概念は、士農工商の下

に穢多・非人を置いて、その人たちを賤民とした）

玄宰は改革にあたって、まず意識の改革が必要であるという考えから、藩役人のなかに蔓延している目的意識を持たない権威主義を排除しようとしました。藩内には、上から下まで血族や系統を笠に着た官僚主義がはびこり、藩財政が破局に瀕しているにもかかわらず、それに対する有効な手立てを講ぜず、また、武士の子弟に就農を勧奨しても寄生的な現状維持を続け、それによって、農村と農民の荒廃と貧窮化がますます進む一方で、下級役人の政治的腐敗や犯罪が発生していました。

玄宰は、その要因の一つに、藩学としている朱子学の主観主義的観念論とそれをもとにした権威主義があることを察知しました。それを改革するためには、上からの機構改革と同時に下からの改革を、つまり、現場を担当する肝煎や地頭、鍬頭の意識改革によって断行しようとしたのであります。

ここでは、玄宰が行った寛政の改革の三本の柱、もっとも緊急性のあるものとして位置づけ、その中心に置いた農業の改革について見てみたいと思います。

会津藩においては、年表によれば、万治三年（一六六〇）ごろに、郷村の持ち高の平均化要求が農民要求として、すでに提起されています。それは郷村単位としたものでありますが、郷村内においても本百姓間における「内ならし」の要求が背後にあったからであります。正之の農民政策によって安定的に生産に精勤することが出来るようになった農民の意識の反映であります。が、それが藩政に取り入れられることはありませんでした。

一六〇〇年代から一七〇〇年代にかけて、会津藩領は数年にわたって水害や冷害などの天災に見舞われ、耕地の荒廃や生産量が減少したにもかかわらず、それに対する抜本的な対策が放置されてきて、ついに藩財政の危機的状況に陥ったのであります。

玄宰はその窮地を脱出するために家老として抜擢され、その抜本的な藩制の改革を、藩主からまかされるのであります。

玄宰は、まず会津藩の藩政の改革のなかの農業改革において、画期的な改革を、寛政十一年（一七九九）に行います。それは全藩的な土地分給政策であります。

内容に入る前に、その政策の必然性と目的について触れておきますが、近世の土地制度が近世後期において、封建制度崩壊過程の現象として現れるのは、一般的な傾向でその目的は領主の徴租政策としての上からの改革であります。市場経済の発展にともなって、農民上層に発生した兼併地主（自作を主体としながら、質地を所有する寄生的地主の前段階的な状況）の抑制と、階層格差の拡大によって疲弊した自営農の再創出を図り、それによる藩財政の基礎の確保にありました。

一般的にはその政策として取られたのは、土地所有の制限と没収による所有の平準化政策であります。津藩、仙台藩、佐賀藩などにおいて、その範疇に入る土地政策が取られています。基本的には会津藩における土地分給制度の政策も同じ目的を持つものであります。

しかし、どのような理由かはわかりませんが、会津における土地分給政策についての記録は、会津藩の公的記録である『家世実紀』に、そのことが記載されていません。そのために、会津藩における土地分給政策の実施の真偽を研究者の間で疑われたこともありました。

庄司吉之助氏が会津の郷土史家五十嵐竹雄氏所蔵の『会津藩郡一貫』（参）の写本のなかの「寛政十二年田畑平均一件」によって、一、地平均仕法の任役決定、二、仕法の大要、三、仕法建言、四、仕法着手、などを明らかにされ、『世事見聞録』の記載とともに、その政策実施の詳細が確認されたのであります。『家世実紀』に、藩財政の窮迫の状況が記載されながら、この政策が記載されないのは、会津藩のなかの藩政改革に対する意見の相違があり、藩学である朱子学を否定し、徂徠学によって下からの改革を図った玄宰に対する『家世実紀』編纂者の抵抗の跡とも思われます。しかし、時代は朱子学的権威主義の無力化と現状を分析して実学的な対策による改革なしには、藩の財政維持、ひいては封建体制そのものの維持が困難になっていることを物語るものであります。

会津藩における農業政策に対する意見の対立は、延享年代から顕在化します。延享元年（一七四四）に藩内において、藩財政の立て直しのために、年貢の増税によって対処すべしという主流派と、今増税すれば農民の困窮はますます深刻になる、むしろ年貢の減額によって、農民の生活安定を優先すべきであるとする農民擁護派との論争が起きます。

延享四年（一七四七）には、郡奉行中野藤太夫が農民擁護派の立場から「農民安治策」を藩に具陳します。しかし、主流派の西郷仁左衛門らは中野を罷免し、貧窮農民に社倉米の貸し付けなどをもって対処しながら、増税路線を推進します。そしてすでに述べたように寛延二年（一七四九）に、その貸し付け拒否と年貢の引き下げを要求して、全藩一揆が発生します。その後、藩は宝暦五年（一七五五）に農民擁護派であった外島左一兵衛を再登用して、農政の刷新を図り、農民の負担軽減の一助として郷頭制の廃止を行います。また安永五年（一七七六）には下級武士に耕作放棄地を耕作させ、地方給人制を導入しています。そうした対策も、安永九年（一七八〇）から天明年間（一七八一～一七八八）の天候不順による凶作によって、農民の困窮はますます深刻になり、多数の死者を出す事態にまで進展します。

天明五年（一七八五）には田畑生帰法（手余地、不明地、質地などの耕作放棄地に対する現状調査を行い、原簿と照合しながら、農民の持ち分を明確にし、耕作の再開を、租税優遇などの政策と併せて実施する制度）を定めて実施します。

これはあとの土地分給政策の初期の形態を示すものですが、これによって会津藩はおよそ八〇〇〇石の米の収穫増を獲得します。

この政策の実施にあたって、会津藩は廃止した郷頭の代わりに、郷役所を公共の施設として設け、そこに任役として複数の役人を置き、役務を行うという機構改革を行ったのであります。これは郷頭などの藩と農民の間に介在する役人の専横や不正など、農民の信頼を得ない郷頭を排除することと、藩財政の緊縮をその目的としたものであります。

この改革によって会津藩領内においては、ほかの地域に存在する豪農といわれる大地主の発生は、その後の土地分給政策と相まって、抑制されました。近代になって、地租改正以降に高利貸と一体化した地主の発生を見ますが、近世においては、こうした一連の土地政策によって、会津藩においては、自作農が農業の経営形態の多数を占め、村のなかでの相互扶助的協同が行われていたのであります。

しかし、藩財政の確立という観点から見るなら、その政策効果を一日も早く藩財政の改善に反映させたいとする官僚的発想から、農民の再生産を配慮しない増税、実質としては定免への復帰なのですが、引き続いた凶作の後遺症が残るなかでの収奪が行われ、折角の田地生帰法による農民生活の安定が反古になってしまう状況に陥ります。

玄宰はそこで年貢の減額（再生産を保障する範囲においての年貢額）と同時に、土地分給制の実施を建言します。

それに基づき、会津藩は天明七年（一七八七）に「御政事向中興」を決議し、次のような「地下（農民）取扱方心得の儀、郡奉行申付」を行いました。

これは代官などの下級役人に現場感覚での政策的建言を求めたもので、換言するなら公募であります。

「当年の儀、地下甚しく困窮にて売人にも多分出候へば、明年の儀、田地片附け方を始め甚難渋の年柄と相見候處、一度手余地差出候へば、容易には難生帰永く御取ケ減に相成候儀に候間、一天災の儀は人力の不及候へ得ども兼而民勢強候、―深不相痛、其余田作の興廃共専民力の盛衰に預かり候間、民力を得ば取計専要に候、―其儘差置き候ば年々民勢相衰御取ケ相減、上下困窮に至り候ては甚以不相済儀に候、―四郡の民勢均相成民力を得後年御安堵に相成候様面々觸面のみと不見込、團體第一に致し収法の次第明春可申出旨郡奉行共へ申し渡し」（『家世実紀』）

これによって、会津藩の土地分給の政策は、全藩にわたって提言がなされたのであります。

封建時代においての土地に対する意識は、土地は領主のものであり、農民に土地の所有権は存在しないという前提に立っています。農民は領主の土地を耕作し、その収穫物をもって年貢を払って生存権を得る、という関係性にあります。したがって年貢は地代あるいは借地料ということではなく、貢物（みつぎとは、調《みつき》の敬語体で租税の総称として使われるが、奉納と同意）として、民が領主に捧げるものであるという考え方に支配者は立っています。

玄宰はそれを、土地は領主のものであっても、農民の生活が安定しなければ、その土地の持つ価値は活かされない。領主はその土地の有効な活用による年貢の確保は領主の義務だという考えに立っていました。そのためには、まず年貢を適正なものにして農民の生活安定を確立しなければならない。また、藩の必要とする公共的な労役（道路の整備や治水など）に従事させるにも、農家がその賦役に応じられるだけの余裕を持てるようにしなければならない。

そうした基本的な方針をもとに、玄宰は寛政十一年（一七九九）に、現場役人である藩の代官や郷頭、肝煎などに広く建言を求めたのであります。これはいわゆるトップダウンではなく、ボトムアップ（下からの改革）という考えに立ちます。

そして、塩川組代官斎藤民弥が建言した「建言書」を採用して、その実行に移しました。

斎藤民弥の「建言書」は、次の九項から成っています。

一、校田論、二、農民生計論、三、農民の家計調査、四、為政者の要諦、五、勧農論、六、土地分給論、七、土地耕作面積と徴税論、八、治水論、九、累代徴租制度について（この項題は、庄司吉之助『会津藩政史の研究』による）

一、校田（交互に作る田）論とは、中国の周の土地制度に倣って、上田は毎年、中田は一年置き、下田は二年置きに耕作する方法、其の考え方に立って、公、私の耕作地からの収益が農民家族の生計費と税（年貢）が均衡を得るには、五人家族の場合はどれだけの面積が必要なのか。それを現地を調査して、土地の規模を明確にする。

二、農民生計論、農民のそれぞれの家族に応じて、必要な生計費を算出して、それを満たす生産をすれば、困窮することはない。且つ無用のものを求めなければ礼を失することもない。そのためには治めている者の生計の調査もする必要がある。

三、農民の家計調査、一人の人間の生計費の基準は、広くはその基準をもって一家、一村を計ることができる。自分はすでに役職の及ぶところの村の分限を調査し、田畑の所有別、苗代、屋敷、不作地（耕作をしていない土地）などを調査し、貢租（年貢）とそのほかに、堰の費用、村の負担金、農具などの総支出と生産物の売上金との関係を調査し、それをもとに貢租の適正を酌量しなければならない。

四、為政者の要諦、周礼の滋養、養老、賑窮、恤貧、寛疾、安富の法を施行し、農民がとり入れた作物をもって一家の扶養ができるようにしなければならない。それが出来ないのは為政にある。為政者の逸楽はどうしたものか。

五、勧農論、これがもっとも一番に大事だが、それを進めるには、先の法とともに、米の価格の適正と安定、奢侈の禁止し、人と馬を増やし、手余地を減らすことである。

六、土地分給論とは、勧農をすすめるにあたって、現状は富者は熟田（上田）貧者は薄田（中、下田）を耕作している。そのために貧者は散田（手入れ不十分）質地（借金の質入れ）にする者が増加し、ついには土地を失い、また荒廃の原因になっている。したがって、熟田薄田の強弱の田を平均にして経界を立て、作人がその恩恵を得るようにし、福民の貧民侵掠を抑えることが必要である。そのために土地分給の政策実施が必要である。

（この政策論は、民弥の健言の内容の中心をなすものなので原文を記載しておく）

「田畑熟薄組合耕作致、熟田計《ばかり》、勝手耕作不致様儀、致候儀、御座候、百姓共勝手熟田計引入、薄田之地所計、散田等致候故、打米入又、一村寄合作等致候得、不作致候故此疎、終手餘相成、極々粗田計手餘相成、候分末々発候儀在間敷奉候、又貧民熟田分質地致、粗田計耕致候得、娘聟見合遠、又不幸等無跡相成候、代百姓相立候者是無御座候、左様候得熟薄田畑取組経界正致、作人得候儀、福民貧民侵掠抑、田地片附此御座候、質地並田地計次第春中申上候間不申上候」

七、土地耕作面積と徴税論、六の見地から、その組、その村の土風に従い、男何石、女何石と必要とする石数、例として男七石、女五石の標準を法に定め、土地の豊度により、夫婦で十二石の作高で七つ免（租税額は家族の構成と人数によって異なる。七つ免は定免が五割の半免だから三割しか残らない者）以下の者は貧農民として耕作面積を増やすことと、減免を対策として講ずるべきである。

八、治水論、治める者は農業用水の確保を行わなければならない。農業用水用の堰堤、溝渠などの施設の管理を行わずして租税の増徴を行うなら、民情を失い、一村窮乏の原因となる。

九、累代徴租制度について、会津藩において寛永年中の税制をもとに行っているが、収穫高相応になっていない。そのために困窮が起きている。宝永、正徳、享保三年までの高免相によるものは帳消しにし、農民に作徳がある徴税にしなければならない。作徳があれば人馬は増え、作徳がなければ人馬は減り農民は勢いを失う。

玄宰は、笈川、塩川両組代官、斎藤民弥のこの建議書を採用し、それを実行しました。その内容は強烈な藩制批判であり、藩財政の破綻は藩役人の無策と重税にあることを論述し、農民のなかに拡大した格差是正を土地給分政策によって行うことを提案したものでありました。寛政十一年（一七九九）にその政策が会津藩の農業政策として正式に決定され、翌年春から実施されたのであります。

実施にあたって民弥はその仕法を、口上書として提出しています。

それは次のようなものであります。

一、田地平均は民食生産の制度であること

二、実行に当たりては、土地の豊度、治水、山野、無毛地、人力の強弱、牛馬数、作徳の寡多、余産の有無などを調査し、検地し、絵図、記帳にて行うこと

三、一組（村の上部組織としての組）実行して平均化すること

四、検地後は永久の制度たるべきこと

次いでその具体的な方法として六大方策を建議している。

一、租法、二、質地、三、流地、四、手余地、五、直小作、六、不正質地（内質地、利上質地）

一の租法については、藩の租法についてであり、二の質地については、農村の現状を見た場合に、貧富の格差が拡大し、農地が借財、あるいは年貢滞納のために、質物として取り扱われ寄生的な地主が存在しています。これを排撃することを目的に、それらの扱いについて述べたものであります。

この二つは基本でありますので、その要旨について触れておきます。

まず、租法ですが、寛文五年（一六六五）の検地後、慶安三年（一六五〇）に歩刈法が作られ会津藩の租法の基礎が確立されました。それによって四公六民の税率を基本に、地域の土地の豊度や収穫の状況を斟酌し、延宝年代の定免制まで三〇年間、種々の変更はありましたが、それを基準としてきました。具体的には耕地を上中下の三段階に区分し、租法は八つより五つまでの幅をもって、藩には全体として四公六民の米と金によるものであります。その結果、米生産の少ない地域は難渋をきたし、民力不振に至ったのであります。

役人の怠慢により、実態に即さない賦課が行われるという事態が発生し、甚だしきは八公二民のところも生じていました。こうした重租は当然滞納となって、肝煎や郷頭の利権となっていたので、これを改めて、慶安三年の租法に則った基本に戻すべきであることを主張しています。

質地については、熟地（土地が肥えているところ）は、田畑ともに平均に農民が持つために、熟地の質地は差し止めとして、熟薄相当地については、両者が話し合って入質に組み入れることは差し替えない。また、困窮のために入質の場合は、必ず請け返すことを条件にし、両者とも代官が裏判を押すこと、など。

そのほかにも、周到な細則が決められていますが、省略します。

諸準備が整った寛政十一年（一七九九）実施に入りますが、玄宰はその実施にあたって、役人ではなく肝煎（末端の役人ではあるが）のなかから、もっとも信望のある者を肝煎衆の推選によって選び、それに苗字帯刀を許し、実行委員長としての権限を与えています。

そうして任命された一人が湯川村浜崎の肝煎、新妻藤伍でありました。藤伍は実施にあたって、貧しい村に対する負担経費を年貢経費のなかから、一五〇〇俵分を充当することをもって実施に入ります。

モデルケースとして浜崎集落の土地分給は実施されますが、それに続いて、全藩的にそれぞれに信望の厚い肝煎を実行委員長にしてすすめられ、二年間をもってほぼ完了しています。

享和二年（一八〇二）に、この政策による成果の一端として、藩は徴税制度の改正をし、年貢を米と金の両制にし、手余地、廃田などの生帰によって、一八年前の水準にまで戻しています。

この政策の評価については、庄司吉之助氏の『会津藩政史の研究』の「会津藩における土地分給制」の「結び」を引いておきます。

「会津藩の田地平均、即ち土地分給制の骨子は、徴租機構の再編成による土地耕作の平均所有化にあって、手余地、廃田、荒地などの整備と、寄生地主の耕地（熟地）兼併防止並びに所有地の分散化であった。そして、郷村制の強化によって、熟田、薄田を平均耕作させ一村連帯負担の均等を行い、右により貧富の格差を緩和することにあったのである。従って寄生地主の多大な土地（質地）の没収、又は三割請返しの仕法を以て、極力貧農に持地をさせることであった。郷頭高利貸地主への制裁は職名廃止にまで進展していったのである。

田畑平均化が永久の仕法として、土地所有拡大防止に次いで、どれ位の耕地を所有すれば、いわゆる貢納及び再生産量、自己保有量（家族及び農業者の生計費）の三者を完全に遂行できるかという。当時の適正規模の根本問題だが、これについては、斎藤民弥が調査した家計調査があり、それによれば、一戸あたり土地所有を二十石前後（耕地にして一町四反余）が必要と推定して、それを御定め農家としている。それに基づき、慶安度の耕地所有規模を、里郷二十石、山郷七十石を標準にした。

しかし、封建徴租が、再生産量及び自己保有量まで喰い込む仕法である限り、永久仕法としては、それは不可能である。が、その立案の規模、企画の大きさ、微に入り細にわたっての家計調査、検地、絵図等の作成、さらに課税基準の土地の豊貧度までも、考慮に入れて行ったのだが、問題点もあった、それは各村の強弱面を全領内、平均にして徴租した点、農産物の商品生産化が進み、田畑の熟薄は単に米生産を標準としてだけは考えられなくなった点、農業経営が徳川初期のように単純な生産でなく、多様化してきた点などによって、分給制が、前述のごとく再生産量まで収奪することが除去されないかぎり、永久の法とは成り得なかったのである」

と、その成果とともに歴史的限界性を指摘しています。この会津藩における土地分給制の結果の詳細は、笈川、塩川両組代官であった民弥が、その両地域における実行の状況を書き残していて、その資料に基づく分析と評価が、庄司氏によって行われていますが、結論的には、前述の「結び」に集約されています。

二、会津藩、寛政の改革とその思想

寛政の改革を行った玄宰の思想が徂徠学に拠ったことは前述しましたが、正之以来の藩政全般にわたっての大改革でありました。

三本柱の改革において、玄宰はその一本を行政機構の改革に向けます。

行政に関わる官僚としての武士階級に対して、改めて職務章程（職務規定）を定め、自己研鑽を求め、そのために学校奉行を置き、藩学の改革的充実を行ったのであります。そして四郡の役所前には目安箱を設置し、藩政全般について、一般領民の声を聞き、それを政策に反映させる体制を作ったのであります。さらに農業改革については、年貢の合理性の追求による引き下げとともに、今日では想像も出来ない私有制を否定する土地分給制を政策として行ったのであります。しかし、これは天明の飢饉という悲惨な状況から脱するための方法でもあったし、それはまた格差社会が発生していた農村社会の下層農民からの要望を反映したものでもありました。同時に、商業の発達に呼応して、養蚕、漆器、などの特産品の導入とその奨励を積極的に図りました。酒造りについては、大坂酒造法を導入し、大坂から杜氏を招いて、その製法の伝授を受けています。

この改革は当時としては最先端の治政学であった徂徠学によるものであったのであります。徂徠学は、体制の変革を目指すものではありませんでしたが、体制を維持しながらも、常に情勢の変化に即して、体制機構の刷新を目指すものでありました。

荻生徂徠晩年の政治思想といわれる『政談』において、徂徠は、

「国天下治めるには、まず富（経済）の豊なるようにすること、是治の根本也」「法は国を繋ぐ綱なる故に、法負けて乱れるは云う事なし」「本を重んじ末を抑えるということ、是、古聖人の法也、本とは農也、末とは工商也」

と、その時代においての治政の根本を農本主義思想に置いています。

民弥が建議書のなかで古代中国の例を引いたのは、この思想に依拠していたからであります。しかし、藩内においては、その改革によって失われる既得権の擁護や役人の利権構造への執着に起因する抵抗が当然ありました。また、徂徠は教育について次のように述べています。

「総じて、聖人の道は、元来治国平天下の道なる故に、政務の筋に入用なることを第一とする事、古よりかくの如し、その上、人の器量に得て不得手ありて、一人にて諸事は兼ねられぬ上、小身にては広き事には力も届き兼ねることもあり（以下略）」

人間の能力は一様ではない。適材適所をもって学問し、それを政治に役立てなければならない。と、説いています。

さらに徂徠は、行政改革について「職階とその責任制」「職務の分担」と「職務内容の明確化」を説いています。玄宰はその思想によって寛政の改革を断行します。徂徠の改革思想の一つである「武士土着論」は、会津において、検討はされましたが実施はされませんでした。その内容は城下町に偏在する武士の農村への土着を促すものですが、これは一部の地方《じかた》御家人としての試行はなされましたが、城下町の衰退論によって行われませんでした。

玄宰は正玄の六代目の子孫ですが、正玄は、武田信玄の家臣であった祖父玄儀が、長篠の戦いで信玄が戦死したあと、追っ手を逃れて佐渡に渡っています。正玄の父である玄重は、その佐渡で生まれました。浪人暮らしのなかで生まれた正玄は、十五歳の時に保科家に仕官し、正之の部屋小姓として仕えました。以来、正玄は正之のもっとも信頼の厚い家臣として、会津藩においては、城代家老を勤めたのであります。

正之は正玄が亡くなった時、わが子正経に「自分の死後も正玄の定めた法（制度）は改めてはならない」といったという挿話が残されています。また、正之のシンクタンクのひとりであった山崎闇斎は正玄を評して、「学文これなく候えども、大量の仁に候、好ましき気象に候」といっています。その六代目にあたる玄宰も、仁の思想によって改革をなしたといっていいと思います。それは、儒学思想の根幹である他者への思いやりと自己制御という倫理観に基づくものでありました。それは宋学としての朱子学の原理でもありましたが、朱子学がその封建社会秩序のイデオロギーとして御用学化されて、形式的な権威主義に変質していったことに対する痛烈な批判でもあったのであります。

天明八年（一七八八）に、藩主松平容頌は、玄宰の藩政改革に、「藩は一つとなって取り組み心を尽くすべし」と、命じています。それは、藩内の意見の対立のあったことと同時に、容頌の玄宰への信頼の厚さを物語るものであります。容頌が玄宰を信頼したもう一つの理由として、作家の北篤氏はその著『会津異端の系譜』のなかで、八代藩主容敬の隠された秘密について書いています。

それは文化二年（一八〇五）に藩主容頌が没し、その封を継いだ容住も僅か五ヶ月後に病没し、そのあとを容住の弟、容衆が継ぐということがありました。病弱な容衆は文政四年（一八二一）に徳川家斉の娘と婚姻しますが、実子がないまま一年後の文政五年（一八二二）に二十四歳で死去します。そのあとを継いだのが容敬であります。

容頌は生前、容住、容衆の病弱を心配して、玄宰に相談しています。後継者がなければ家譜は断絶されます。それに対する備えをどうするかであります。玄宰は昵懇の仲であった水戸家の家老に相談し、高須藩に養子に出ることが決まった水戸家の三男義和が、腰元に手をつけて生ませた男の子がいるが、そのことが高須に知られてはまずいので、そういうことであれば、会津藩で貰ってくれないかということになり、玄宰は早速、容頌に相談して了承を得て、その子をひそかに貰い受け、容衆の弟として育て、容衆の死後、八代藩主容敬として家督を継がせるのであります。

文政十一年（一八二八）に容敬は前田斎広の厚姫を娶ります。しかし子がなく、弘化三年（一八四六）に高須藩から藩主義建の六男を養子に迎えます。嘉永五年（一八五二）に容敬が死亡し、容保は九代会津藩主として襲封します。その話が事実であったなら、容敬と容保は水戸家の兄弟を親に持つ従兄弟であったことになります。

また玄宰は、殖産振興の方策として、享和二年（一八〇二）に会津漆器の中国、オランダへの貿易をも試みています。さらに出雲から薬用人参の苗を会津に買い入れ、栽培を試みています。幕府は鎖国政策を取って長崎出島に幕府の貿易拠点を作っていましたが、そこを通じてオランダからの医学など、さまざまな知識が入ってきて、蘭学という西欧の文献的知識による学問が青木昆陽、貝原益軒らによって始められました。

それは、いち早く徂徠派の儒学思想のなかにも取り込まれていきました。が、それは幕府の鎖国政策とは矛盾し、結果として体制の政策批判ともなったのであります。

しかし、現体制を絶対なものとして、それを権威づけて維持するのには、林羅山の林家や山崎闇斎の崎門といわれる御用学者の朱子学的観念論によるほかはなく、そのための巻き返しが幕府を中心に図られていくのであります。

寛政二年（一七九〇）に、幕府は「寛政異学の禁」令を出し、朱子学以外の学問を研究したり、講義をしたりすることを儒者に禁じました。そして寛政九年（一七九七）に林家の私塾であった湯島聖堂を幕府の学問所として官立にし、寛政十年（一七九八）に儒者は林家の学風、朱子学を修行すべしと命じたのであります。

この間に松平定信の幕政の「寛政の改革」と、その失敗による定信の老中職失脚があります。それには触れませんが、改革は既得利権を失うことなしには成立しないものであり、定信の上からの改革はそれらの抵抗にあって失敗したのであります。失敗というより、田沼意次の腐敗した幕政改革を、定信は極端ともいえる質素倹約という方法によって行ったのであります。

定信の政治腐敗に対する厳しい政策は、庶民の要求にそったもので一時的には支持されましたが、すでに商業資本による物流によって、庶民の生活が消費社会に移りつつあるなかで起きている諸問題の対策に、真正面から向き合わずに、「倹約令」や旗本らの借金踏み倒しである「棄損令」など、引き締めによる財政再建政策は、時代に合わず庶民の支持を得られなかったのであります。

定信は意次の新興商人の利権と引き換えの賄賂政治に、かねてから、その清廉潔白な武士道的な性格から、業を煮やし、ひそかに意次暗殺の計画を練って、反田沼派の藩主を集めていましたが、天明四年（一七八四）に意次は江戸城内で、佐野善左衛門によって斬殺されてしまいます。善左衛門は狂気として切腹しますが、それによって庶民の幕政への反抗は吸収され、定信の抑圧的改革も体制維持のための庶民への押しつけにしか、映らなくなるのであります。

定信は「蛮夷と百姓一揆が、わが国を脅かすもの」と、言い残して失脚します。それを横目で見た玄宰は、会津藩の農政改革を、農民上層とその現場にいる下級役人の現状認識をもとにした下からの改革を断行します。

寛政八年（一七九六）に伊勢の藤堂藩において行われた、均田制（農民内部における格差の拡大を是正する制度）は、権力によって強制的に行ったために、全藩三万の農民一揆が発生します。

また寛政十年（一七九八）には榊原藩奥州領浅川において全領一揆の強訴が起き、庄屋や上農層が打壊しに遭っています。玄宰は徹底した現場主義に立って、実態調査をもとにした生活経営のモデルを提示して、農民多数の合意形成を図って実施に移します。

一部の上農層の抵抗はあったが、農民生活の安定のための政策として、農民の支持を得て土地分給政策は成功しました。

それは思想的に徂徠派の実証性を重視するプラグマティズム的な思想によったからであります。

しかし、会津藩の寛政の改革は、もう一つの柱に教学の改革がありました。玄宰は朱子学から、徂徠学（蘐園学派ともいう、蘐園は徂徠の雅号である）による藩士（官僚）の意識改革を図ろうとし、そのために、寛政十一年から三〇〇〇両を費やして建設を始めていた藩校日新館が、享和三年（一八〇三）十月には落成しました。それに尽力したのは徂徠学派の昔陽であります。したがって、昔陽は日新館設立の功労者とされます。

玄宰は昔陽をして、藩学の朱子学を当時もっとも進化した儒学思想である徂徠学（実学）に改革しようとしたのでありますが、幕学を牛耳る林家朱子学とそれに直結する会津藩の儒学者たちの儒教としての権威の前に、それは結果としては成らなかったのであります。

もちろん、徂徠派も儒学の一派であり、日新館の大成殿に、正之が生前に礼拝した孔子像が安置されるのは何の不自然もないのではありますが、名実ともに、日新館はその時から、朱子学的儒教の殿堂となったのであります。

その経緯の一端を郷土史研究家の小島一夫氏は「会津藩の教学」のなかで、藩学よりも早く、横田俊益によって郷学が始められ、諸国を万遊する禅僧、如黙をもって校長にして「稽古堂」での塾教育が行われたことから説いています。そのことは前述しているので重複は避けますが、元禄元年（一六八八）に、藩の教育の興隆と施設の整備が命ぜられ、「稽古堂」とともに、藩立の学問所として「講所」の建設が成されました。しかし、「稽古堂」の方は、「町講所」として新設され、一二五年間にわたった会津の庶民教育の殿堂としての「稽古堂」の名は消されます。

そして、藩校としての郭内の講所には、山崎闇斎が正之に贈った孔子像が安置されます。まずは形を整えるということだったのでしょう。いかにも朱子学的であります。この孔子像は闇斎が京都のどこからか手に入れた唐製のものであったのですが、金色に塗られていたために、純金だという噂が流れ、宝暦十一年（一七六一）の七月二日の夜、盗難に遭います。盗んだ泥棒はその像が青銅製であったために、潰すことも、売ることも出来ずに自宅に隠していましたが、明和元年（一七六四）八月五日に発覚し、泥棒は磔の刑に処せられます。

その間、藩は仮の孔子像を作って安置していましたが、帰って来た古い方の孔子像を、再び講所の孔子廟に安置したのであります。

会津藩は正行以来、藩学としての朱子学をもって藩政をすすめてきましたが、儒学としてというよりも、もはや儒教として、その教義を教条的に唱える建前論では、藩財政の窮迫を打開出来ずに、二代藩主正経のころから、財政赤字は慢性的になり、宝暦年間（一七五一～一七六四）には、赤字額が四〇万両になり、さらに、安永元年（一七七二）には五〇万両を超える額になりました。そのための抜本的対策は一刻の余裕もなかったのであります。

前述したように、会津藩は新進気鋭の田中玄宰を家老に登用して、その対策にあたらせるのでありまます。玄宰は藩学としての朱子学教育にその原因を見て、財政危機の原因を明らかにするために、藩の実態を把握し問題点を解明して、それを解消するための政策を断行するという徂徠学（実学）に変更することの必要を痛感して、そのことを提案しますが、すでに既得権益が体系化していた朱子学派はそれを認めませんでした。玄宰は、それではと、家老職を病気を理由にして辞職します。しかし、事態の深刻さは増大するばかりで、玄宰の要望を、藩主の命令によって聞くということで、再び玄宰は家老職に戻ります。そして古屋昔陽をはじめ、安部井鱗（幨園）、澤田英（泰蔵）、上田文長（冬蔵）など、一〇名に及ぶ徂徠学派の儒者を、藩学の教官として召し抱えたのであります。そして講所を拡張し、講所の功令「六科糾則」を制定し、兵学、馬術、礼式を加えて、藩の徂徠学派による藩士の教育が開始されたのでありました。
六科、六行、八則からなる教則は次のようなものでありました。
六科（藩政のために役立つ、藩士の人間像）
一に曰く、古を稽ひ事に明らかに治道に通じ人の所長を知る者
二に曰く、人を愛し物に及ぼし教化安民の道に志ある者
三に曰く、神道和学に達し吉凶の礼古実に辦ひ時々損益することを清廉にして能く欽慎なる者
四に曰く、古聖人の善とする所を知り、時宜に従ひ事を処し武備教練意を会得し沈勇にして決断ある者
五に曰く、人の為に謀り人の労に代わる己が事の如く心尽くし忠信にして獄訴律学に長じたる者
六に曰く、和順にして物の性に悖らず土木百工を導くの才能ある者
（土木百工とは科学技術の指導の出来る者）
六行は六科の前提として求められる藩士の倫理、八則は藩士が慎まなければならない事項であります。
これは、まさに徂徠学の思想であり、昔陽によって起草されたといわれます。藩士教育のなかに産業の振興と地域の開発に役立つ人間の育成が盛り込まれ、「古人が善とするところを知り、時宜に従って事に処せ」という、原則をもって時代の変化に即応してことにあたれということは、形骸化して実

際の役に立たない朱子学に対する厳しい批判でもありました。

小島氏も指摘していますが、玄宰はこの教育を受けることを、藩士の義務としました。そして条件に応じて、教育環境を整え、またその熟練度（学習到達度）の段階に応じた教育内容をカリキュラム化しています。

教育期間もその到達度に応じて五ヶ年に、さらに三ヶ年間を加え、それでも所定の到達度に至らない者は、長男であればその家督相続を二男以下に譲らなければならないという厳しさのともなった画期的なものであったのであります。これには世襲によってきた既得権者からは反対が起こりました。もともと六科とは古代中国における官僚登用をモデルとするものであったので、武士階級の特権に対する否定的挑戦であるとする者もありましたが、先述した藩主の命によって、その意見は封じられました。しかし、その巻き返しが、容頌や玄宰、さらに昔陽の死後、幕府と会津藩の朱子学派によって行われたのであります。

玄宰はこの改革を藩士の教育に限定する考えはなく、藩内全体の学風の改革を目指しました。領内のすべてに寺小屋や塾を作り、この徂徠学の学風を郷学としてすすめ、そのなかから多くの人材が輩出しました。高田組郷頭、田中東昌が、高田邑に開いた私塾「継声館」もその一つであります。「継声館」はその創設年月日も場所も不明とされ、文化八年（一八一一）からの日記（会津美里町「田中文書」）が残されています。

武士階級を対象とした藩学とは異なり、その修学の心得としては次のようなものでありました。

一、道にて傍輩に逢はゝ冠物をはづし礼すべし、他人にも勿論及ぶこと

一、学舎往来立止るべからず、悪き雑談いたすべからず

一、何事によらず傍輩物を争うべからず、若し又争う者あらば、速やかに教え諭し、用いざるものは右の趣を断るべし

一、往来に飛び走るべからず

一、偽りをなすべからず

ここに忠君滅私の思想はありません。「争いと偽りをしてはならない」という民衆の倫理思想が説かれています。

その教学の内容は次のようでありました。「六等書積の定」によれば『孝経』、『大学』、『中庸』、『論語』を読破した者を五等に進級し、さらに、孟子、小学、詩経を読破した者を四等に進級し、さらに『礼記』、『易』、『春秋』、『周礼』、『儀礼』を学んだ者を三等に進級し、それらすべてを終了した者を文選卒業者として二等に進級し、読了とともに、書き写し終えた者を一等に進級させています。それは支配階級の知識レベルと同等のもので、そうした民衆教育が城下よりは遠く離れた邑において行われています。年少者は十歳前後ですが年長者は二十九歳までおり、しかも男女の区別なしに就学していています。幼年時に寺小屋で学んだ者が、さらに勉学のために通ったともいわれ、生徒も年々増加し文

化十二年（一八一五）には一〇一人の生徒数を数えています。文化十二年の正月三日には、修学者に対して「実行を先として」守るべきことを十カ条に定めています。

一、雑談であっても、偽りを話さないこと
一、人を誹謗しないこと
一、人には虔著に接し、言葉づかいも丁寧にすること
一、好色の話や悪い雑談はしないこと
一、起居の振る舞いに気をつけ、慎みを専らにすべし
一、人の矩を怒り、人に怒りを移さないこと
（著者注、矩は論語からとられていて、一定のわくからはみ出さないという意であります）
一、自ら驕ることのないようにすること
一、学問は常に怠らないこと
一、倹約をすること
一、衆人には親切であること

先の五ヶ条とともに、これが近世会津における民衆の倫理観であります。会津の支配階級の思想としての朱子学とは、異なる実学的な徂徠学の倫理思想がここにあります。玄宰亡きあともその思想は民衆のなかに継承されたのであります。

その玄宰が招請した徂徠学の昔陽は文化三年（一八〇六）に七十三歳で没します。玄宰もまたその二年後の文化五年（一八〇八）に亡くなります。そして、文化七年（一八一〇）には、会津藩の学制が程朱の学、すなわち朱子学に統一されて、その師に林大学頭（林家世襲の名蹟）を置くことになります。その中心になったのは皮肉にも徂徠学の儒者として玄宰とともに教学の改革にあたった安部井澹園の養子となった安部井帽山でありました。帽山は安田厚伯範光の長男として生まれますが、会津藩の秀才として藩命で江戸に上り、幕学である朱子学を林述斎、古賀精里に学びます。

江戸から帰った帽山は、高津淄川とともに、会津藩の教学を徂徠学からもとの朱子学に変える中心となります。そして『日新館童子訓』を著わし、文化七年（一八一〇）の藩の教学の改正に尽力します。その学制の要綱を『四書輯疎』二九巻にまとめています。

玄宰が行った会津藩、寛政の改革の思想としての徂徠学は、その後、ほどなく会津藩の教学から一掃され、藩祖正之を神格化し、家訓に基づく徳川幕府への絶対忠誠とそのための原理主義的武士道精神によって涵養された藩として、開国をせまる諸外国からの防衛に、会津藩は、どの藩よりも率先して、それにあたることに、藩の存在意義を求めるという特権的な意識が、藩学思想の中心に置かれていくのであります。

それは、正之が治政の根本に置いた領民に対する善政の思想とは乖離し、武士階級と農民階級との間に、一体感よりも支配と被支配という関係性をより強くし、農民に不服従の思想をより強く意識させる結果になるのであります。そうしたなか、会津藩は、天保元年（一八三〇）から八年にわたって、またもや、天災による大凶作に見舞われます。この凶作によって天保六年（一八三五）から弘化二年（一八四五）までの一〇年間に、四七万二九〇〇石の年貢の減収を余儀なくされ、農民に貸し付けた（実質は未納年貢）米五一万七二〇〇石、金一二万二四〇〇両を棄損しているのであります。さらに嘉永三年（一八五〇）にも一万四〇〇〇両を棄損しています。それでも藩領内が持ちこたえたのは、寛政の改革によって、耕作放棄地は生帰され、農民間の格差が是正され、五人組を単位とした相互扶助の共同体制と、その思想が存在していたからでありました。

この寛政の改革は、利権をもって（年貢や貸付金などによって優良農地を集積する）、蓄財をして、ほかの地域のように、特権的商人と結託蓄財をする豪農と呼ばれる大規模な富農層の創出を、会津藩内においては、極力抑制するという役割を結果として果たしたのであります。

それが農民の思想にどのような影響を及ぼしたのかというなら、封建体制の枠内での、この生産構造の均質的な改革は、下層農民のなかに縦の構造による思考から、横の平等意識と五人組という小集団の連帯意識を持ち込み、平坦地帯の農村社会においての、地縁的な共同意識をより明確に自覚させたのであります。

鍬頭となった中農層は村役人として、地頭らとともに農民のなかから選ばれ、彼らは世襲である肝煎らと交渉権をもって、農民のさまざまな要求を訴願ではなく、交渉によって解決しようとするのであります。それは村における多数者の代表として、藩体制の末端役人である肝煎を、封建体制に向かって突き動かすことになります。

後述する「世直し一揆」において、肝煎がその傘下の農民によって評価され、打壊しに遭う者とそうでない者とに、選別されるのは、この改革による農民の意識の自覚的な変化の結果なのであります。盆地の平坦地と生産条件の異なる山間地の南山御蔵入地においては、凶作によって飯米不足が生じ、安政六年（一八五九）から万延元年（一八六〇）にかけ、安石代願訴訟が続発します。近世後期において、その南山御蔵入の全領越訴一揆の頭取となったのは、大沼郡尾岐郷の長峯治郎太輔でありました。治郎太輔は代々名主職の家に、文化三年（一八〇六）に生まれましたが、十六歳の時に父を失い、名主職を継ぎ、文政六年（一八二三）十七歳の時に江戸に上ります。

江戸でどの学派に学んだかは、明らかにされていませんが、その後の行動から推測するなら、「蛮社の獄」で亡くなった高野長英や渡辺崋山らとの接触が考えられます。なぜなら、治郎太輔は末端の役人ではありましたが藩士ではありません。身分としては幕府直轄地の名主農民であります。仕送りを得て、江戸で遊学が出来るような環境にはおりません。治郎太輔の一五年間にわたる江戸での生活は、働きながらの勉学であったか、それとも何かの組織か運動体に加わっていたと推定されます。

治郎太輔は、江戸から、馬関（下関）に行ってそこで数年間滞在しています。当然、長州人との交流があり、そこからさらに長崎に向かいます。そして、オランダ人と交易の話をしたと、自伝には書いています。しかし、天明飢饉のために南山一帯が窮状に陥っていることを知らされ、天保八年（一八三七年）に会津に帰ります。

そしてその翌年の、天保九年（一八三八）に、三十一歳で冑組二一村の総代里正（名主の代表）となります。その後、東尾岐組の総代里正を兼ね、万延元年（一八六〇）には南山全体二七一村の総総代となったのであります。

治郎太輔は、それまで数年間にわたって貢租安石代納（年貢の引き下げと、飯米確保のために、飯米の給符と年貢の金による納付）を、歴代の名主たちが幕吏（南山代官）野村義助、飯田兵左衛門らに訴願してきたが、聞き届けられなかったことを聞いて、治郎太輔は、南山御蔵入の農民の窮状を文書にしたため、決死の覚悟で、善四郎、嘉藤次の二名の代表とともに、万延元年（一八六〇）、江戸に上り、閣老、久世大和守広周の登城を待ち伏せて、駕篭訴を決行します。駕篭訴は越訴であるからご法度で捕えられ、約八ヶ月間に及ぶ取り調べがなされました。幕末の激動期ということもありましたが、その訴願は、道理あるものとして聞き届けられ、安石代願が認められました。

治郎太輔と代表の二名は、牢内においてそれを聞き、越訴はご法度であるので、打ち首獄門を覚悟していましたが、幕府は、治郎太輔のお役罷免だけで放免したのであります。

文化九年（一八一二）に東尾岐組蝋漆改方役人、川島与五右衛門が幕府役人でありながら、村の窮状と役人の不正及び安石代願を「存寄」（意見書）によって訴えます。幕府は与五右衛門の身柄を会

津藩に預け、その処罰を委ねます。会津藩は与五右衛門を文化十年（一八一三）に、

「この者の儀、一己の欲心より起こり、種々重き偽りを地下に申しふらし、或は役場に対し金子欺き取るべき企みを以て、不当の紙面におよび、すべて百姓を迷わせしところ、仕方紕しの上、一々白状におよび、郡中執り行い塞ぎに相成り、上を恐れざる謀斗奸悪の所行、重々不届きの至りに候条、牢屋構の内において刎首を行う者也」

として、牢内において斬首の刑で処刑し、世襲であった幕府の蝋漆改め役の職を断絶されます。

治郎太輔らは、代表越訴にもかかわらず、打ち首にならなかったのは、ひとえに、与五右衛門のお陰と、事件からはすでに五〇年が過ぎていた文久三年（一八六三）に、東尾岐組関根村に与五右衛門の碑「重英神霊」を、与五右衛門の門人一同の名で建立するのであります。「重英」とは与五右衛門の名であります。

これは文久二年（一八六二）に、会津藩主容敬が没し、その霊号が「忠恭《まさお》神霊」として祀られたのにちなみ、与五右衛門こそ、われわれ農民にとっては、藩主と同等の救いの神であるとし、「重英神霊」の碑銘と、その碑文の裏面に、

「霊神陸奥国大沼郡某村に住む、お買い上げ余蝋の利を郡民に嘗《か》って与えた徳、また、善い書を遠くにあって受けた者数百人、その時を謝し、今を距《へだ》てること五十年、人なお追慕やまず」

と刻んだのであります。

この一件は、現場の役人が、百姓の窮状とその原因でもある役人の不正を見かねて、十六ヶ条にわたる内部告発を行ったものであります。が、結果は、与五右衛門は刎首、お役召し放し（解雇）、世襲役職の断絶という極刑に対して、不正を働いた数人の役人たちは、いずれも押し込め（謹慎）という、極めて軽微な処罰で終わっています。

死を覚悟した与五右衛門が箕作村の名主馬場安左衛門に、ひそかにその心中を書いて送った手紙が残されています。（『大沼郡誌』に原文所載、出だしの二行は原文、以下、現代文にして掲載）それは次のような内容であります。原文は、はじめの「　」内のような漢文体ですので、現代文にして掲載します。

「御手元へ御取置被成候元締立会ニ而被見致候處、会津之取計之次第申遣候事書中ニ付、大慶致候、此段昨日御噺候間、申述候」

「昨日はお伺いし久々にお話しを聞き、大変にうれしく存じました。そのことについて、仔細を申し上げたく思います。去る八月中に調べられた折の、別紙十六ヶ条を御調べいただければ、その趣旨はお解りいただけると存じますが、そのうちの三ヶ条だけを調べ、不正に関するところは御調べなしであります。これは甚だもって心外至極であります。もっとも、郡内の百姓から金を借りたこと（江戸への旅費と滞在費）、またそれを匿名にしたこと、また、「存寄」に白紙委任の印鑑をいただいたこと、さらに不正を働いた方々を辞めさせていただきたいと申し上げたこと、その不正の一つに郡内の百姓から金を出させて、勝手に名字帯刀を許可していることがあります。また会津藩預かり地の上納金を、これまでよりも石当たり三升も高くし、それを手当てとして農民に与えて、蝋を納めさせ、四〇〇匁の蝋燭を甚だしくを横領していること、など、遠藤、山本の調書、小川窪村の調査の証拠も付けてあります。それなのに三ヶ条だけ調べて、あとは調べないのは納得できません。しかしそれを申し上げればお裁きを批判することになります。

貴殿も御承知の通り、中将（松平容頌）小将（松平容住）ご逝去の折には、百姓騒乱の噂もありましたが、それを私宅に呼んで話を聞いて諭し、何とか立ち行くようにとお上にお願いしましたが、それは良くないと云うので、今回は新規の取り扱いで困難が増した分だけの改善をお願いしたのであります。

私の家は天正五年から、この地に来て、代々役人をしてきた身分で、ご公儀に対しては、少しも暗いところはありません。会津において古い決まりを改める時は公儀に伺うのは当然ですが、その公儀役人に不正があるのにそれに触れぬとは納得が出来ません。それでは生きがいもありません。私は命にかえてもとお願いしているのに、いまだに不正を働いている広河や坂らの役人にはお咎めもありません。

先日、私は母にも、乱世ならば幼くして初陣で討ち死にすることもあります。平和な世においてはお上のため、地下（農民）を助けるために身命にかえてお願いすることは、戦いで死ぬことと同じだから諦めて下さい。と言い残しております。

なお、余蝋のお買い上げの不正については、会津でそれに関わる五人の役人にお咎めがあれば、それはなくなります。また口上書に書きました地下から取り立てる計らい金は、以後、廃止されることになりした。年貢以外の蝋や塩の前金も取らないことになりましたので、少しは地下も潤いがあるでしょう。これまで度々訴えを受けてきましたが、その約束を果たせました。そのことを地下にお伝えください。

私はいささかも殿様に不服を申し上げたのではありません。御蔵入預かり方役人と、会津藩領の役人の心得違いを申し上げているのであります。

また川普請など諸人足に支払われる扶持米も、公儀との甚だしい相異を申し上げたのであります。伝え聞けば、何事によらず世のためにならないことは申し出よということなので申し上げました。しかし、それは首が飛ぶということであります。祖母や母をよろしくお願いいたします。また、私を心配してくれる地下たちにも、この手紙のこと、私は決して私欲で意地を通しているのではないこととお伝えください。皆様には、いままでも心配をおかけしましたが、本望を遂げるまで、私の考えに変わりはありません。広河や坂の両人が落ちくるのを待っています」

与五右衛門の書状は、ほかに、大栗山名主高橋新左衛門清吾への一通も『大沼郡誌』には、その原文が所載されています。その新左衛門が呼び出されての手記も記録として残されていることが記述されています。

不正を名指しされたのは広川力四郎、坂十郎佐衛門、川手八佐衛門、木藤丹蔵らでありますが、不正の構図は公儀役人と会津藩の役人が結託して、余蝋（年貢として納めた残りの蝋）を、地下（農民）から低価格で買い上げ、それを商人に横流しして、私腹を肥やしていたのであります。

近世の時代に、会津の農民が生き延びるために、切実で具体的な要求をかかげて、訴願を繰り返し、その度に、支配者によって打ち首、獄門、磔、火炙りといった残虐非道なみせしめの処刑で代表者が殺されてきました。

それでも、やむことなく会津の農民は不屈に戦い、ついに、その不服従の思想の勝利を治郎太輔らは見たのであります。その感慨には深いものがありました。それは治郎太輔のみならず、封建社会の崩壊と新しい時代への希望を、多くの農民が新しい時代への予感とともに、その不服従の思想のなかに、持っていたからなのであります。

治郎太輔は明治二年（一八六九）享年六十四歳で、大沼郡尾岐村沼平の自宅で没しました。

治郎太輔は、高野長英より二つ年下であります。天保十年（一八三九）、「蛮社の獄」のあと、伝馬町の牢獄火災に乗じて長英は逃亡します。吉村昭氏の小説『長英逃亡』では、長英が岩手の水沢に向かう時、越後から会津に入り、関所のない裏街道を抜け、若松周辺の村に匿われて、山形に入っています。長英や崋山と治郎太輔の接点の痕跡は不明ですが、長英の『夢物語』の写本の存在が、幕末の会津の農民、高島寿雪（会津藩に書記として仕えた書家）の書いたものとして残っていました。現在は、その写本も行方不明ですが、寿雪も森雪翁の流れをくむ藤樹派の儒者でありました。明治になって自宅を小学校にして、学童の教育に率先しています。

また、治郎太輔の長男である長嶺八郎治は、会津の自由民権運動に関わり、自由党の県会議員として活躍しましたが、明治十五年に自己退職をしています。若松県の廃止によるものか、それとも自由民権派に対する明治政府の思想弾圧によるものであったかは、判然とはしませんが、自由民権運動が終息したあとに、八郎治は明治政府との入会権利の交渉など、山役人として晩年を過ごしています。

三、会津近世農民思想史の総決算としての「世直し一揆」

明治元年（一八六八）に起こった会津全域の農民が加わった「世直し一揆」（会津の農民は〝ヤーヤー〟「肝煎征伐」の蓆旗が立てられたことから〝肝煎つぶし〟と呼んでいる）は、明治になってから起きているので近代の農民一揆と見られますが、文久二年（一八六二）に会津藩主容保が京都守護職に就いてからは、会津の武士団は戦争状態のなかに置かれます。

文久三年には二度にわたる孝明天皇からの宸翰によって、公武合体派の中心となり、元治元年（一八六四）には幕府の軍事総裁職に就きます。それから慶応四年（一八六八）までの四年間、会津は戊辰の役の戦場となり、明治元年（九月八日から慶応四年から明治元年になる）の九月二十二日に降伏して開城します。最後の戦場となったのは九月十八日の高田村での戦いで、二〇〇戸が焼き払われると記述されています。

それから僅か一一日後の十月三日、まだ会津の村々には戦火が燻り、山野や市街地には屍が累々として放置されるなか、十月一日には明治新政府の若松民政局が設置されましたが、その二日後に、この一揆は起こっています。

大沼郡西山村（現、河沼郡柳津町西山）の五畳敷村と大成沢村の農民が藩政時代に末端の役人として年貢の徴収にあたっていた名主に対して、滞納年貢の帳消しと年貢徴収の台帳である「水帳」の提出と廃棄を求めたのでありました。その動きは、数日のうちに、河沼郡から大沼郡全体に広がり、十九日には山三郷（現、西会津町）から猪苗代まで、会津盆地全体に広がり、さらに十一月に入ると、南山御蔵入領全域から、当時会津藩であった越後、東蒲原村までの数万人の農民が明治新政府に対する共同要求を掲げ、一揆を結んだのであります。会津藩は敗れ去ったが、農民は長い圧政のなかで、この時を待ち、満を持しての一揆であったのです。

庄司吉之助氏はその著書『世直し一揆の研究』のなかで「この一揆は百姓一揆が発展して、その総決算的意義を持っている。『世直し』とは、封建社会を変革する革命運動と理解する」と述べておられます。近世から近代に移る時代の変革期に、会津藩は主観的観念論によって、孤立無援の窮地に陥り、生贄として歴史の神の祭壇に供えられました。その時、会津の農民は、その時代の転換に、農民が願う社会の実現に向けて、四民平等を謳う明治新政府に向かって立ち上がり、その要求を、強訴をもって突き付けたのであります。

一揆の要求は、村々の老百姓や地頭、鍬頭などの下層農民が主体となって、そこから総意で「百姓代」（頭目・総代）を選び、当面の課題としての要求と、明治新政府においての実現を期待するものをも包括して、共通項として一〇項目を掲げています。そこに、それぞれの地域の独自の要求を付け加えることを了承しています。

共通要求として掲げられたものとして、

一、世直しの儀、一組に相定まり申し候

（世直しの儀とは、これまでの支配体制を打破し、農民の総意によって村々の役職を選び、それらによって、適切な徴租など諸行政の執行がなされること）

二、名主役の儀、総立て替え、郷頭役はこれまで通りにすること

（これは檜原組の要求であったが、寛延一揆において会津藩では、農民が郷頭の不用を要求し、それに応えて名主、肝煎に年貢徴収等の役割を与えてきた。その結果、世襲制の名主、肝煎層が村役の権益を握っていた。その世襲制の廃止と公選を求めたものである）

三、名主元帳、旧記証文の儀、すべて貰い受け、一人かぎり書類おかまいなしとすること

（名主元の諸帳簿は、封建社会における物質的な基礎である農民と土地、及びその生産額の記録台帳は、年貢収奪の基準となる。同時に封建時代の晩期においては、金銭貸し借りにともなう質地が大量に発生し、それが質地（小作地）として扱われていた。それらの証文を廃棄し、質地を農民のもとに返すことの要求である）

四、質物の儀、田畑は別格としても、それ以外（人馬や山林、物品）のものは、当年より無利息で五年年賦とし、品物は今年中に返還すること。山林は貰い受け、田畑は一組切り談事次第とすること

（これは当時、商業資本と高利貸しなどが名主、肝煎と結託して、農地の集積売買が行われて、土地分給によって是正された農民間の経済格差が、また農村の問題となっていることに対する要求である）

五、貸金の儀、当年より無利子十ヶ年年賦としてすること、ただし証文の有無、金高は大小にかかわらず、一様にこれまでの年賦、または一年以上が経過した差引は勘定が無かったこととすること

（当年度に発生した借金は無利子十年年賦にすることと、過年度分については帳消しの要求である）

六、御年貢の儀、当一ヶ年、あるいは三ヶ年間は無年貢のこと

（戦乱の被災で当年のみならず三ヶ年は無税の要求、これは明治新政府に対する要求である）

七、籾借用の儀、御貰申度候、村入用の割方不仕筈、組割方同断

（飯米として支給される社倉米は、籾による支給であるので、それをもらい受けたい。村としての分、また組としての分も同じである。これも明治新政府への要求である）

八、漆木実の儀、無実年は不納、実盛は四分の上納、六分は手前に下仕置度候

（南山一帯、ならびに藩領の山間地域の殖産として、漆器産業のために漆木が植えられていた。その実は蝋燭の原料として年貢になっていたので、その免の引き下げ要求である）

九、諸国産米を除き、御種人参、生糸、麻、その他、何品、他方への相対永久売買相成候様、且又諸材木の儀、自勝（自由）に売捌仰せ下され度候、商人諸売買の人々、江戸表諸国共に往来留置候、産物の品一向売買相成らず小前必至行詰、当冬相続く見込み之無候

（米以外の産品の販売の自由を要求する。藩の専売制の撤廃と戊辰戦争時の処置として取られた藩外からの商人の往来禁止などの戦時体制の解除の要求である）

十、当年、乱世就き、農山業払、御伝馬人足相勤、開作方の手入れも不行届難渋候、年々の御用金調達で金無之、加御官軍様方御用米百三十八俵、御取り上げ仕相成難渋候、当年の年貢は無年貢に、また小作米も休儀

（戊辰戦争の人足徴用で農山作業が出来なかった。その御用金もいただいていないので金がな

い、また官軍に米一三八俵も取り上げられて困っている。年貢とともに小作米も納めなくても良いように要求する）

この農民要求の史的分析は庄司吉之助氏の『世直し一揆の研究』に詳しい。それについての私見は後述します。一揆の顚末について、まず、触れておきたいと思います。

これまで、この一揆が、南山御蔵入領から始まっているので、享保の南山御蔵入一揆のように行われたかのように見られてきましたが、若松民政局に残る栗城義綱の報告書「公私適要」（戊辰中編、下巻）によれば、

「十月三日、滝谷組五畳敷村に、何れより馳せ集まる二十人ばかりが、押し込み、それより東川牧沢村高森に至り、そこから大成沢村□宅の戸を少々抔（手）で打ち破り、芋小屋村同断、冑中村は郷廻りくめ八宅を打ち禿し、砂小原村名主縫之助宅を打ち禿し、それより大谷、宮下、西方の各村で乱妨」

と書かれています。この一揆を村民とは無関係の者、正体不明の無頼の徒が起こした暴動であるという史観なのか、それとも首謀者を隠すための作意なのかは判然としませんが「何れより馳せ集まる二十人」としています。

これについては『三島町史』の記載のところで触れますが、「公私適要」はこう続いています。

「右、一揆騒動に付いては、村々小前（小百姓）難渋の者どものなかに、平日心悪しきもの、人を進め村々にて動揺致し候につき、組集会の節、品々談判仕致候処、迚《とて》もいずれには難渋のもの取り凌ぎの通不相成候、中々不穏に候間、厚く評議致し、有徳の者より質物、その他品々差引、愛憐致し候、廉を左に書き置き候、

一、これまでの年賦金の棒引き、二、一昨年以前の差引無勘定、三、当年より差引、来年より十年年賦、四、質物の儀は置主へ不残品物返候（質物は農民に残らず返すこと）、五、当年小作立場の米の儀、休み、このほかに永代地質物の儀、永代地は元金で受け返し、など、難題申し越候得共、地方出入相成候得、村々騒動不得止事候、是等の儀手入れ無し」

要約するまでもありませんが、ここでは、「村の困っている者のなかの日頃から悪い心の者が、ほかの者を扇動して、組の集まりのときに難渋なことを申し立てるので、それを取り継ぎ丁寧に相談して、有徳（裕福な）者にそのことを愛憐《いとおしみあわれみ》をもって、納得してもらった。その五箇条を記す（各条省略）。難題だが、地方での出入り（争い）は、止めなければならないので、その要求をそのまま認めたのである」

そのことはすぐに広がり、どの村からも下層農民の要求が村役に出されました。村役は明治新政府の若松民政局に取り次ぐと、民政局はそれを「願書差し戻し」として棄却しました。それに対して農民は、すぐさま村で直接の徴税権を行使する名主（幕府直轄地での村長の呼び名）や肝煎（東北地方

の藩における村長の呼び名）に、強訴（暴力をもともなう）をもって、行動に移していったのであります。

先述した一〇項目がまとめられたのは、会津全域において一揆が結ばれ明治元年の十月中ごろとされますが、強訴は、十月初旬から、藩政時代の組を主体に、それぞれの地域で、名主、肝煎に対して、一〇〇〇人、あるいは二〇〇〇人規模で行われました。平地では「肝煎征伐」の席旗が立てられ、要求に応じた肝煎には、手出しをせず、要求に応じない肝煎や、日頃から悪徳な肝煎に対しては、家屋の打壊し、借金及び質地証文と水帳（課税台帳）の焼却が、肝煎宅で行われました。同時多発的で総勢にするなら何万という農民がそれぞれの組内の肝煎宅への強訴に結集したのであります。

無政府状態の会津地域内においては、それを取り締まる警察的機構もなかったが、約一ヶ月に及ぶ暴動のなかで、肝煎、またその用心棒、さらには鎮圧に来た明治政府の鎮撫隊によって数人の農民が射殺または斬殺されているが、肝煎などには一人の死者も出ていません。破壊と焼き討ちはありましたが、強訴が農民の倫理感によって、統制されていたことを物語るものであります。

その状況についての記録は多数あります。そのいくつかを見てみましょう。共同要求に集約された各組の願書から、まず野尻組の願書（現代文にして）、

「去る巳年の儀は、天保四年の凶作より三十七年目、夏不気候が相続きその上、四年前の寅よりの凶作、辰の兵乱、昨年の不作で正月には社倉米、予備の籾も残らず拝借し、そのほかに当組は四

十石余の御救助米もあって、何とか田畑の耕作も出来ましたが、今年の凶作ですべてが立ちゆかなくなってしまいました。諸家財品々を質物に差し出しても、当地では買い取ってくれる者もなく、余儀なく衣類品などを遠く永井野、高田辺りまでも持ち出して、ようやく質に入れ、また売り、それでようやく食米を買い入れ、その日を暮らしています。それも穀屋の米も底払いになり、里方在々所々を尋ね漸く米二斗三升を求め、麦も五、六斗漸く都合をつけられた者は稀であります。馬を売却してもわずかで、米麦二斗ぐらいで、宿賃にもなりません。依りところなく帰って来た者も数人もおり嘆かわしく、六、七、八月ごろまでのおよそ一〇〇日を如何に工夫すればよいか、艱難を見聞し耐え忍んでおります。当村では、五穀のとれるまで滞りなく暮らし続けられる者は、善六、巳之助、善助、喜右衛門、太右衛門、新吾、浜三の七軒、右の者共は米代金など借りずに、今年の不作による難渋は凌ぎますが、そのほかの四六軒は御手当てを御借り致したくお願いします」

これは、農民の現状を述べたその一部だが、この願書には、一〇項にもられた要求も書かれていて、そこには、

「天朝様御領に相成り、この難儀を御仁政を以て」と、明治新政府への期待を込めています。それは民政局が設置されるや、すぐに次のような「定書き」を布告しましたが、それに対する素早い農民の反応であります。

明治新政府が設置と同時に出した「定」は、次の三点です。

一、罪なきものは一切御かまいなし之事
一、朝敵をかくし置く間敷事
一、当年の儀、年貢半分下され候事
右の条々相心得銘々家に帰り、安堵せしむべき者也
辰十月、　民政局

さらに次の「定」が布告されました。

一、此節、当所兵火依消失致候戸軒、御救無代銀材木下候、便宜次第伐取度者願出可、兼ねて、木屋職相勤者之申出、右支配等相成候義不苦候事

（戊辰戦争で焼けた家には、再建のための材木を切ってもよい。金はいらないから届け出よ。その木を扱う者、また伐木を行う者は遠慮せず申し出よ）

一、此節、稲田刈取不申候、腐敗相成候付、早々刈取可申事、但等閑に致し候、誰成共勝手次第刈取候上達出可申事

（稲を刈るように、刈らないところは、腐ってしまうのですぐに刈り取るように申しつける。それでも刈らないところは、誰でも勝手に刈ってよい）

辰十月　　民政局　」

この布告による一揆の鎮静効果はなく、十月半ばには、会津の各地で、いっせいに強訴が行われた

のであります。

耶麻郡北方地方の状況は、山都町宮城家文書「百姓一揆筆記」に、

「五日組騒動のみぎり、郷蔵を破壊せんとするを、五目組郷頭、三浦良之助、上三宮肝煎横山彦三郎、郷蔵を防御し、百姓共と大いに争い、不心得百姓二人を切殺す、外五、六人も手を負傷候由、三浦、横山両家百姓共に焼き払われる」

と記されています。

また、猪苗代地方の状況は、肝煎六五名の嘆願書として、民政局に提出された「郷頭復職願書」には、

「猪苗代百姓共昼夜、東西より寄り集まり鯨波の声を挙げ、貝を吹き、鳴り物をならし、私ども居宅に押し入り、本宅、隠居、土蔵、穀入れ、小屋に至る迄、銘々柱を切り、穀入れなどを焼き払いし処有之」

と記されています。

こうしたなかで、南山（御蔵入領）下郷町の松川、楢原、小出、弥五島の四ヶ組下の村々は、もっとも組織的に行われました。享保五年の一揆の教訓に学んでのことですが。農民の要求を「下郷四ヵ組廉書の事」（内容的には一〇項目の共同要求と同じ）の承認を、組内の寺の僧侶を仲介にして、名主全員が約束するという文書一札を相互に取り交わして強訴を終息しています。

世直し一揆は会津盆地の中心に位置する河沼郡湯川村、高久組、笈川組で、肝煎への打壊しなどの強訴行動がもっとも激しく行われています。それは水稲生産量が高く、農産物の商品化が進み、村内の農民格差が、会津ではもっとも増大していた地帯だからであります。

その記録は高久組、郷頭風間金三郎「口上書」に、笈川組については、肝煎鈴木重嗣「扇田記」に記されています。とくに「扇田記」は「戊辰十月十八日一揆之事件」として、詳細に記録されています。それはこの一揆の総首謀者として、笈川村勝常村の百姓代古川籐吉ただ一人が、明治二年（一八六九）に、明治新政府によって、贋金づくりの冤罪で逮捕し、役職詐称という訳のわからない罪状で打ち首獄門に晒されたからであります。

「扇田記」には、十月十八日から十九日の二日間にわたる笈川組の強訴一揆は、十八日の夜五つごろに勝常村肝煎兼子駒次宅から始まり、扇田村肝煎斎藤新作、中台村肝煎小沢伝内、北田村藤三、上樽川肝煎二瓶九左衛門、米丸村肝煎古川正之助、熊川村肝煎沢谷右衛門、古川庄九郎、八日町肝煎小野久之助が、打壊しと焼き討ちに遭っている。森台村東条吉兵衛は降参して、一揆の旗持ちになっている。

翌日には、栗宮村田辺勘之丞に始まり、荒川平吉、荒川勝三、高瀬村菅沼甚衛門へ押し寄せて、打壊しを始めたころ、浜崎村の方から、明治新政府の米沢鎮撫隊が白刃を振り回して、一揆勢に斬りかかって来た。そこで下村の万吉が切り殺され、一揆勢は散りぢりになって逃げ、古館村に屯していたところ、明治新政府の鉄砲隊に撃ちかけられ、一揆勢は引き払いとなった。と、記されています。

この一揆の首謀者とされた古川籐吉は天保八年（一八三七）に、勝常村の百姓一三名とともに会津藩の代官所に、肝煎の不正横暴を訴え、その交代の要請の口上書を提出しています。

「恐れながら口上書をもってお願い申し上げます。

勝常村の儀は、御高（会津藩が定めた村の米の収穫量）六百石余のところであります。四〇年以前より、兼子近三郎殿祖父、近左衛門から数代にわたって肝煎を一人で勤めています。これは惣右衛門の時のことでありますが、会津藩の肝煎増員に伴ない肝煎となり、それを相続によって現在の婿、惣之助が勤めております。しかし、村中不服であります。

その理由は、惣右衛門殿の欲情相募り、熟田の田畑を高利の貸し金をもって一己の手に入れ、薄田（痩せた田）を村人に作らせています。そのために、手余地（耕作放棄地）も増え、村では大変に難儀しています。

また、村の諸勘定もその調査も行わず、私どもで行っています。

早急に肝煎の立て替えを仰せ下さりますよう深くお願いいたします。

天保八年酉　二月、笈川組勝常村百姓代籐吉

外十三名連判」

会津藩の寛政の農業改革以後、郷頭の権限が縮小されるにともない、村支配の末端役人である肝煎

の権限が強化されました。その権限を利用して肝煎のなかに、私腹を肥やす者が多くなっていました。

会津藩の財政が天明の飢饉で再び悪化したにもかかわらず、北方警備から太平洋関東沿岸の警備や大砲構築など、次々と幕府の国防任務の命令に翻弄され、藩財政は窮地に陥っていったのであります。そのために下級役人の俸給の引き下げ、地方御家人（肝煎などの用心棒的寄食者）として、村への帰農が奨励され、肝煎などの村の有産者の横暴や不正が見逃されていったのであります。

また、盛んに名跡売りが行われ、苗字帯刀の武士の氏名《うじな》が、農民や商人に、金銭によって売買されていました。会津藩が幕府に重用されればされるほどに、農民のなかの格差と末端役人の腐敗はすすみ、この一揆の際にも有力な肝煎は警護のために、武士の私兵を寄食させていた者も少なからずあったのであります。

笈川組勝常村の籐吉の口上書は、我欲を張るばかりで無能な肝煎の交代を要請するものですが、幕末期の支配の構造は、世襲制によって特権意識を振り回している支配層と農民の間に、もはや一体感を紐帯するものはなくなっていたのであります。

「扇田記」は、明治新政府に守られる有力肝煎に対する制裁を加えるために、籐吉たちが作戦を変更し、強訴ではなく僧侶を介しての罰金刑によってけじめをつけようとして、すでに肝煎らに金で買収されている僧侶が籐吉らを裏切る経緯を詳細に記録しています。が、それは省略します。

四、「世直し一揆」における会津の農民思想の到達点

「世直し一揆」は、会津における百姓一揆の発展的展開であります。近世会津における百姓一揆は、年貢の減免を主体とするものではありませんしたが、会津南山御蔵入一揆の場合には、それに年貢米の江戸への搬送の廃止と夫食米（飯米）を要求したものでありました。また、寛延一揆は社倉米貸し付けに対して、その制度改善と役人の罷免と交代によって、藩の農民政策の変更を求めるものでありました。「世直し一揆」は、一部に打壊しなどの強訴に発展していますが、一揆頭取の下知として記録されているものに次のようなものがあります。

「ややあ、者共、火の用心は第一にせよ、米穀は打ち散らすな、質物へは決して手を懸けまじ、質物は諸人の物成るぞ、又金銭、品物は身につけるな、この働きは私欲にあらず、是は万人のためなるぞ、この家の道具は皆悉く打壊せ、猫の湾でも残すな」

強訴にあたっての、これは暴徒化を避けるための、申し合わせでありますが、この思想は要求の明確化と強訴の対象者に対して、農民による評価を前提にして、差別と同時に農民の道徳思想が示されています。それは、まさに農民の抵抗行動の発展的形態での要求であります。

林基氏の『百姓一揆の伝統』によれば、近世期の農民一揆の一般的な特徴は、小農のかつての農奴

主（庄屋や肝煎層）に対する抵抗、つまりは下からの突き上げがあって、庄屋や肝煎層が合法的な形態で代官や郷頭に訴え、そこから越訴に発展するという。会津においてもそのパターンでありましたが、幕末の「世直し一揆」は、反封建闘争としての性格を一揆綱領の中心に据えられています。参加する農民も封建身分の本百姓、農村社会構造のなかでは中農層が中心層をなしていて、そこに貧農層、小作農、賃金農業労働者が加わって、支配の末端役人である庄屋、肝煎層への強訴として展開されました。

庄司氏は反封建闘争の定義を、大多数を占める中貧農民層が藩幕（封建）体制の体制そのものに対して、その政治的、経済的な諸規制及びその手段を批判し、かつ、それを否定し、それを強訴の要求として掲げて闘争することである。としています。

前述した十項目の「世直し綱領」は、その要求の性質によって分類すれば八類に整理されます。庄司吉之助氏が『世直し一揆の研究』の「会津地方における世直しと綱領」のなかで引いたのは、会津南山地方楢原組（下郷町）の綱領です。その研究の時点で猪苗代組、笈川組などの会津平坦地の綱領は未確認であることを断っていますが、その後に発刊された市町村史などと照合しても、引用された楢原組の綱領と同一なので、それによって考察したいと思います。

一、世直しの儀、一組に相定まり申し候、この一項は農民による社会変革の目標を明確にしたもので、明治新政府に対して封建社会の農村機構である「組」を中心とする郷村組織ごとに、世直しの要求事項を含めた運動方針を決定して行うことを明記したものであります。

その方針は二つあって、一つは「組」として共通要求と組下の村々の要求を取りまとめて整理したものを同時に直接、新政府の民政局に訴願する。百姓一揆の場合は村の肝煎、郷頭などへの村の機構への要求という段階を経たが、二つはその機構そのものが土地問題と不離一体であることから、肝煎、郷頭を打壊しという強訴的士談をもって要求の実現を図る。しかし、要求に応じた者には強訴的暴力は行使しない。という方針であります。これは既存の機構ではない新しい社会構造への意志であります。

二、村役人の農民的選挙による選出、郷頭、名主、肝煎の総立て替えの要求は、村役人の世襲制から選挙による選出であります。これは会津において近世初頭から要求されてきました。会津の藩学である朱子学の上からの支配の秩序論とは対照的な、民主的な下からの秩序論ですが、ここに農民の政治思想が集約されています。

三、土地所有と配分、名主、肝煎の元帳（水帳、課税台帳）旧記証文の総取り上げ、一人に限り書類おかまいなし、の要求は、土地問題であり、租税問題であり、訴願の動機となっている当面の最も切実な要求であります。この要求は二つの意味を持っています。

一つは封建社会の否定として、その収奪の基本的な諸帳簿（検地帳、年貢帳、分限帳、質地帳）の取り上げと焼却。二つには質地取り地主の否定であります。近世封建社会において債務による質地が発生し、それによって土地所有の拡大を図る質地取地主が肝煎などと血縁的な関係にある農民のなかに存在するようになってきました。その否定の要求が質地帳、質地小作証文の取り上げと焼却であります。それは会津藩においては、寛政の農業改革で土地分給政策をとっているので、それへの回帰を求めているものでもあります。もちろん寛政の改革は、藩としての改革でありましたが、それを農民みずからの意志によっての改革として要求しているのであります。

四、質物と貸金ついての要求は、商業高利貸資本への排除の要求であります。過年度借金の棒引き、あるいは五年、十年の年賦、無利息などの要求は、封建社会において名主や肝煎など村役人と商業金融資本が結託して、中貧民層への高利貸が行われていることへの徳政令政策（政策として帳消し）を要求するものであります。

五、無年貢、金納、村入用諸割勘定の自主清算、籾借用拒否は、無年貢は凶作と戊辰戦争による被災がその理由ですが、金納は幕末の安石代願の主要求として越訴し、一分の地域で勝ち取られていましたが、その全地域への要求であります。諸勘定の清算の農民による自主管理と押しつけ的な社倉米の籾貸し付けの拒否でありますが。この背景には、肝煎などの村役人による立替えが行われ、それが高利貸し付けによってなされていて、そこには私利私欲による不正が発生していたので、その経過の公開と民主的な社倉米の活用を求めたものであります。

六、農産物の自由販売の要求

これは農産物の商品経済としての発展に伴ない、米以外の畑作物の薬用人参、漆実の専売制の撤廃とその他の農産物販売の自由化を要求するものであります。

七、賦役労働の撤廃と労賃支払い

これは戊辰戦争時に軍用徴発のために、農作業に支障を来たしたことに対する要求であります。また官軍と称して、侵略して農民から徴発した食糧や物資などに対する支払いの請求でありま す。そこには戊辰戦争に対して農民としては、支配層である武士階級の戦争であって、その入れ替わり以外のなにものでもないということの意志表示が込められています。四民平等を謳う明治新政府に期待をもったが、それは妄想に過ぎないことが、一揆のなかで証明されたからにほかなりません。

八、小作地無償返還と小作料不納

先の要求とも重複するが、近世期の後半には会津藩においても、あの寛政の改革後に、村のなかに次第に地主と小作という金銭貸借関係によって、格差が顕在化していました。この要求は下層農民の要求ですが、明治の地租改正によって、農村における地主と小作の存在は、我が国の近代における基礎的構造となっていくですが、ここにすでにその萌芽を見ています。同時に小作料減免という近代における小作争議の原型でもあります。

この一揆における思想は、農民の思想として歴史的にどのような発展と限界を持つものでしょうか。安丸良夫氏は「世直しの論理の系譜」のなかで、幕末期の会津における世直し一揆について、民衆運動思想史の立場から「民衆が困苦の生活のなかで見た解放への幻想」だといい、それは「そこにはブルジョア民主主義共和国」への展望はなかったとしました。それは庄司氏もほぼ同じ見解ですが、封建社会の後に、民衆による独自の政治権力構想が欠如していることを理由として上げています。たしかに幕末期から明治新政府への移行期において、独自の政治権力構想までの展望は明示されてはいないが、御一新が四民平等であるという平等思想への期待は、「世直し八項」のなかに示されていると私は見ています。

安丸氏はさらに世界史的な展開においては、近代社会成立期の民衆闘争の特徴は宗教的形態に見られるが、会津においては非宗教的である。群馬、山形など近隣の同時期の一揆のなかには「ミロク菩薩」信仰の例もあるが、会津においては、儒教的倫理観である勤勉、倹約、正直、孝行などの主張からその思想的行動がなされている。それは神道と底通し、古学、あるいは実学である大塩平八郎や安藤昌益の思想系譜にもつながるものであるとしています。とくに会津においては古代から中世のなかにあった仏教王国としての民衆思想への影響を、幕藩体制になって、正之の朱子学思想の教条によって排除し、その民衆的伝統は希薄化されました。

会津における近世の農民一揆は、先述しましたが、下級役人を対象にした愁訴の繰り返しから、下級役人をもその要求には同協させながら、越訴へ、あるいは強訴へと展開しています。打壊しのともなう強訴となったのは幕末期の「世直し一揆」一件のみであります。書面による合法的な闘争が大半で、それは農民の指導層の知的水準の高さを示しています。寛政の改革は田中玄宰の徂徠派思想によるものだが、そこでの土地分給政策は、近代思想ではなくむしろ原始的共和思想に近いものであります。

庄司氏が慶応二年に信達地方の農民一揆の指導者菅野八郎について論じたなかで、八郎が藩学である朱子学を学び、そこから心学に向かい、古学派や朱子学派を批判する立場に立ち、豪農層とともに福島板倉藩に立ち向かったことを記していますが、会津における幕末から明治新政府に移る激動期に起きた「世直し一揆」には、そのような指導者の存在は残されていません。しかし、組それぞれに結ばれた一揆綱領は、組の数ほどそうした指導者が存在したことを物語るものであろうと思います。それゆえにこそ、一揆の頭取としては、古川篠吉以外に誰一人の農民も処罰されなかったのであります。

その笈川組常村百姓代古川篠吉の罪状は、一揆とは何の関係もない贋金づくりと謀略による役職詐称という冤罪によっての処刑であったのであります。百姓代篠吉が処刑された明治二年から、僅か一年もたたぬ明治三年八月十六日、新設された若松県々庁に、高田組、橋爪組、高久組の農民が租税減免願いに立ち上っています。その後も毎年のように会津一円の農民は若松県庁に訴願行動を繰り返して、その騒乱を理由に、若松県は明治九年に盤前県とともに福島県に併合されて廃止されます。

それと、同時に、会津においての自由民権運動が始まるのであります。明治新政府に対する民主化の期待は裏切られ、民権運動は会津農民の不服従の思想の近代における新たな展開となるのであります。

その中心になったのは、会津藤樹学の拠点地であった耶麻郡喜多方地方です。そこには、それぞれに歴史的限界性を持ちながらも、中江藤樹の藤樹学（心学）から、荻生徂徠の徂徠学を経て、中井履軒から学んだ商人片山蟠桃らへと、藩学である朱子学の観念論的な支配思想に対峙する被支配の立場からの実学的な不服従の思想を、会津の農民は、近代へ向かって高く掲げたのであります。それは会津の農民の思想の伝統であり、矜持でもあります。その伝統は現代においては、より精緻な社会発展の科学的理論に裏打ちされて、脈々と継承されているのであります。

第六章　結び ―「会津近世民衆思想史」としての視点

一、民衆思想史としての視点

表題とした「会津・近世思想史と農民」の「結び」として、再確認の意味で次のことを記しておきたいと思います。

会津における民衆史については、昭和五十二年（一九七七）に、故小島一男氏が民衆史研究会を立ち上げ、民俗学的色彩の濃い機関誌『民衆史研究』を発行されたのをその端緒にしています。小島氏の没後、その継承はされませんでした。小島氏の活動の成果は、『会津芸能物語』や『会津人物事典』『会津女性人物事典』などに結実しています。私は小島氏とは一九六〇年代に、会津民主主義文学会の設立時に出逢い、小島氏の思想に触れました。その氏の会津の民衆思想史に寄せる史観を継承したいという思いを持ち続けてきました。

たまたま、二〇〇六年に佐々木潤之介氏の著書『民衆史を学ぶということ』を拝読して、わが産土の地、会津の民衆思想史、就中農民の思想について、自らのアイデンティティの問題として、とらえておくことの意義を痛感したのであります。

会津の近代以降については、多くの識者によって書かれてきましたが、会津の近世の支配思想と民衆思想の史的展開を、民衆史の立場から、というよりは農民の視座から、支配思想の展開をクロニクルになぞりながら、会津の民衆思想へのアプローチを試みたものであります。

それは当然のことながら、史的唯物史観に立って、わが国の社会発展史における近世時代の会津を観ることを前提としたものであります。

いうまでもなく、わが国の歴史区分において、近世は封建社会であります。それは、わが国固有のものではなく、世界史の発展過程と同じ展開の時代であります。

マルクスは『資本論』の第一部で、資本主義の本源的蓄積に先行したヨーロッパの封建制度の特徴を次のように述べています。

「ヨーロッパのどの国でも、封建的な生産はできるだけ多くの家臣に土地を分割するということによって特徴づけられている。封建領主の権力は、どの君主の権力とも同様に、彼の地代帳の長さではなく、彼の臣下の数にもとづいており、またこの臣下の数は自営農民の数にかかっていた」

そこにマルクスは次のような注記をつけたことで知られています。

「日本は、その土地所有の純封建的な組織とその発達した小農民経営とによって、たいていはブルジョア的先入観にとらわれているわれわれのすべての歴史書よりもはるかに忠実なヨーロッパの中世像を示してくれる」

マルクスが『資本論』を出版したのは、一八六七年ですから、わが国の幕末、慶応三年にあたります。会津藩が敗北する前年であります。不破哲三氏著『史的唯物論研究』では、マルクスのこの日本の封建社会の認識の情報は、わが国への最初のイギリス公使、オールコックの『大君の都—幕末日本滞在記』によっていることを述べています。オールコックの『大君の都—幕末日本滞在記』が書かれたのは一八六三年、文久三年でありますから、わが国は幕末動乱のさなかでした。

不破氏は、このマルクスの見解に対して、注記としてあるエピソードを語っています。それは、このマルクスの日本の封建主義についての認識に、日本でもっとも早く注目したのは、意外にも、当時アメリカにいた新渡戸稲造であったことであります。

「新渡戸稲造がアメリカ滞在中に発表した英文『武士道』（一八九九年、日本では一九〇〇年）においてであった。『武士道』は、その第一章の冒頭で「騎士道は東洋には存在しなかった」という一学者の言葉をひきながら、彼がこう書いたのは「ペリー提督がわが国鎖国主義の戸を叩きつつあった」ころだから無理もないとし、続いて、次のように書いている。「その後十年以上をへて我が国の封建制度が最後の息を引き取ろうとしていたころ、カール・マルクスはその著『資本論』において、封建性の社会的政治的諸制度研究上の特殊の利便に関し、当時封建制の活きた形はただ日本において見られるとのべて、読者の注意を喚起した。」（岩波文庫版　十六ページ）

そして不破氏はそのあとにこう続けています。

「日本の封建支配者たちは、もちろん、中世ヨーロッパをモデルにして、意図的にその体制をつくりあげてはいない。しかし、日本社会が、日本型奴隷社会制を基礎とした古代国家から、社会自体に内在する矛盾とその展開にもとづいて、封建国家に交替し、さらにその封建国家が数世紀にわたる動乱と変革の過程をへて到達した最終形態が徳川幕藩体制であり、それが、中世ヨーロッパの再現ともいうべき、封建制度の完成した典型だったということは、日本社会の歴史全体を脈々とつらぬく社会発展の法則性を浮きぼりにしたものといえるだろう」（『史的唯物論研究』一七二ページ）

ヨーロッパの封建社会の思想が主としてキリスト教であるのに対して、わが国においては、その封建社会の秩序思想は儒教と仏教であります。それによって封建体制の思想が構築されました。その中心をなしたのが朱子学思想であります。それは封建的階位制（ヒエラルヒー）と、それにともなう特権によって成り立ち、その権威に対する絶対服従が封建思想のすべてであります。そこでの封建道徳は、荻生徂徠のいうようにその枠内での規範であります。すなわち、支配者の民衆を支配するための思想であり、道徳（倫理思想）であります。それを側面から、諦観の観念を、悟りや来世への成仏観念によって支えたのが、仏教思想であります。また、神、すなわち自然の摂理という観念によって、合理化したのが神道であります。近世期において、神道は本居宣長や平田篤胤らが試みた儒学思想と国学思想との融合によって、尊皇的国家思想へと展開していきますが、山崎闇斎は、それを神道の一流派であった吉川神道を基軸にして、垂加神道として体系化し、自らを垂加と号して、それを主導しました。

会津は、その闇斎を擁して、垂加思想のメッカでありました。近世初期段階の藩主保科正之の政治思想と治政は、まさにそれそのものであったのであります。垂加とは天照大神《あまてらすおおみかみ》の神勅「神垂祈祷（冥加正直）」から採った名称であります。その神勅は一心不乱に祈る者に神の啓示が下り、正直な者にはさらに神の加護が賜る。ということで、顕世では身体（六根）の清浄に努め、正直な心をもって君父に忠孝を尽くし、幽世では神霊となって、わが国に鎮まり、天皇守護に務めることを大志とするものであります。垂加翁と呼ばれるのは山崎闇斎と跡部良顕であり、その著書を納めた『垂加翁神説』全三巻の中巻は『会津神社志序』『会津風土記序』『土津霊神碑』が収録されています。

会津近世史において、特記しなければならないのは、正之の儒教的倫理思想による善政であります。その要旨はここでは繰り返しませんが、封建社会において、忠孝を人道主義的に、孝子の奨励や高齢者に対する扶持米の給符、飢饉に対する備蓄米としての社倉米制度など、当時としては、画期的な社会福祉政策を実施しています。この人道的思想は、正之の生い立ちが、そのあとの藩主たちのように、生まれながらしてに大名として、幼少年期を過ごすことが出来なかったという体験が、彼の人格形成に与えた影響と無縁ではありません。弱者への思いやりはそのなかで培われました。

しかし、注目すべきは、その正之の藩学とした朱子学思想の会津での展開と、ほぼ同時期に、民衆による会津藤樹学が、城下からは離れた北方地域（喜多方周辺）の上農層のなかで展開されたことであります。

これは、会津近世の民衆思想の源基としての意義を持ちます。山形の詩人真壁仁が、いみじくも「会津における二層系」の思想といったのは、このことにほかなりません。

　会津において、藤樹学が民衆の「通俗道徳」を形成し、その「通俗道徳」において、封建的身分制度の受容こそが、民衆の倫理思想の根幹としたのであります。尚、「通俗道徳」という概念については、「はじめに」のところでも触れましたが、歴史学者、安丸良夫氏が「民衆思想史」に関する諸論文のなかで、「通俗道徳」とは、農民生活の「日常規範」と呼応するもので、近世農民の主として本百姓層の生活の倫理として通念化しているものであるとしています。また、その諸規範は「ある意味では日本の民衆の伝統的な生活慣習にほかならない」といっています。その概念について、布川氏をはじめ、科学的社会主義の立場に立つ歴史学者からも、その概念の論理的不十分さに対して批判がなされ、それについて安丸氏は、その批判を肯定したうえで、率直に自説を「方法論的展望」のなかで展開しています。それについては、立ち入りませんが、「はじめに」で触れた安丸氏のあのフレーズを私は念頭に置きました。

　たしかに、農民の意識の展開は、単純ではありません。が、置かれた状況判断との関係において、したたかで小狡く対処しています。それは性善説に立つ「通俗道徳」の範疇を超越したものであります。

　まさに「意識は生活（存在）が決定する」の至言の通り、それはすべてのヒストリーを貫徹しています。

近世における封建的土地所有という経済的構造の経済的強制と、ヒエラルキー肯定を前提とする経済外強制による封建的思想支配は、被支配階級の人間性を抑圧するということと、その本質において不可分の関係にあります。したがって、その抑圧に対する民衆の抵抗もまた、不可避であります。換言するなら、封建社会における民衆思想とは、専制的政治思想に対して不服従という意識をその根底に持つことによって成り立っています。そして、それはまた、被支配階級の人間性への自覚の歴史なのでもあります。

会津の近世初期に書かれた『会津農書』は、会津藤樹学の影響下に書かれています。そこで説かれる農民生活の「通俗道徳」は、朱子学的観念ではなく、実証性と「知行合一」という日常生活での実践性に重きを置くものであります。これは、朱子よりも三〇〇年後に生まれた王陽明が、当時の中国において、朱子学の現状が、観念論的な形式主義に陥っていることを批判して、その「弊を救う」ということで、行為主義的に「致良知」（良い知〈考え〉を実践する心）、「心学」を提唱したもので、いわゆる「陽明学」であります。その日本における祖とされる中江藤樹は、果たして、明確な意味で「陽明学者」であったかという議論も研究者のなかではあります。藤樹の後継者といわれる熊沢蕃山が朱子学と陽明学の折衷を標榜して「心法」の学を提唱していたことから、藤樹も蕃山も陽明学の学問的探求には、あまり関心がなかったのではないかともいわれています。しかし、それは幕府の思想弾圧である「寛政異学の禁」との関係で見なければなりません。それによって、蕃山は岡山藩に仕え藩政改革に携わったことから、近世中期の状況に対応した経世論を展開し、その論理は徂徠によって受け継がれています。その著『大学或問』が「今を救う活法なり」とはじめに述べられているように、現実の政治に献策という内容であったために幕政批判の書とされ、門人たちが「大秘の書」として、天明八年（一七八八）に刊行しましたが、翌年に発禁となっています。蕃山への思想弾圧は、きびしく、下総の古河に幽閉されて、そこで生涯を終えています。

藤樹から徂徠にいたるアンチ朱子学思想は、会津の民衆思想に深い影響を及ぼしています。とりわけ会津の近世民衆思想史の初期に、会津藤樹学派の存在とその活動は画期的な意味を持っています。『会津農書』はその成果であり、その活動の質的な高さを示す物証でもあります。

農民の要求行動は、近世初期、中期、後期、それぞれの越訴、強訴、強訴の要求の内容を見れば、会津の農民の抵抗の思想が、情勢の進展に呼応してどのように進化し、自らの人間性の自覚とともに、封建体制打破への方向性を、その民主主義的要求として明確にしていったかは、一目了然でありました。その過程において、支配思想である藩学の朱子学と、神、仏、儒によって刷り込まれた「通俗道徳」の欺瞞を、すべてのとはいいませんが、会津の多くの農民は見抜きました。そして近代化を謳う明治政府の正体もまた、その支配の構造の貫徹性において見抜いたのであります。

ここで、立ち戻ることになりますが、会津近世思想史のきわだつ特徴として、近世中期の田中玄宰による寛政の改革を挙げなければなりません。

前述したように玄宰は、改革にあたって、藩学である朱子学による会津藩の教育思想の転換を求めました。朱子学から徂徠学への転換でありました。それは藩が直面している財政破綻の原因を朱子学による財政運営、財政困難の根本原因を解明することなしに、官僚的、当時は武士階級による体制や機構を現状維持し、対処療法的な政策で解決を図ろうとしたことを、玄宰はその根本的な原因である藩の生産力の向上を基本に打開しようしたのであります。朱子学のみならず儒学思想は、体制維持、それによる秩序を保持するための理論として、支配階級の倫理思想の側面を強く持っていますが、幕藩体制という封建制度の御用学となってからは、儒学というよりは儒教として観念化されて、その観念によって「かくあるべきである」という建て前論的思考方法がその思考形態となりました。現実の実態を冷静に把握分析して、対応するということから乖離していったのであります。それに対して、徂徠学は朱子学批判を含めて問題の抜本的な改革を求めるものでありました。当然、既得権益者の抵抗に直面しますが、それとの対決なしには転換は成し得ないという玄宰の決意は、徂徠学によって確信したのであります。

徂徠派が体制への批判を恐れなかったのは、山鹿素行や中江藤樹と同様に封建体制を変革するという展望に立つものでは、もちろんありませんが、現実を直視し、その原因を解明して対処するという科学的な立場からの思考方法であり、そこに政治の正義を求めるというものでありました。

余談になりますが、丸山眞男氏も「萩生徂徠の贈位問題」のなかで、徂徠が近代において、天皇政府からの贈位がなかったのは、素行や藤樹につながる異学としての評価があるゆえ、か、と論じています。

会津藩の寛政の改革は、行政機構、教育思想、農業政策の三点ですが、とりわけ、農業政策における改革は抜本的ともいえるもので、その全藩的土地給分政策は、当時としては農民と農村の生活実態を調査した基礎資料をもとにした農業再生の政策であり、しかも農民生活の安定を前提にして、年貢の納入のために必要な経営規模を算出し、それを五人ないしは一〇人の小集団の連帯によって支え合う仕組みを、組織的には集落内の小集団、土地的には小字単位に作りました。そしてその小集団の長に「鍬頭」を置き、それを集落単位で統括する「地首」を置いたのであります。しかもその選出はすべて農民の互選によるものであります。藩の役人として村に派遣されている世襲制の肝煎あるいは名主と、農民の代表である地頭や鍬頭が、ほぼ対等のかたちで合議し、生産基盤の整備や通俗道徳の遵守による勤勉、倹約など儒教的禁欲生活をすすめたのであります。その政策の先進的なところは、立地条件に応じて創意的に柔軟な政策が取られていることであります。私の集落は宮川河川の氾濫によって、耕地の三分一が氾濫原となりました。そこでその水田への復帰というよりも、その氾濫原に楮やみつまたを植えて、紙梳きをし、それを会津藩の御用紙として納めました。つまりその土地の状態を活かした米以外の特産品をもって年貢としたのであります。そのほかにもこうした事例はありますが、この農業政策によって、農民の権利意識が急速に拡大しました。一時的ではありましたが収奪への抵抗として、農民内部に鬱積していたエネルギーは、小集団による手余地（耕作放棄地）の耕作や新田開発、殖産へ向けられ、活性化したのであります。それはまた、近世後期の年貢の増高と天災による減収によって収縮するのですが、そのエネルギーは農民の内部に自覚として蓄積され、農民の権利意識として、水利権や山林の境界の確定などに向かいます。集落間の水論、山論としての集団的利権争いが、近世中期から後期にかけて多発していきます。その裁定も御蔵入地では幕府に仰ぐために、江戸上りをし、藩内においては、双方で堰の管理規定の協定が取り交わされ、それに基づき、ため池や分水堰の管理が厳格に行われました。その権利意識とその資産の共有意識と管理運営の組織化は、会津の民衆思想史の民主的方向への飛躍的な発展の契機になったのであります。

幕末会津には、全国的な農民一揆と呼応するようにして起こった「世直し一揆」がありますが、この農民一揆は、近世時代に培われた農民の権利意識と人間性への自覚の集大成としての様相を呈しています。

会津における「世直し一揆」は、掲げられた旗から「肝煎征伐」とも、また群衆の掛け声から「やーやー」ともいわれました。「征伐」とはおだやかではありませんが、封建体制打破を目指し、新しい時代への希望を、四民平等を謳う明治新政府に、それは要求と同時に期待をも込めたものでありました。

この一揆は、ほぼ同時多発的に全会津において、発生していますが、その背景に、近世後期に至る民衆の訴願行動に対する意識の変化とともに、訴願に対する用例集など、手引書が存在し、それによって統一的な要求書が、郷村単位に作成されていることが明らかになっています。会津においては、その手引書の現存は確認されていませんが、陸奥国石川郡中畑村（現、西白河郡矢吹村）の庄屋小針家文書に残されています。作成年代が天保年代とされていますが、その「願書雛形集」には、一、洪水、旱魃など自然災害による困難に対する米の拝借願い、二、困窮衰微による助成願い、三、通年凶作による年貢永引き願い、など三七項目に及ぶ、用例文案が書かれています。この文書には周辺に起こった訴願の文書も年月や訴願者名を記して掲載されていますので、まさに要求実現のための手引書的参考書であります。

このような文書が近世後期にひそかに流布され、それをもって多様な訴願が行われ、その発展的形態として強訴にいたっています。

「世直し一揆」の端緒となった大沼郡五畳敷村、大成沢村の一揆は、村人でない者によって起きたとされていますが、これは首謀者の隠蔽のための作意ではなく、オルガナイザーの存在を示唆するものであるのかも知れません。

深谷克巳氏も「小賢しき者」として、一揆に関わるアウトロー的な存在を天保期の社会変動に登場することに言及しています。関東地方に発生した「侠気」という人格的類型との関わりでありますが、会津の「世直し一揆」においても、関東圏に隣接する南山地方においてはその影響がなかったとは断定しがたいのであります。平坦部においては、農民上層部のなかに商品経済との関係性において、農民の「律儀」の通俗道徳を越えた「小賢しき者」としての存在が顕在化し、それが『扇田記』においては、一揆指導者の冤罪にからむ役割を演じている様が記されていますが、その「小賢しき者」が近代における農民の新しい支配層の類型を形成したことは否めないのであります。

明治元年（一八六八）内戦によって城下町には屍が散乱するという会津の地は、悲惨な敗北の戦場となりましたが、その時、それに留めを刺すようにして、会津の農民は支配階級の末端役人として収奪の実行者であった名主、肝煎に襲いかかります。強訴の目的の第一は、過酷な課税台帳などの諸帳簿と借金証文の提出とその焼却を求めたものでした。それに対してその要求を拒否した「肝煎・名主など」の村役人についてのみ、打壊しなどの強訴が行われています。そこにはもはや、お願いとしての訴願の意識を越えています。権利意識に根差した当然の要求としての意識であります。デモクラシーとしての萌芽をその思想に内在しての行動であります。

二、「世直し一揆」を新政府の外国要人はどう見たか

この一揆を新政府軍に、医師として従事して遭遇した。英国人ウィリアム・ウィリスは、

「私は大勢の病人が収容されている若松郊外のある村に宿舎を定めて、悲しみに胸をふさがれたま

まの負傷者らの看護に没頭した。肝煎（村長）の家の数室が私にあてがわれていた。……その日からは、かなりあとになって、私は百姓たちが各地で暴動を起こしていると聞いた。夕方ごろ、あちらこちらから大勢の群衆のたけりたった叫喚が伝わってきた。さまざまな方角に大きな火の手も見えた。十時までに、暴徒らは私の泊っているところから約半マイル（約八〇〇メートル）の村に近づき、一軒の財産家の屋根に放火しながら、絶えず蛮声をはりあげ、非常な興奮状態に陥っている様子だった」「昨晩私が聞いたときには、詳しいことを知らなかった役人も、いまはすべてを悟ったようである。……彼らの主君が反乱を起こした結果、いまや天皇の領民となった百姓らは、彼らの土地について新たな正当な課税を要求し、引き続き土地税にかかわるすべての文書をあらゆる村から抹殺しようとしているのであった。……驚いたことには、一般的な感情として、農民にはそれなりの権利があり、そして農民自身もこの権利を十分承知しているので、私がさきに書いたように、若松から離れた地方でも昼間から暴動が発生しているのである」

と記しています。

ウィリスのこの記録は、中須賀哲郎訳『英国公使官員の維新戦争見聞記』（校倉書房、一九七四年刊）に載せられています。

ウィリスは、この見聞記のなかで、この農民による反体制的暴動が、農民はもとより、襲われた肝煎層にも、その農民要求に対する共通理解という歴史的認識が存在することを報告しています。同時

に暴動行為が共通する自主的規制のもとに行われて、倫理的秩序が保たれていることを観察していま
す。ウィリスの視座のなかには、当時のイギリスにおける民主的な思想の反映があることは当然です
が、この暴動のなかから、ウィリスは、数年後の自由民権運動が発生することを言外に予見したもの
でもあったといえます。私の本家にあたる肝煎は周囲五つの大字の集落を束ねる大肝煎でしたが、農
民の要求に応じて租税に関する水帳などの諸帳簿のすべてを一揆者の目の前で焼却して、打壊しなど
の暴動を受けませんでした。それは打壊しを恐れたともいわれますが、藩が消滅して新しい時代が来
ることを前提にした末端にいる村役人としての見識でもあったと思います。

しかし、明治新政府は、その農民の行動を鉄砲隊によって弾圧し、新政府の政策遂行に役立つ体制
派肝煎などの擁護に回りました。それに対して農民側は合法的に要求を突き付けて新政府に抵抗しま
したが、明治新政府はその代表となった笈川村の百姓代古川籐吉を別件で逮捕し、明治二年に打ち首
獄門の刑に処したのであります。そして、物納年貢から租税としての金納にし、その根拠としての地
租改正を行い、農民に対する過酷な収奪をいっそう強化したのであります。

会津を内戦の戦場として行われた「戊辰の役」という軍事クーデターの勝利者は、天皇制を「錦の
御旗」として掲げ、それを楯にして専制政治を推進します。会津において、その走狗となったのは、
斗南への同行を免れた下級武士階級の残兵と名主や肝煎などの末端の役人たちでありました。農民の
要求行動は当然そこに向けられました。

その彼らに対する不服従運動の拠点となったのは、期せずして会津の民衆思想史の磁場である会津藤樹学の喜多方地方であります。明治新政府の武力を背景にした弾圧で終息した「世直し一揆」のあとに、自由民権運動が肝煎、名主層を中心に明治新政府への抵抗として惹起します。それを牽引したのは喜多方地域であり、田中玄宰の改革思想であった徂徠学を継いで、郷頭田中重好によって設立された民間の学問所、「継声館」のあった大沼郡の高田地域など、会津西南部であります。

しかし、それも自由民権運動が上流農民によって展開されたこともあって、その層への殖産事業への財政援助措置という新政府の政策によって終息したのであります。会津では「元の黙阿弥」という言葉を「元の平六」と言い換えていますが、それは自由民権運動の喜多方事件の首謀者、赤城平六が、事件のあとに元の肝煎職に戻ったことからいわれています。

しかし、平六は殖産事業の援助資金で事業を行うということはしませんでしたが、多くの士族と区分された末端役人は、酒造、味噌、醤油などの殖産事業を始めるかたわら、高利貸し業を兼務し、明治期から大正期にかけて、農村の寄生的地主へと向かったのであります。

三、留意すべきその他の諸点について

結びのなかで触れておかなければならないことはそのほかにもいくつかありますが、その一つに、

会津における古代仏都と呼ばれるほどに隆盛を極めた仏教思想が、中世、近世のなかでどのように民衆思想のなかに取り込まれ、習俗として、また倫理思想として機能したのかということであります。概括的に触れるなら、古代から中世の仏教思想の一つである輪廻転生―甦りの思想は、宗派に共通して土葬による死体処理の習俗として定着して、戦後までも続けられました。因果応報の思想も民衆の倫理思想として今も生き続けています。会津においてアニミズムからシャーマニズムへと進んだ原始宗教を仏教思想へと移したのは徳一の法相の思想であります。

徳一の法相宗は、唯識の思想だが、西洋哲学でいう唯心論ではない。その詳細には触れないが、その立場から徳一が最澄と交わした三一権実論争に示されるように、三乗真実一乗方便であります。最澄の天台宗・華厳宗の思想は、三乗方便一乗真実であります。三乗とは民衆を教えに導くのに三つの道があるという意味です。一、声聞《しょうもん》乗、教えを聞くこと、二、縁覚《えんがく》乗、師から聞くのではなく自ら学んで悟りを開くこと、三、菩薩《ぼさつ》乗、六波羅蜜（六度ともいう、菩薩行の実践徳目）を実践することによって悟りを開くことであります。天台宗ではこの三乗は真実を求めるための方便であるといい、徳一は、この三乗こそが真実で、それによって得られるという真実こそが方便なのだと主張した論争であります。徳一はその立場、つまりは菩薩行の実践として、薬師信仰と観音信仰の寺を会津の地に広めました。薬師は医療施設での救済は現世利益であります。したがって如来（修行を終えた者、釈尊の称号）によって施され、それによって民衆は益を得られるという思想であります。また、観音とは観世音でのことで、「世を観察する」というサンスクリット語の漢訳ですが、ただ観察するのではなく、その行為をもって「この世に光明を見る」ことの意味としてもいわれます。それは菩薩行としての実践徳目であります。六波羅蜜とは、一、布施（財施、法施、無畏施〈恐怖を取り除くこと〉）、二、持戒（戒律を守る）、三、忍辱（苦難を耐え忍ぶこと）、四、精進（たゆまぬ努力をすること）、五、禅定（瞑想によって精神を統一すること）、六、知慧（般若、真理を見極めて悟ること）によって、得られるという仏教思想であります。その徳一の仏教思想は、徳一死後、天台宗と空海の密教によって凌駕されて、寺院もその宗派の体系のなかに包括されていきますが、それは民衆思想のなかに六代地蔵信仰、厩山信仰など、さまざまな習俗や祭りのなかに継承され、その後のさまざまな宗派の宗教的信仰心の原基として、また会津の民衆のエートスとして残っているのであります。

二つに、司馬遼太郎氏が『この国のかたち』のなかで書いていますが、中世という時代は、自らが開拓した土地の権利を守ることから、武士が誕生し、それによる地域的な土豪領主制が形成され、それまでの貴族社会が所有する荘園からの貢物という形式によって、国家的統治が行われていた国家的財政形態が、武力を持つ武士にその財政の主導権が移り、実質的な統治が武士階級に移行したことを意味します。

その武士のなかに発生した思想は「名こそ惜しけれ」という思想であります。「名」とは、耕作農民の名義のことであり、自らの土地の領域の所有のことであります。その権利意識のうえに地域共同体意識が芽生え、共同体統治のための公《おおやけ》の思想、倫理思想は構築されました。

司馬氏のそれは中世思想の一般論としての展開でありますが、会津において、古代から中世への展開に、越後の城氏との戦乱があります。その後、その越後と会津の仏教寺院の僧兵たちが会越同盟を結んで奥州藤原氏の侵略を防いでいたのですが、文治五年（一一八九）藤原氏が敗北して、鎌倉幕府の成立と同時に、坂東武者である三浦半島の佐原一族が入ってきます。それからおよそ三〇〇年間、戦国時代まで神、儒、仏、老（老荘思想）の「四教一致」の中世思想によって支配されます。

会津の支配者となった彼らが鎌倉幕府の守護神である八幡神社や浄土宗、禅宗、時宗の寺を各地に建てているのは、民衆の統治に宗教的思想が欠かせない役割を持っていたからだといえます。それは蒲生氏郷のキリシタン思想の受容にあたっても同様であったといえます。

蒲生のあとに、上杉、加藤といった戦国大名が短期間、会津にいたあとに、保科正之が朱子学と神道による「儒、神、仏」の三教一致の近世思想をもって、会津に封じられます。以後の会津は近世の時代の支配思想である朱子学的観念論によって、外向性よりも内功性にその思想を特化していったのであります。勿論、それは会津の地理的な条件も作用してのことでありますが、いわゆる、会津モンロー主義的思想の原型が、そこに形成されたといっても過言ではないと思います。

さらに、会津近世の民衆思想史において考慮しなければならないのは、会津の各地に存在する隠れキリシタンの思想の実態についてであります。

宮崎賢太郎氏の著書『カクレキリシタンの実像』を読んで、納得がいったことは、カクレキリシタンの実像は、「キリスト教とは異なるひとつの土着の民俗宗教であると明確に認識しなければならない」という指摘であります。それは長年にわたる全国的な調査の結果、宮崎氏の到達した結論であります。本来、西欧の一神教で現世利益を求めずに、死後の世界において、主キリストのもとで愉悦と安寧の世界を求めるキリスト教の教義は、わが国の自然畏怖の神道や仏教の現世利益と祖先崇拝とは異なるものです。したがって、形式としてのキリスト教の宗教儀式が存在していても、その実像は、わが国の既存の宗教的信仰と混交し、風土に適合して土着したものであったことは疑い得ないのであります。氏郷によって伝播された会津におけるキリスト教もその例外ではなく、むしろその後の過酷な弾圧を逃れるなかで、そのことによって信仰を維持し得たと思うのであります。

ちなみに、カクレキリシタンが信仰した会津の〝おぼ抱き地蔵〟の像は、キリストとマリアの母子像であり、洋風の観音菩薩像もマリア観音と呼ばれるようにマリア像であります。また伊佐須美神社に奉納された十字を象る文様を刻むキリシタン灯篭や、各地の仏教寺院の墓地に残される十字を象る灯篭や墓石は、宗教思想の混交を意味するものと解せられます。

徳川幕府のキリシタン弾圧は、類族七代にわたって監視し、その報告を義務づけていますが、それには世界史におけるキリスト教の動向と密接な関係があります。秀吉の時代までは、わが国への布教と交易はポルトガルのマカオを拠点として行われ、キリスト教のカトリック（ローマ正教）信仰でありましたが、家康は関ヶ原の戦いに勝利した慶長五年（一六〇〇）に豊後の臼杵湾に漂着したオランダ船のイギリス人船長、ウィリアム・アダムズに三浦按針という日本名を与えて外交顧問にします。そして平戸にオランダ商館を建て、さらにイギリスの東インド会社貿易船司令官ジョン・セリースの来航を機にイギリス商館を設立しました。ポルトガルからオランダとイギリスとの交易に移ったのであります。この二つの国はキリスト教の信仰はプロテスタントでありました。世界的に十六世紀に起きた宗教改革によって生まれたキリスト教の新教です。その新教がカトリック教を凌駕しつつあったのであります。わが国においては織田、豊臣時代の西軍武将たちに広がっていたカトリック教とスペイン、ポルトガルとの火薬の入手経路を断絶することは、徳川幕府の重要な課題でした。島原の乱もカトリック教との関係を誇大に宣伝して、カトリック教の弾圧を強化したのであります。

会津におけるキリシタンはいうまでもなくカトリック教であります。支配層の信者や宣教師は火炙りや逆さ吊りなどの極刑によって殺されましたが、殉教によって示された主への信仰心や貧しい者への博愛の精神は、まさに悲劇の深さほどに人を愛する思想として、会津の民衆のなかに継承されたのであります。

もう一つの視点は、二極の層の中間に存在した階層の動向であります。安丸氏が指摘するように、民衆思想は支配層と被支配層の中間に位置する末端支配を担う役人、あるいは僧侶、神官など、当時の知識人の層を媒介にして形成されます。その層が支配層の儒教的倫理観によって、支配の論理ではなく、民衆の論理に立って、支配層に対峙することは、近世においてしばしば起きています。

安丸氏が「大塩の乱」で述べていますが、「平八郎の社会批判は、自分の利益にのみ心を奪われて重い年貢をとりたてて民衆を苦しめている役人と、この役人と結託して民衆を困窮につけこみ莫大な利益をあげている富商に向けられている。彼は天保飢饉における民衆のすさまじい困窮に心痛して、その原因が決して天災ではなく、無能で貪欲な役人とこれと結託した富商にあると考え、『下民を悩まし苦しめ諸侯役人を先ず誅伐いたし』、つづいて『大阪市中金持の丁人共を誅伐』し、これらの町人が隠している金穀を『攝河泉播の内田畑取持不致のもの、たとえ所持いたし候共、父母妻子家内の養方難出来程の難渋者へ』分配すべく挙兵したのである」（檄文）。しかし、これは体制批判思想によるものではなく、東照神君（家康）の仁政を回顧しつつ、民衆をいたわり、保護するという本来のあるべき幕藩体制に戻れと主張するものであったのであります。つまり、近世後期における朱子学の支配秩序の思想から社会批判のモメントが欠落していったことに対する実学からの批判であったのであります。

会津においても、すでに述べた南山御蔵入領における蝋漆改め方役人、川島与五右衛門や同じく代官の山田八郎兵衛、さらには寛延一揆の時の会津藩の町奉行、神尾大蔵らがいます。前項で触れてもいますので重複は避けますが、彼らは役人でありながら民衆の要求実現の擁護の立場に立ちます。それは藩学としてすすめられる朱子学思想とは、異質のまさに実学的、徂徠学的思想にほかならないのであります。

川島与五右衛門は、会津藩預かりとなった南山五万石の蝋を横流しをして私腹を肥やしている藩役人を「存寄」（内部告発書）をもって江戸に上り幕閣に訴え出ます。役人であるためにその処罰を預かり領で支配権を持つ会津藩に委ねられますが、会津藩の役人はその全貌が明らかになることを恐れ、牢内において文化十一年（一八一四）与五右衛門を斬首します。

与五右衛門はその時三十九歳でありました。当然妻子があったと思われますが、江戸出立にあたって離縁していますので、その行方は不明です。

与五右衛門は役職御免と同時に、家督も没収されています。その後、川島家の再興を弟によって願い出るのですが、再興はなりませんでした。与五右衛門の母、多賀は高田組郷頭田中家から嫁いでいますので、与五右衛門の妻子は御蔵入の領外に匿われたと思われます。与五右衛門の幼名与一郎を幕末から明治初期にかけて名乗ったのは、私の本家の当主、前田与一郎（高田組、西勝の肝煎、明治期の初代藤川村々長）ですが、それはひそかに与五右衛門を崇敬しての命名だともいわれます。

南山御蔵入五万五〇〇〇石の代官、山田八郎兵衛は正徳五年（一七一五）に田島代官として、直支配となった現地に赴任しますが、領民の生活と江戸廻米の実態を見て、そのあまりの過酷さに驚き、前述（前項、南山御蔵入一揆で触れている）のような役人としての建議書を幕府勘定所に提出しています。「大小の百姓大分の御救いまかりなり候間、百姓の願い先規千石宛ての江戸廻し御免なされ、然るべきよう存じ奉り候、」と嘆願し、「如何に仰せつけられ候や伺い奉り候」と建議していますが、幕府の勘定所はそれを黙殺し、代官職の任務の遂行を命じます。ここで注目すべきことは、南山御蔵入領には、正徳三年（一七一三）と享保二年（一七一七）の二回にわたって幕府の巡見使が八郎兵衛の建議書や度重なる郷頭らの訴願によって、幕府は現地の調査を行っているのであります。そしてその巡見使に対しても領民は書状をもって直訴を行っています。その結果が黙殺でありました。そしてついに領民総一揆が起こるのであります。

前述したように、七名の打ち首獄門と三百五十余人にのぼる刑罰と引き換えに一旦は領民の要求は通りますが、数年を置かずにまた状況は元に戻ります。そして領民は徳川幕府の崩壊まで果断なく闘い続けるのであります。代官は、その責任を問われ「陸奥国会津代官山田八郎兵衛重厚奉職無状なるをもって職を奪わる」と『有徳院殿実記』に書かれますが、ほどなく中部地方の代官職に復帰しています。

会津藩町奉行神尾大蔵は寛延一揆の際に、一揆取り締まりの責任者でありましたが、彼は一揆の要求を藩の家老たちに取りつぐことを約束し、それに奔走します。また一揆勢への食事の用意や鉄砲による弾圧を主張する藩の重臣たちを、武器を所持しない農民に対して、武力による弾圧は行うべきでないことを説き、あくまで要求の実現による一揆の解散の方策を進言し、一揆勢との対話を続けるのであります。そのため会津藩領の全藩一揆で数万人の農民が城下を取り囲んだものであったのですが、城下への乱入もなく、城下町の破壊もなく終息しています。しかし、藩は幕府の寛延三年（一七五〇）に発した「一揆禁令」をたてに、その約束の反古にし一揆首謀者の大弾圧を行います。そして大蔵は宝暦十三年（一七六三）四回目の会津藩預かりとなった南山御蔵入領の奉行へと左遷され、六年後の明和六年（一七六九）に田島村名主彦右衛門倅ら五人が、幕府直支配を幕府勘行方に直訴した事件に関係があるという理由で、御役御免の上、切腹刎首の刑に処せられ抹殺されます。大蔵は正之の生母お静の方の神尾家の一族で、正之の善政の意をくむ者であったのですが、藩内の旧守派と農民擁護派、というよりは、年貢を減じて疲弊する農村の再興こそ、藩の当面の課題とする派との抗争のなかで、冤罪によって消されていったとも見られるのであります。

この中間層の動向は、「地方文書」などに、ほかにも多く残されていますが、民衆思想に色濃い影響を与えています。そのわが国における儒学思想の系譜は、中江藤樹、熊沢蕃山、大塩中斎（平八郎）らによって主張されています。心学、あるいは実学とも呼ばれ、朱子学の観念論に対してプラグマティックに対応して対置されてきました。注目すべきは、その思想の行きつくところに安丸氏は、山鹿素行の『聖教要録』を置いています。近世後期から近代へ移る会津の思想においても、それは同様であります。佐久間象山の系譜に属し会津藩の神保修理や山本覚馬、広沢安任など、少なからぬ藩士が朱子学思想の呪縛から思想の自由を保持していましたし、民衆にいたっては大方がそうであったと言い得るのであります。

民衆思想は、支配者の支配のための論理はもとより、さまざまな観念が、生活（存在）のなかでの習俗と融合して、共通認識として止揚されたイデオロギーであります。イデオロギーといっても狭い意味でのいわゆる政治的イデオロギーとして括られるものではありません。社会の階級構造における矛盾の反映ではありますが、単純ではなく、したたかで狡知をも綯い交ぜたもので、ストイシズムとは本来無縁のものであります。会津の民衆思想も、その例外ではありません。

会津における民衆思想の近世から近代に移るその時代に、その典型ともいうべき人を、私は一人の女性の生きざまに見ます。それは、幕末から明治期を、女性の人権の尊重と民衆救済にその生涯のすべてを捧げて生きた瓜生岩子であります。岩子は文政十二年（一八二九）に喜多方の油を商う商家の長女として生まれますが、九歳の時に父、渡部利佐衛門が病死し、母の生家である熱塩加納村の温泉旅館山形屋に弟とともに引き取られ、瓜生姓となって育ちます。

天保十一年（一八四〇）に十四歳になった岩子は会津若松の叔母の夫である医師、山内春瓏のところに見習い奉公に出されます。そこで医学の初歩的な知識を学びます。十七歳の時に、会津高田の佐瀬茂助と結婚して、若松で呉服商を営みます。一男三女に恵まれますが、嘉永七年（一八五四）夫茂助は喀血して倒れ、万延元年（一八六〇）に死去します。行商によって四人の子を育てた岩子が四十二歳の時に、会津は戊辰戦争の戦場となります。医学の心得があった岩子は敵味方なく負傷者の看護にあたります。そして戊辰戦争のあとには、会津は凌辱された婦女子の堕胎と出産という敗者の悲劇が起きます。岩子はそのことに携わります。私生児として生まれた子供たちに罪はない。その子供たちを育てるのは、人間としての当然の勤めではないかと、岩子はその救済を明治新政府の民政局に願い出ますが、敗者が何をいうかと拒否されます。それでも、岩子が空き家を借りて育てている子供たちは育っていきます。半年間、岩子は民政局に「養育院」の設立を訴え続けます。その岩子の願いがかなうのは明治二年（一八六九）になってからです。ようやく許可が下りて「幼学校」が官費によって開設されます。岩子はその時四十三歳になっていました。孤児の救済を目的に学校を開設しても、岩子にはそのノウハウはありません。そこで岩子は東京の深川に貧民救済の救養所という施設のあることを聞き、単身、東京に向かいます。会津から徒歩で東京に向かうのには、容易なことではありません。参勤交代で会津の殿様が通った下野街道を幾日もかけて岩子は東京の深川にたどりつきます。そこの救養所で半年間働きながら、その組織や経営の在り方を学んで、また、幾日もかけて会津に帰ります。そして「幼学校」を、貧民の婦女子が学びながら、裁縫技術を習得して、自立の道をひらくための「裁縫教授所」として、専門技術教育の先鞭を会津の地にうち建てるのであります。さらに会津若松に「会津若松育児会」を創設し、貧困者のための済生病院をも開業します。これには板垣退助やあの県令三島通庸も助力をします。明治二十七年（一八九四）の日清戦争に際しては、岩子は戊辰戦争での自らの体験に基づき、日本が占領した台湾の民衆のために「土民救済意見書」を、時の台湾総督に提出します。岩子は明治三十一年（一八九八）に六十九歳で死去します。

会津の近世における民衆の思想を、岩子は、戊辰戦争の最中から明治の中ごろにかけて、多くの武士階級の子女が、会津を離れ、新政府のもとでの栄誉栄達の道を歩きましたが、それとは対極の位置から、強靭でしたたかな博愛の思想に、会津の民衆思想の不服従の伝統を昇華させたのであります。

会津のみならず、近世における民衆の思想の文化構造は、その本質においては凹型の文化でありま す。わが国の近代における欧化による文明開化の凸型の思想文化とは異なるものであります。が、凹型の文化は端的にいって、東アジアの老荘思想にその原核を持つ、受動的で消極的な文化であります。インドのガンジーを引くまでもなく、アジアの凹型文化の近代における典型であります。

「それが日本文化の特徴であり、凹型ゆえに、人類文明の溶鉱炉となり、すでに熟した人類共同体形成の推進力となることを期待している」と、『日本の思想―土着と欧化の系譜』のなかで、著者の上山春平氏は述べています。この凹型文化の形態こそ、会津における民衆思想の形態なのであります。異文化を受容し、それを習俗をもって溶かして生活のなかに取り込んで合成し、その質的変化をもって新しい生活文化を作ってきているのであります。

こうした農民の思想を民俗学的視座からとらえた論考は、鯨井千佐登氏によってもなされています。鯨井氏は安丸良夫氏の「百姓一揆の構造の中に、悪の措定とその除去が存在する」という指摘から、その民衆思想的現象として、「民俗儀礼に現れる社会制裁型の習俗」について論じています。そのことについて若干ですが触れておきます。

会津において、その象徴的な習俗としては「鳥追い」の行事があります。本来、稲作の予祝行事である「鳥追い」は、厄払いとして行われる火祭り「歳の神」行事の前日の夜と、その日の夜明け前に行われています。

鯨井氏は、その習俗とともに、南会津郡館岩村水引で行われている「疫病神送り」を紹介しています。それは男女二体の藁人形を作り、それを担いで村を廻り、村はずれで歓声を上げて竹槍で人形を突いて、川のなかに投げ棄てる。という行為ですが、これは悪と措定した者を、村人（若者衆）が引きまわして殺戮し、村の外界へ放逐するという共同行為であります。これは「盗人送り」と、呼ばれますが、「疫病神送り」のバリエーションで民衆の共同要求が仮託され、年中行事として習俗化したものであり、各地に存在しています。

小正月に行われる「鳥追い」の行事は、東日本に広く分布しています。会津においては集落の子供たちが、拍子木を打ち鳴らして「雀の頭八つに割って、菰俵詰め込んで、佐渡が島さヤーホイ、ヤーホイの鳥追いだ。ホォー」と、唱和しながら村中を廻ります。その行事に参加しない子供の家の前に来ると、「いま出ねぇデクノボー、ゴンボ鳥（鳥）追いこむぞヤーホイの鳥追いだ」と、囃し立て、参加するまで何度でも、その唱和を繰り返しました。「鳥追い」とは、稲穂をついばむ雀を追うということですが、米を農民から年貢として取り立てる者も農民にとっては、害をなすもので、その頭を八つに割って菰俵に詰め込んで、佐渡ヶ島さヤーホイ、ヤーという掛け声をみんなでかけてホイ（投げ捨てるという意の方言）しよう。と、いうことなのであります。また、「鳥追い」に参加しない子供の家の前での唱和は、一揆の時の「追いこみ」と呼ばれる行動に類似し、ヤーホイという掛け声は「ヤーヤー一揆」の別称として幕末の「世直し一揆」に使われました。鯨井氏は「疫病神送りや鳥追いなどの民俗行事は、共同性の世界をかく乱する共通の『敵』を顕在化させ、抑圧的な日常的規範を一時的に破棄することによって、喧騒と躍動に満ちた集団的熱狂を喚起した」と述べています。

会津における民俗学的な見地から、民衆思想の顕著な反映と見られる芸能に、この「鳥追い」「虫送り」のほかに「会津彼岸獅子舞」という民俗芸能があります。近世後期（寛政年代）に下野から喜多方地方への伝播でありますが、そこから会津盆地一円に広がっています。民俗芸能の分類においては、鞨鼓三匹獅子舞と呼ばれるものですが、会津では死者の鎮魂や災厄の除去に門付芸として、春秋の彼岸に舞われていましたが、現在は春の彼岸にのみに行われています。本来、神社や仏閣に奉納された祈願の儀式が芸能へと変化したものですが、会津において行われる「雌獅子隠し」という演目は、太夫という獅子と牡獅子とが戦い、敗れた牡獅子が太夫獅子に牝獅子を略奪される舞踊劇であります。それは、敗者となった者への鎮魂として、もの悲しげな笛と太鼓の縁叩きの音曲に合わせて、村々の寺で行われました。権力者との戦いに立ち上がっては敗れ、その戦いの全責任を背負って打ち首獄門になった農民一揆の頭取たちへの、鎮魂の念がその仮面舞踊劇に見て取ることが出来ます。

民衆思想史の視点からは、近世会津における差別の問題も見落としてはならない要素の一つであります。秀吉によって天正十九年（一五九一）に行われた「検地」とともに、「刀狩り」によって「兵農分離」「商農分離」、それにともなう「人掃令《ひとばらいれい》」が発せられて、身分制が布かれます。しかし、差別としての身分意識が民衆思想に定着するのは、十七世紀の後半の徳川家綱から綱吉の時代でありま す。武威による統治から、儒教思想と儀礼による統治に移行する時期であります。綱吉によって「生類憐みの令」が貞享四年（一六八七）に出され、宝永五年（一七〇八）まで、繰り返し布令されますが、それと同時に出されたのは「服忌令《ぶっきれい》」であります。それによって血や死は穢れとして忌避し、嫌悪する考えが、東北の民衆のなかに持ち込まれ、死んだ牛馬の処理にあたっていた人を「穢多」あるいは処刑や葬送に関わる人を「非人」として、民衆の内部において、四民と呼ばれた一般民衆のさらに下層に、疎外された無権利の層を形成し、差別する思想が制度化されていきます。

この人たちは無宿人ではありません。土地と家を持ち、一般民衆とさまざまな形で交流していますが、縁組という関係は持ちません。会津においても古代における「窪」という敗者を隔離した差別形態とは別のものとして、中世後期から近世にかけて身分に関わる制度のなかで差別意識は形成され、近代になっても、隠語やあるいは「まけ」という観念によっての差別意識は残っていました。が、それは近世において、その人たちが一揆の鎮圧や罪人処刑などに、支配階級である武士役人によって使役されたからなのであります。

このことも民衆史の視点では、捕えておかなければならない問題であります。会津における古代から中世に至る差別は、敗者に対するものでありますが、近世においては、秀吉の刀狩り以降、兵農分離の政策と一体化して、支配の制度としての差別が、より一層細分化されて固定化されたものであります。例えば農民の場合では、本百姓（自作農民）から水呑み百姓（小作的農民）までを戸として人別していますが、さらに、その下に名子（家抱え、作り子、高下）と区分され、さらにその下に穢多、非人が置かれます。ほかに非定住者は、無宿人として宗門人別からは除外されて扱われました。民衆史はそれらの歴史を包括するものであることはいうまでもありません。会津における被差別部落や遊郭と呼ばれた人身売買によって戦前まで合法的に存在していた遊郭の歴史なども、ここでそれらに立ち入ることは出来ませんでしたが、一九九九年に刊行された『民衆運動史―近世から近代へ』全五巻（青木書店）の「刊行にあたって」において提起された四つの課題を、常に念頭に置いたことを記して結びといたします。

あとがき

今から一〇年ほど前に私は、叙事詩集『会津農民一揆考』を笠井尚氏の『会津人』社から刊行しました。V・ベンヤミンのいう「前世代との密かな約束」として、私はその叙事詩を書きました。

拙著もまた、気がつけばその延長線上にあります。「歴史は、現在と過去との対話である」という名言は、いうまでもなく、E・H・カーの『歴史とは何か』(岩波新書)のなかの言葉ですが、訳者の清水幾多郎氏はその「はしがき」で「過去は、過去ゆえに問題となるのではなく、私たちの生きる現在にとっての意味ゆえに問題になるのである」と、述べています。農民である私が、会津の農民の過去に関心を持つのは、たしかに、現在を生きる私にとっての意味を求めての関心であります。「過去との対話」というかぎり、そこに登場する人間との対話でなければなりません。社会発展史的に歴史を認識する史観に、私は立ちますが、歴史に人間の臭いを嗅ぎたいという欲望を持っています。

叙事詩を書いていた時、私はT・S・エリオットの、歴史において決定的要素は偉大な個人ではなく「巨大な非個人的な諸力」であるという言葉を何度も想起しました。その非個人的な力をイギリスの保守的な歴史学者クラレンドンは「名もない卑しい人々」と侮蔑しましたが、一揆によって近世会津の農民の歴史を動かしたのは、その多数の名もない人々であったというのが、私の実感でありました。

改めて今それを実感しています。同時に、歴史は、人間の生存という営為の関係性のなかで、さまざまな要素によって織りなされるものですから、縦の糸とともに横の糸の視座からも見なければならないとも思っています。換言するなら、それは歴史における個人の行動をどう扱うかということですが、これもまた、E・H・カーは「なぜ個人が彼ら自身の気持ちから見て、このような行動をしたか」について関心を持つ、それも歴史だ。といって、マルクスの次の言葉を引用しています。

「歴史は何も行わず、莫大な富も所有せず、戦闘もしない。すべてを行うもの、所有するもの、戦うもの、それは人間、現実の生きた人間である」と。したがって、私はそのことも視座のなかで考慮に入れたいと思いました。それはすべて、その時代の社会の産物であり、反映である。それらはまぎれもなくその時代の社会現象であるという前提においてであります。カーはその項をこう結んでいます。「過去は、現在の光に照らしてはじめて私たちに理解できるものでありますし、過去の光に照らしてはじめて私たちは現在をよく理解することが出来るものであります。人間に過去の社会を理解させ、現在の社会に対する人間の支配力を増大させるのは、こうした歴史の二重機能にほかなりません」

過去における社会構造も、現代の社会構造も、本質的には、支配と被支配という秩序の論理に変わりはありません。それを静的な秩序として成立させる時、支配者の手法は、過去も現在も、懐柔か欺瞞、さもなければ恐怖の恫喝によって、その縦の思想に基づく関係性を維持しようとします。しかし、運動体である歴史は、その支配と被支配の間において、間断なく対立し凌駕し、融合する。同時に生成と消滅と矛盾の揚期を繰り返しています。その時に起こる摩擦のエネルギーが、歴史を回転させるダイナミズムであります。そのことを私はこの拙著を書く過程で感知しました。

私の関心と好奇心は、今、そのことに移っています。

会津の近代から現代に至る過程を理解し、そこにどのような農民の思想と方向性が存在するのか、そしてそれはどのような未来の到来を約束するものなのか、それへの好奇心にかられて会津の古代から、中世、とりわけ近世を、思想史の視点から振り返ってみました。

私自身は二十世紀の初期から二十一世紀の初期をもって、その生涯は終わりますが、V・ベンヤミンは『歴史哲学テーゼ』のなかで、「死者もまた危機にさらされる」それは、「過去（伝統）が支配者に簒奪される危機であり、過去と死者たちの真実が歪められて、現在の支配者の所有物になってしまうという危機である」と述べています。

折しも、二〇一一年三月十一日、東日本大震災と東京電力福島原発事故という人災に見舞われて、五年が過ぎた今なお、核物質と人間の生存という資本の論理が行う人体実験のさなかに置かれています。

世界的にさまざまな局面で、これまでの価値観や世界観を変えて、人類は新しいパラダイムへの予兆に満ちあふれています。私たちの遠い過去も近い過去も、その過去にまつわる死者たちの真実を、現在の支配者の所有物にされて、歪められてはならないのであります。

私は歴史の役割に、名もなき死者たちの人間としての尊厳を課したいのであります。『平家物語』が、盲目の貧しい琵琶法師たちによって語り継がれて成立したように、農民として会津の農民の真実の歴史を、後世の人たちに語り継ぎたいのであります。

思えば、平成十一年に脳梗塞で倒れてから、一八年が過ぎ、不自由な身ながらも、傘寿を迎えることが出来ました。感無量の思いがあります。生かされていることへの感謝の念と、生きていることのささやかな証に、拙著『会津・近世思想史と農民』を発刊しました。

資料の収集など、さまざまな面で、従弟の会津若松市北会津町字西麻生の新井田忠誠君には、多大のご協力をいただきました。

また、発刊にあたっては、会津の出版文化の拠点である「歴史春秋社」とりわけ、深く尊敬してやまない社長の阿部隆一氏の御指導と、社員皆様、とりわけ本田佳緒里さんには特段のお力添いをいただきました。各位に厚く感謝と御礼を申し上げます。

参考文献

『会津藩家世実紀』（歴史春秋社）
『会津四家合考』（歴史図書社）
『会津資料叢書』正、続（歴史図書社）
会津城天守閣再建三〇周年記念編『五代藩主松平容頌の藩政改革』
『地方史研究の新方法』（八木書店）
会津史学会『会津歴史年表』（歴史春秋社）
歴史学研究会編『日本歴史年表』（岩波版）
『国民の歴史』全二十四巻『日本歴史』（岩波版）全二六巻
『福島県史』『大沼郡誌』『田島町史』『会津高田町史』など
不破哲三著『史的唯物論研究』（新日本出版社）
マルクス・エンゲルス共著、服部文夫訳『ドイツ・イデオロギー』（新日本出版社）
戸坂　潤著『日本イデオロギー論』（岩波文庫）
古在由重著作集『現代哲学と唯物論』（勁草書房）
E・H・カー著、清水幾太郎訳『歴史とは何か』（岩波新書）
V・ベンヤミン著、野村修訳『歴史哲学テーゼ』（岩波書店）

現代日本思想大系二七巻『歴史の思想』（筑摩書房）
『民衆運動史―近世から近代へ』全五巻（青木書店）
『日本民衆の歴史』地域編シリーズ（三省堂）
辻　秀人著『東北古墳研究の原点』（新泉社）
山口弥一郎著『古代会津の歴史』（講談社）
赤坂憲雄著『東西／南北考』（岩波新書）
真壁仁、写真家薗部澄、共著『カラー会津の魅力』（淡光社）
山折哲雄著『日本仏教思想史序説』（講談社学術文庫）
上山俊平著『日本の思想土着と欧化の系譜』（岩波書店）
庄司吉之助著『会津藩政史の研究』（歴史春秋社）
庄司吉之助著『世直し一揆の研究』（校倉書房）
庄司吉之助著『近代民衆運動史』上下（校倉書房）
山口孝平著『近世会津史の研究』上下（歴史春秋社）
田代重雄編『会津農民一揆』上下（歴史春秋社）
吉田　勇著『ふくしまの農民一揆（ふくしま文庫）』（福島中央テレビ）
七宮涬三著『三浦、会津葦名一族』（新人物往来社）

林　哲著『蘆名四代』『蘆名一族』（歴史春秋社）
塩谷七重郎著『保科正之公と土津神社—其の影響と治蹟』（土津神社神域整備奉賛会）
小川　渉著『志ぐれ草紙』（復刻版・歴史春秋社）
相田泰三著『会津藩教学の祖、横田俊益』（会津史学会発行）
佐藤栄佐久著『安積艮斎の思想的系譜』（社会政治工学研究会）
小堀千明著『会津キリシタン研究』（Ｉ）（歴史春秋社）
Ａ・Ｈ・クレラー著『会津のキリシタン—会津キリシタンの歴史』（会津農村伝道センター）
宮崎賢太郎著『カクレキリシタンの実像』（吉川弘文館）
青木虹二著『百姓一揆の年次的研究』（新生社）
横山十四男著『百姓一揆と義民伝承』（教育社）
海老名俊雄著『会津御蔵入騒動と寛延一揆』（歴史春秋社）
安良城盛昭著『太閤検地と石高制』（岩波新書）
長谷川吉次編著『会津農書』（佐瀬与次右衛門顕彰会）
農山漁村文化協会『日本農書全集』『会津農書』第十九巻、『歌農書』第二十巻
福島県農業史編纂委員会編『福島県農業史』
林　基著『百姓一揆の伝統』上下（新評論社）

高橋ふじひろ著『福島県農民一揆覚書・諸年表・附用語集』
勝俣鎮夫著『一揆』（岩波新書）
保坂　智著『百姓一揆とその作法』（吉川弘文館）
児玉幸多著『近世農民生活史』（吉川弘文館）
丸山眞男著『日本の思想』（岩波新書）
丸山眞男集第十一巻『闇斎学と闇斎学派』（岩波書店）
丸山眞男集第一巻『徂徠学の特質並びにその国学との関連』（岩波）
岩崎允胤著『日本近世思想史序説』上下（新日本出版社）
布川清司著『日本民衆倫理思想史研究』（明石書店）
布川清司編『近世日本民衆思想史資料』（明石書店）
網野善彦著『日本社会の歴史』上中下（岩波新書）
安丸良夫集第一巻『民衆思想史の立場』（岩波書店）
　第二巻『民衆運動の思想』（岩波書店）
笠谷和比古著『士（サムライ）の思想—日本型組織と個人の自立』（岩波書店）
会津史学会編『歴史春秋』第八十一号
会津史学会編『歴史春秋』第十七号

『会津若松市史研究』第八号
芳賀　登著『民衆と歴史の視点』（雄山閣出版）
林　哲著『会津芦名一族』『芦名四代』（歴史春秋社）
葦名顕彰睦会編『葦名会報』（歴史春秋社）
佐々木潤之介著『民衆史を学ぶということ』（吉川弘文館）
今村義孝著『蒲生氏郷』（吉川弘文館）
八切止夫著『庶民日本史辞典』（作品社）
『神道辞典』（堀書店）、『岩波仏教辞典』（岩波書店）、『日本思想史辞典』（山川出版社）など

著者略歴

前田　新（まえだ・あらた）

1937年、福島県大沼郡藤川村（現・会津美里町）勝原字西勝に生まれる。町議八期（通算）、農業委員五期、農協理事五期、土地改良区理事二期などを経る。農事組合法人、西勝生産組合専務理事、福島県農民連副会長、会津農民連会長、会津美里町史編纂委員、会津美里ペンクラブ会長などを歴任する。

著　書

1968年　詩集『少年抄』（アポロ印刷）福島県文学賞準賞受賞
1976年　詩集『霧のなかの虹』（小島孔版）
1985年　詩集『貧農記―わが鎮魂』（歴史春秋社）福島県文学賞受賞
1994年　詩集『十二支異聞』（土曜美術社出版販売）
2000年　詩集『秋霖のあと』（土曜美術社出版販売）
2001年　詩集『風伝記』（近代文芸社）
2002年　エッセイ集『花の手帖』（歴史春秋社）
2004年　叙事詩集『会津農民一揆考』（会津人社）
2009年　詩集『わが会津―内なる風土記』（seeds出版）
2009年　小説集『彼岸獅子舞の村』（seeds出版）日本農民文学賞受賞
2010年　新・日本現代詩文庫『前田新詩集』（土曜美術社出版販売）
2011年　評論集、『孫への伝言―自家用九条の会』（seeds出版）
2012年　詩集『一粒の砂―フクシマから世界に』（土曜美術社出版販売）
2013年　小説『峠の詩―神籠峠の自然村物語』（seeds出版）
2014年　評論集『土着と四次元―宮沢賢治、真壁仁、三谷晃一、若松丈太郎、大塚史朗』（コールサック社）
2015年　詩集『無告の人』（コールサック社）
2016年　小論『戦後七〇年と松川事件―今語り継ぐことの意義』第一回松川賞受賞

所　属

日本現代詩人会員、日本現代詩歌文学館振興会評議員、日本民主主義文学会、日本農民文学会、福島県現代詩人会理事、会津詩人協会、『詩人会議』会友、「詩脈」「萌」その他、会津美里ペンクラブ顧問

会津・近世思想史と農民

平成二十八年十二月二十一日　発行

著　者　前田　新

発行者　阿部隆一

発行所　歴史春秋出版株式会社
〒九六五－〇八四二
会津若松市門田町中野大道東八－一
電話〇二四二－二六－六五六七

印　刷　北日本印刷株式会社
